Ludwig Landgrebe wurde am 9. März 1902 in Wien geboren. Er studierte zuerst in Wien und dann in Freiburg i.Br. Philosophie (von 1921-27). In Freiburg wird er Privatassistent Husserls und promoviert bei ihm mit der Arbeit *Wilhelm Diltheys Theorie der Geisteswissenschaften.* Aus politischen Gründen verläßt er nach 1933 Deutschland und habilitiert sich 1934 an der Karls-Universität in Prag mit der Arbeit *Nennfunktion und Wort (Eine Studie zu Martys Sprachphilosophie).* Während der Prager Zeit (1934-38) arbeitet er — unterstützt vom Cercle Philosophique de Prague — am Husserl-Nachlaß und ediert den Band *Erfahrung und Urteil (Untersuchungen zur Genealogie der Logik).*

Von 1939-40 ist er (zusammen mit Eugen Fink) am Husserl-Archiv in Löwen tätig. Die Kriegsereignisse setzen dem ein Ende. Nach Deutschland zurückgekehrt arbeitet Landgrebe bis Kriegsende in einem Hamburger Kaufmannshaus. 1945 erfolgt die Umhabilitation nach Hamburg und 1946 die Berufung nach Kiel, wo er 10 Jahre lang wirkt. 1956 wird er nach Köln berufen, wo er zugleich die Leitung des Husserl-Archivs übernimmt. Seit 1960 ist er Mitglied der Marxismus-Kommission der evangelischen Studiengemeinschaft.

1970 wird er zum Mitglied der Rheinisch-Westfälischer Akademie der Wissenschaften ernannt, 1971 wird ihm das Ehrendoktorat der Universität Löwen verliehen.

Landgrebes Philosophieren steht ganz im Zeichen der Phänomenologie. Das bedeutet keineswegs, daß er ein orthodoxer Husserlianer ist, aber daß er die Anregungen, die von Husserl ausgegangen sind, weitergeführt hat, ganz besonders in der Dimension der Geschichtlichkeit — dazu gehören auch seine Studien aus dem Bereich des Marxismus — was ihn schließlich zu einer Begründung der Philosophie der Politik geführt hat.

Aus der Reihe seiner Veröffentlichungen seien besonders hervorgehoben: *Phänomenologie und Metaphysik, Phänomenologie und Geschichte, Der Weg der Phänomenologie (Das Problem einer ursprünglichen Erfahrung)* und *Philosophie der Gegenwart.* Die Menschlichkeit Landgrebes, seine Hilfsbereitschaft gegenüber seinen Schülern und Mitarbeitern, das Eingehen auf ihre Fragen und Probleme machten ihn zum vorbildlichen Lehrer, dessen Wirken weit über die Grenzen Deutschlands hinausging.

Phänomenologie Heute

PHAENOMENOLOGICA

COLLECTION PUBLIÉE SOUS LE PATRONAGE DES CENTRES
D'ARCHIVES-HUSSERL

51

Phänomenologie Heute

FESTSCHRIFT FÜR LUDWIG LANDGREBE

HERAUSGEGEBEN VON

WALTER BIEMEL

Comité de rédaction de la collection:
Président: H. L. Van Breda (Louvain);
Membres: M. Farber (Buffalo), E. Fink (Fribourg en Brisgau), A. Gur-
witsch (New York), J. Hyppolite† (Paris), L. Landgrebe (Cologne),
M. Merleau-Ponty† (Paris), P. Ricœur (Paris), K. H. Volkmann-Schluck
(Cologne), J. Wahl (Paris);
Secrétaire: J. Taminiaux (Louvain)

WALTER BIEMEL

HERAUSGEBER

Phänomenologie Heute

FESTSCHRIFT FÜR LUDWIG LANDGREBE

MARTINUS NIJHOFF / DEN HAAG / 1972

McCORMICK THEOLOGICAL SEMINARY
McGAW MEMORIAL LIBRARY
800 WEST BELDEN AVENUE
CHICAGO, ILLINOIS 60614

© *1972 by Martinus Nijhoff, The Hague, Netherlands*
All rights reserved, including the right to translate or to
reproduce this book or parts thereof in any form

ISBN 90 247 1336 6

PRINTED IN THE NETHERLANDS

2-27-74
Deg

B
829.5
.P43

INHALTSVERZEICHNIS

LAUDATIO FÜR
LUDWIG LANDGREBE UND EUGEN FINK*

HERMAN LEO VAN BREDA O.F.M. (LEUVEN)

Am 2. September 1938 – in der Wohnung selbst, wo Edmund Husserl im 80. Lebensjahr am 27. April des gleichen Jahres gestorben war – begegnete ich das erste Mal Dr. Eugen Fink. Die Gastgeberin, die uns beide dort, im Stile der ,,einfachen Grösse" empfing, war Frau Malvine Husserl, die damals schon 79 jährige, aber geistig noch immer sehr lebendige Witwe des verstorbenen Meisters. Aus ihrem Munde hörte ich das erste, sei es noch verhältnismässig kurze *curriculum vitae* Eugen Finks.

Im selben Hause und ebenfalls in Frau Husserls Anwesenheit machte ich, ungefähr zwei Wochen später, Bekanntschaft mit Privatdozent Dr. Ludwig Landgrebe. Und abermals brachte mir die sprachgewandte Gastgeberin – in fast klassischem Stile – zusammen mit einem schmeichelnden Charakterbild auch die wichtigsten Lebensdaten des neuen Bekannten zur Kenntnis.

In diesen 15 oder 20 Tagen hatten wir drei zusammen – in ständiger Rücksprache mit Frau Husserl und mit ihrem völligen Einverständnis – die Möglichkeiten zu überprüfen, um Husserls Nachlass aus dem Nazi-Deutschland von damals wegzuschaffen; und daneben hatten wir alle Entschlüsse zu fassen, die zur Rettung dieses wichtigen Kulturbesitzes und zur Gründung des Husserl-Archivs in Löwen führen sollten.

Hätte uns alsdann, in den bestimmt tragischen Umständen, die wir zusammen damals zu meistern und durchzukämpfen hatten, ein Jesajas *redivivus* den heutigen Tag vorausgesagt, so wie wir ihn jetzt fast 33 Jahre später – und wieder zusammen! – erleben dürfen, wir hätten den prophetischen Seher gewiss für geistesgestört gehalten und ihn auf den Scheiterhaufen der Baals-

* Gehalten am 2. April 1971, anlässlich der Verleihung des Ehrendoktorates durch die *Katholieke Universiteit te Leuven.*

propheten geschickt. Abermals müssen wir auch hier feststellen, dass die tatsächlich erlebte Wirklichkeit in der Tat auch die kühnsten Menschenträume masslos zu übersteigen vermag.

Gemeinsame Erlebnisse in Erinnerung zu bringen – wie lieb sie uns auch sein mögen – ist hier heute und jetzt meine Aufgabe nicht. Dieser Versammlung sollen vor allem die Gründe in Erinnerung gebracht werden, die die *Katholieke Universiteit te Leuven* bewegen, in dieser feierlichen Sitzung, Professor Dr. Ludwig Landgrebe und Professor Dr. Eugen Fink das *Doktorat h. c. in der Philosophie* zu verleihen. Um diese Gründe völlig erklären zu können, sei es mir gestattet auch einige der wichtigsten Ereignisse aus beider gelegentlich bewegtem Lebenslauf in Erinnerung zu rufen.

Geboren aus einer Kaufmannsfamilie am 9. März 1902 in der damaligen Kaiserstadt Wien, hört Ludwig Landgrebe von 1921 bis 1927 vor allem philosophische Vorlesungen erst an der Universität Wien, dann in Freiburg i. Br. Nachdem er in Freiburg ein Semester bei Husserl gehört hat, bietet dieser ihm eine *Privatassistentenstelle* an, die er bis Ende 1928 innehaben wird. Sein Meister nimmt seine Doktorarbeit über *Wilhelm Diltheys Theorie der Geisteswissenschaften (Analyse ihrer Begründung)*, womit er am 24. Februar 1927 promoviert, unmittelbar in sein bekanntes *Jahrbuch für Philosophie und Phänomenologische Forschung* auf. Da nach 1933 die Rassengesetze des Dritten Reiches eine Habilitierung beim unterdessen emeritierten Husserl ausschliessen, reicht Landgrebe 1934 seine Habilitationsschrift *Nennfunktion und Wortbedeutung, Eine Studie über Martys Sprachphilosophie* in Prag bei dem bekannten Brentano-Spezialisten Professor Oskar Kraus ein. Dadurch wird er Dozent an der berühmten, aber damals schon leicht explosiven *Deutschen Universität* der tschechoslowakischen Hauptstadt. Während seines vierjährigen Unterrichts dort nimmt er, unterstützt durch den *Cercle philosophique de Prague*, die direkte Zusammenarbeit mit seinem vereinsamten Freiburger Lehrmeister wieder auf. Aus einer imposanten Reihe dort hergestellter Transkriptionen von stenographischen Autographen Husserls redigiert er das Manuskript zu *Erfahrung und Urteil*, dem *opus primogenitum* aus dem berühmten Husserlschen Nachlass. Dass im Frühling 1939 die in Prag einrückenden Nazis alle Exemplare dieses gerade erschienenen Buches zum Scheiterhaufen verurteilten, beweist wohl überzeugend den Mut des jungen Exildeutschen und Dozenten, der es *damals* und *dort* erscheinen liess.

Da ab Frühjahr 1939 und bis Ende 1940 Dr. Landgrebes *faits et gestes* weitgehend mit Dr. Eugen Finks Schicksal verbunden sind, werden wir uns nun erst den ,,Studien- und Wanderjahren'' dieses Letzteren zuwenden.

Geboren am 11. Dezember 1905 in der alten fürstbischöflichen Stadt Konstanz, die an dem berühmten ,,Trichter'' des wunderschönen Bodensees liegt, wird der junge Alemanne Eugen Fink während des ersten Weltkriegs durch seine Eltern – zusammen mit seinem Bruder Karl, dem jetzt bekannten Tübinger Kirchenhistoriker – dem Pfarrer-Onkel auf dem Lande anvertraut. *Otium cum studio!* Nach dem glänzenden Abitur immatrikuliert er sich als Philosophiestudent erst im westfälischen Münster, dann in Berlin, und – seit 1925 – an der Albert-Ludwigs-Universität in Freiburg im Breisgau. Dort wird er sogleich unter die *intimiores* des blühenden Husserl-Kreises aufgenommen, und in diesem Gremium zählt er schnell zu den Begabtesten. Es überrascht daher auch nicht, dass er 1928 auserwählt wird, um als Privatassistent des Meisters die Nachfolge Landgrebes anzutreten. Seine Doktorarbeit *Vergegenwärtigung und Bild (Beiträge zur Phänomenologie der Unwirklichkeit)*, die er im November 1929 einreicht, wird von der Fakultät preisgekrönt, und erscheint 1930 in ihrem I. Teil in Husserls *Jahrbuch*.

Mittlerweile hat der Meister sein Emeritat angetreten und erhält in Freiburg Martin Heidegger dessen Lehrstuhl. Die Emigration seiner meisten Schüler, bedingt durch den stark anwachsenden Antisemitismus, hat zur Folge, dass der alternde Husserl im damaligen Deutschland mehr und mehr vereinsamt. In Freiburg selbst wird Eugen Fink dadurch von 1933 ab und bis zu Husserls Tode im Jahre 1938 der fast einzige deutsche Hörer seines Meisters. Seine unerschütterliche Treue und das kongeniale Verstehen, das er auch für Husserls verästelteste Gedankengänge aufzubringen weiss, sind für den isolierten Greis – nebst der Liebe seiner Frau und der Treue weniger alter Freunde – die wärmenden Sonnenstrahlen in seinem tra-

gischen Lebensabend. Mehr und mehr wird überhaupt in diesen Jahren der Privatassistent zum Mitdenker und zum stell-
vertretenden Lehrer für die ausländischen Pilger-Philosophen.
In seine ,,treuen Hände," so meint Husserl, sollen seine letzten phänomenologischen Errungenschaften deponiert werden,
um in ,,besseren Zeiten" zur Stillung ,,der Sehnsucht von Jahr-
hunderten" verwendet zu werden. Obwohl als ,,Judenknecht"
gemieden und gescholten, hält der höchstbegabte Schüler bis zum
bitteren Ende durch, schliesst sich standhaft mit dem geliebten
Meister ab und lehnt stoisch jede Habilitation ab, da sie durch
Untreue dem Meister gegenüber bedingt wäre. Auch seine innere
Annäherung zu einigen von Martin Heideggers wesentlichsten
Thesen *in metaphysicis* kann für Fink nicht beinhalten, dass er
unter den gegebenen Umständen Husserl den Rücken kehren sollte.

Aber am 27. April 1938 stirbt Edmund Husserl, und nachdem
der damals dreiunddreissigjährige Eugen Fink am 29. April bei
dessen Einäscherung für den kleinen Rest von Getreuen eine
kurze, aber tief erregende Totenrede gehalten hatte, stand auch
er, der kurz vorher geheiratet hatte, tatsächlich aussichtslos im
Leben.

Unter den vorher geschilderten Umständen erschienen die am
Anfang erwähnten Begegnungen mit mir im September 1938 für
Landgrebe und mehr noch für Fink als das, was wir im Dichter-
Niederländisch ein ,,Morgengloren" nennen. Beide erlebten sie
unsere Gespräche in der Tat als die Ankündigung einer neuen
Morgenröte. Obwohl sich in diesem Falle am Horizont zusammen
mit der aufgehenden Sonne gewiss auch Gewitterwolken zeigten.

Was war mittlerweile auf diese Begegnungen und Gespräche
gefolgt? Durch die Vermittlung des belgischen Auswärtigen
Amtes und mit ausdrücklicher Genehmigung erst von Aussenminister Spaak und darauf von Aussenminister Van Zeeland hatte
der diplomatische Kurier die gut 45.000 Seiten stenographischer
Manuskripte Husserls von Deutschland nach Belgien geschleust
und Ende Oktober - Anfang November 1938 trafen sie in Löwen
ein. Um den 10. November herum bekam darauf Monseigneur
Léon Noël, der damalige Präsident des hiesigen Philosophischen
Instituts, dank der Befürwortung von Rektor Paulin Ladeuze,
ein ausserordentliches Stipendium von der belgischen Francqui-

Stiftung für zwei wissenschaftliche Forscher, die Husserls Nachlass bearbeiten und verwerten sollten. Kurz nach dem 15. November suchte ich dann Fink in Freiburg und Landgrebe in Prag auf mit dem Vorschlag für beide, nach Löwen zŭ übersiedeln und dort diese Arbeit aufzunehmen, und so mit mir die Fundamente für das dort zu begründende Husserl-Archiv zu legen. Obwohl eine damalige Emigration von sogenannten Reichs-Deutschen – besonders noch für den im Reiche selbst wohnenden Fink – unverkennbare Gefahren und schwere Schattenseiten einschloss, nahmen beide sofort den Löwener Vorschlag an.

Nur ein Kafka *redivivus* hätte sich die Abenteuer des neuartigen „Prozesses" dieser Ausreise ausmalen können sowie die überraschenden „Prozeduren," die damals ein sogenannter Emigrant deutscher Nationalität durchzustehen hatte. Diese Abenteuer und Prozeduren wuchsen noch ins Hundertfache, wenn dieser Emigrant, wie Landgrebe mit seiner nichtarischen Ehegattin und dem jungen Sohn, die Ausreise in dem frisch annektierten böhmischen Reichsgebiet zu beantragen hatte. Dennoch kamen Fink und Landgrebe samt ihren Familien im Frühjahr 1939 in Löwen an. Und von April 1939 bis Mai 1940 haben sie hier zusammen ein *opus magnum* zu Stande gebracht, die systematische Transkription einer imposanten Anzahl – gut 2800 Seiten! – von Husserls stenographischen Arbeitsmanuskripten.

Hatte die Kriegserklärung vom 2. September 1939 zwischen Deutschland und den West-Mächten die Flitterwochen-Stimmung am jungen Archiv schon allmählich verdorben, so bedeutete der deutsche Einmarsch in Belgien am 10. Mai 1940 die Katastrophe für die dort unternommene Arbeit. Als Reichsdeutsche wurden Landgrebe und Fink (mit seiner Frau) am selben Tag durch die belgischen Autoritäten eingesperrt und einige Tage später – ungeachtet Rektor Van Waeyenberghs energischer Proteste – nach einem Geisel-Lager in Süd-Frankreich abtransportiert. Frau Landgrebe blieb dies nur espart, weil sie ein paar Tage vorher ihren zweiten Sohn geboren hatte.

Als Anfang August nach diesem für uns Belgier besonders schmerzlichen Zwischenfall die *dramatis personae* alle wieder in Löwen zusammen waren, wurde nach kurzer Überlegung beschlossen, dass alles in allem die beiden reichsdeutschen Familien wohl in Deutschland selbst am sichersten aufgehoben sein würden.

Da im November 1940 angekommen, sollte Dr. Ludwig Landgrebe als unerbittlicher Gegner der Partei-Philosophie und als treuer Verwandter der angesehenen jüdischen, obzwar christlichen Familie seiner Gattin, bis Ende des Krieges als Angestellter in einem Hamburger Kaufmannshaus zu arbeiten haben. Als ebenfalls oppositioneller Philosoph und darüber hinaus als notorisch judenfreundlich abgestempelt, wurde Dr. Eugen Fink jedoch „die Ehre" nicht versagt, als Soldat zur Wehrmacht einberufen zu werden. Man bietet ihm selbst die Möglichkeit an – wie der Chef der Einberufungsstelle sagt – sich zu „rehabilitieren" durch eine Offiziersausbildung. Er verweigert das anzunehmen, was damals nicht ungefährlich war. Als einfacher Soldat wird er dann – als staatlich unzuverlässig – bis Mai 1945 der Luftabwehr zugeteilt.

Für beide Ehren-promovendi sind die wichtigsten Lebensdaten nach 1945 schnell angegeben. Nachdem Dozent Ludwig Landgrebe im Herbst 1945 an der Universität Hamburg seine Umhabilitation erworben hatte, wird er ein Jahr später in Kiel zum Ordinarius ernannt. Im Frühling 1956 nimmt er die Berufung nach Köln an, wo er seitdem, zusammen mit Professor Karl-Heinz Volkmann-Schluck, die Leitung des dort im Jahre 1951 errichteten *Husserl-Archivs an der Universität Köln* übernimmt. Nebst seinem Unterricht und zweijährigen Dekanat der Philosophischen Fakultät, ist er seit 1960 auch einer der aktivsten Mitglieder der *Marxismus-Kommission der evangelischen Studiengemeinschaft* und der *Arbeitsgemeinschaft für Forschung des Landes Nordrhein-Westfalen*. Seitdem er 1950 – als erster deutscher Philosoph nach dem Kriege – zum Mitglied des *Institut International de Philosophie*, einer internationalen Akademie der Philosophen, gewählt wurde, nimt er regelmäßig teil an den internationalen Philosophie-Kongressen, besonders jenen, wo die Phänomenologie auf der Tagesordnung steht. 1967 wird er für drei Jahre zum Präsidenten der *Allgemeinen Gesellschaft für Philosophie in Deutschland* gewählt und im gleichen Jahre wird er auch Assessor im Vorstand des oben schon erwähnten *Institut International de Philosophie*. Seit 1970 gehört er zu den ersten Mitgliedern der neubegründeten *Rheinisch-Westfälischen Akademie der Wissenschaften*. Im selben Jahr 1970 beantragt er dann sein Emeritat als Professor der Kölner Universität.

Eugen Fink seinerseits bekommt 1946 die Dozentur an der Philosophischen Fakultät der Universität in Freiburg als Anerkennung einer Reihe teils schon publizierter philosophischer Arbeiten und auch „als Fall politischer Wiedergutmachung." Im Jahre 1948 wird er an derselben Universität zum ausserordentlichen Professor ernannt, und noch im selben Jahre wird er dort als Ordinarius für den Lehrauftrag *Philosophie und Erziehungswissenschaft* berufen. In Zusammenarbeit mit dem Archiv in Löwen errichtet er dort in den Jahren 1949 und 1950 das *Husserl-Archiv an der Universität Freiburg*, dessen Leitung er bis 1970 allein innehat. Schon vor dem Kriege *urbi et orbi* bekannt als aufsteigender Stern am Phänomenologen-Himmel, erhält er 1947 eine Reihe ehrender Einladungen, um ausserhalb Deutschlands Vorlesungen, Vorträge und Diskussions-Einleitungen abzuhalten. In den kompetenten Kreisen, auch ausserhalb Deutschlands, wird sein Auftreten 1951 bei dem Brüsseler-Kolloquium, 1956 auf der Krefelder Phänomenologen-Tagung und 1957 bei der Husserl-Woche in Royaumont als historische Ereignisse in der phänomenologischen Bewegung nach 1950 angesehen. Wer die dort folgenden Diskussionen mitgemacht hat zwischen Fink einerseits und Maurice Merleau-Ponty, H. J. Pos, Pierre Thévenaz und Roman Ingarden – um nur die seither Verstorbenen zu erwähnen – andererseits, wird den Eindruck in sich bewahren, ein wirkliches *Symposion filosofoon* mitgemacht und mitgehört zu haben. Vermerken wir hier noch seine berühmten Seminare über Nietzsches wichtigste Arbeiten, über Hegels *Phänomenologie des Geistes* und über *Kants Kritik der reinen Vernunft*, die seit Jahren speziell ausländische Forscher nach Freiburg hinzogen, sowie das Heraklit-Seminar, das er von 1966 bis 1968 zusammen mit Martin Heidegger veranstaltete. Und *last but not least*, seit 1955 hat Eugen Fink ein intensives und aufgeklärtes Interesse aufgebracht für die klassischen Texte des Marxismus. Dadurch ist er in den letzten Jahren einer der gesuchtesten Gesprächspartner für die jüngeren marxistischen Philosophen aus Polen, aus der Tschechoslowakei, aus Ungarn und aus Jugoslawien geworden.

Nachdem wir hier für die beiden Ehrenpromovendi die wichtigsten Daten ihrer äusseren Berufstätigkeit seit 1945 – mit allem was diese an Arbeit, Sorge und sonstigen Beschäftigungen impliziert – kurz skizziert haben, kann die schriftstellerische Produktion von beiden in den gleichen 25 Jahren, so meinen wir, nicht nur ein Bewundern, sondern ein wirkliches *thaumazein*, ein Verwundern hervorrufen.

Schon vor 1935 hatte der junge Ludwig Landgrebe in philosophischen Kreisen Aufmerksamkeit erregt durch den Wert der beiden schon erwähnten Publikationen: erstens seiner Doktorarbeit von 1928 über Wilhelm Dilthey, und zweitens seiner Habilitationsschrift von 1934 über Anton Marty. Hatten seine Beiträge *Husserls Phänomenologie und die Motive zu ihrer Umbildung* und *The World as a Phenomenological Problem* (jener in der bekannten, Husserl gewidmeten Gedächtnisnummer der *Revue Internationale de Philosophie* (Bruxelles, 1939) und dieser in der ersten Nummer (1940) von Marvin Farbers *Philosophy and Phenomenological Research*) allen Interessierten seine außerordentliche Vertrautheit mit dem Werke und der Entwicklung im Denken seines Meisters nachgewiesen, so blieben infolge der tschechoslowakischen Krise von 1939 nicht nur seine und Jan Patočkas ergreifende Reden *Edmund Husserl zum Gedächtnis* (Prag, 1938) in Westeuropa unbekannt, sondern auch die ursprüngliche Auflage von *Erfahrung und Urteil, Untersuchungen zur Genealogie der Logik* (Prag, Academia, 1939). Wie wir oben schon erwähnten, wurden fast alle Exemplare dieses Buches, worin Landgrebe als erster eine imposante Reihe von Husserlschen *inedita* ausgearbeitet und eingeleitet hatte, durch die in Prag einrückenden Nazis vernichtet. Erst 1948, nachdem das Werk durch den Verlag Claassen und Goverts vollständig neu aufgelegt wurde, bekamen diese Untersuchungen den ihnen gebührenden festen Platz in allen Forschungen über Husserls ausgereifte Phänomenologie.

Die in akademischer Einsamkeit verlebten Kriegsjahre brachten Landgrebe als Philosoph nicht nur bedeutend mehr Tiefe und Reife, sondern seit 1946 bezeugen seine Publikationen ebenfalls, daß er jetzt ganz neuen Problemen seine betrachtende Aufmerksamkeit zuwendet. In einem kurzen Aufsatz von 1946 über *Descartes* wird zum ersten Mal deutlich das Interesse für religionsphilosophische Probleme spürbar, sofern er die Diskrepanz beleuchtet zwischen Descartes' autonomer Begründung der Existenz Gottes und der gedanklichen Rechtfertigung der christlichen Gottesgewißheit, die wir bei Augustinus und bei den meisten

Scholastikern vorfinden. Wenn in der „Einführung" die er 1948, unter dem Titel *Was bedeutet die Philosophie?* veröffentlicht, der „Glauben" als Boden des „Selbstverständnisses des Menschen" angesprochen wird, dann ist doch auch deutlich, daß dieser Glaube für Landgrebe wohl weiter reicht als Husserls bekannte doxische Akte; in den lebensweltlichen Boden schließt er bewußt die religiösen Dimensionen mit ein. Die Studie *Die Kritik der Religion bei Marx und Engels*, die er 1956 publiziert, und sein Artikel *Philosophie und Theologie* von 1963 beweisen, daß er auch in den späteren Jahren seine Forschungen im Gebiete der Philosophie der Religion stets fortgesetzt hat.

Wie schon aus dem Titel der ersten der beiden soeben zitierten Arbeiten sich ergibt, hatte Landgrebe sich mittlerweile auch gründlich mit dem Marxismus, seinen hegelianischen Quellen und seinen Ausläufern in der gegenwärtigen Philosophie beschäftigt. Sein Beitrag von 1960 zu den bekannten *Marxismusstudien* über „Das Problem der Dialektik," sein Artikel von 1966 *Das philosophische Problem des Endes der Geschichte* sowie sein Aufsatz von 1969 *Über einige Grundfragen der Philosophie der Politik* berichten ausführlich über die Ergebnisse dieser Nachforschungen.

Nach 1950 erregen die Geisteswissenschaften und die Philosophie der Geschichte, die er in Anschluß an Dilthey schon in seiner Doktorarbeit von 1927 gründlich behandelte, erneut sein Interesse. Im Jahre 1952 veröffentlicht er den Aufsatz *Vom geisteswissenschaftlichen Verstehen*, 1954 einen zweiten, *Die Geschichte im Denken Kants*, und 1966 den schon genannten dritten Aufsatz, *Das philosophische Problem des Endes der Geschichte*. Zusammen mit einer um 1933 verfaßten Studie über *Das Problem der Geschichtlichkeit und die Phänomenologie Husserls* bilden die zuletzt erwähnten Abhandlungen den eigentlichen Kern des 1968 erschienenen Buches *Phänomenologie und Geschichte* (Gütersloh, Verlagshaus Gerd Mohn). Darin hat er überdies noch drei andere Aufsätze aufgenommen: *Das Problem der transzendentalen Wissenschaft vom lebensweltlichen Apriori* (1963), *Die Phänomenologie der Leiblichkeit und das Problem der Materie* (1965) und *Merleau-Pontys Auseinandersetzung mit Husserls Phänomenologie* (1966).

Schon früher wurde anläßlich Landgrebes 60. Geburtstag im Jahre 1963 von einigen seiner Schüler bei demselben Verleger Gerd Mohn aus Gütersloh eine Sammlung von acht seiner zwischen

1937 und 1962 erschienenen Aufsätze herausgegeben, die „alle wesentlichen Beiträge ⟨enthält⟩, die Ludwig Landgrebe zur Auseinandersetzung mit der Phänomenologie veröffentlicht hat" (*Vorwort*, S. 7). Der Band erschien unter dem Titel *Der Weg der Phänomenologie, Das Problem einer ursprünglichen Erfahrung*. Während die ersten drei der dort aufgenommenen Aufsätze schon vor 1940 erschienen waren und seitdem bei allen Phänomenologen gebührende Beachtung gefunden hatten, stammen die anderen fünf aus den Jahren nach 1945. Erwähnen wir hier nur die wichtigsten dieser letzteren: vorerst die 1949 erschienene Studie *Phänomenologische Bewußtseinsanalyse und Metaphysik*, worin er die metaphysischen Voraussetzungen von Husserls reduktiver Philosophie herausarbeitet; weiter den Aufsatz aus 1956 über *Seinsregionen und regionale Ontologien in Husserls Phänomenologie*, eine kritische Besinnung über die ontologischen Auffassungen seines Lehrers; ferner die ausführliche und besonders wichtige Besprechung des zweiten Teils von Husserls *Erste Philosophie* (Husserliana, Band VIII), die er 1962 unter dem bedeutungsvollen Titel *Husserls Abschied vom Cartesianismus* publizierte.

Zum Abschluß dieser Übersicht von Landgrebes Veröffentlichungen wollen wir nur noch kurz seine *Philosophie der Gegenwart* erwähnen, die er 1952 erscheinen ließ. Diese didaktisch ausgezeichnete Geschichte des gegenwärtigen Denkens, worin er die wichtigsten Probleme in Querschnitten darstellt, gehört schon seit Jahren zu den klassischen Arbeiten über die heutzutage diskutierten Philosopheme.

Hatte sein ausführlicher Artikel von 1933, *Die phänomenologische Philosophie Edmund Husserls in der gegenwärtigen Kritik*, Eugen Fink seinerseits – besonders noch durch Husserls Vorwort – schon eine paradigmatische Stellung als authentischer Interpret der Gedanken seines Lehrers gesichert, dann bringen eine Reihe von Publikationen, nach 1950, den endgültigen Beweis, dass der Meister seinen Mitarbeiter unbedingt richtig bewertet hatte.

Aber seit 1950 dringt er in seinen Artikeln und besonders noch in den von dann ab regelmässig erscheinenden Büchern zu überraschend neuen Dimensionen vor.

Inhaber des Lehrstuhls für Erziehungswissenschaft spricht er Fragen, die die Bildung dem Erzieher in dieser bewegten Zeit stellt.

Ob er sich über das *Spiel als Weltsymbol* als Pädagoge oder eher als Existential-Metaphysiker besonnen hat, möge jeder für sich selbst ausmachen. Jedenfalls spielen da schon die „Existentialien in der Pädagogik" eine bestimmende Rolle. Diese Existentialien – die übrigens seiner metaphysischen Anthropologie ihre eigene Form verleihen – beherrschen ebenfalls, zusammen mit dem, was er über die Begriffsbildung im Erziehungsfeld lehrt, die beiden pädagogischen Bücher, die er 1970 publiziert hat: *Erziehungswissenschaft und Lebenslehre* einerseits und *Metaphysik der Erziehung im Weltverständnis von Plato und Aristoteles* andererseits.

Martin Heidegger in den dreissiger Jahren hörend, hat Eugen Fink den Menschen als ein *Zóon metafysikon* (*sit venia verbo!*) entdeckt, und von diesem zweiten Meister hat er das immerwährende und lebendige Interesse für die Hauptvertreter der griechischen Philosophie – Platon und Aristoteles – mitsamt den Vorsokratikern übernommen. Nebst der schon erwähnten *Metaphysik der Erziehung* legen seit 1957 noch verschiedene andere seiner Bücher Zeugnis ab sowohl von seinem fruchtbaren Dialogisieren mit den Vorsokratikern und dem historischen Platon und Aristoteles, als auch von seinen aussergewöhnlich tiefen metaphysischen Intuitionen und Einsichten. Erwähnen wir nur *Nachdenkliches zur ontologischen Frühgeschichte von Raum, Zeit, Bewegung* (von 1957), *Sein, Wahrheit, Welt, Vor-Fragen zum Problem des Phänomen-Begriffs* (von 1958) und *Metaphysik und Tod* (von 1969). In absehbarer Zeit, so hoffen wir, wird ausserdem in den *Phaenomenologica* der monumental ausgebaute Kommentar zu Kants *Kritik der reinen Vernunft* erscheinen, den der Phänomenologe und Metaphysiker Eugen Fink für seine Freiburger Seminare ausgearbeitet hat. In seinen metaphysischen Arbeiten kann überall nebst zahlreichen Spuren des Einflusses von Husserl auch diejenige von Heidegger ausgewiesen werden. Aber das ganze Gebäude ist unverkennbar durch einen Architekten gezeichnet und gewährleistet, dessen Name Professor Eugen Fink ist. Die „einfache Grösse" dieses Gebäudes macht den Architekten selbst, wir sind davon überzeugt, zu dem bestimmt fruchtbarsten und auch wohl zu dem grössten deutschen Metaphysiker der Generation nach Martin Heidegger.

Platons Politeia-Traum, nach dem die Philosophen Könige

oder die Könige Philosophen werden sollten, ist wohl endgültig
ausgeträumt; speziell in dieser, die Philosophen und ihre Philosopheme stark kontestierenden Zeitspanne. Es bleibt aber auch
jetzt für jeden ehrlich Philosophierenden das eiserne Gesetz, das
Fink in seiner Totenrede bezüglich seines Meisters aussagte – ich
zitiere leicht ändernd –: ,,Sein eigenes Leben ‚halte der Philosoph'
unbändig und bis zum Rand erfüllt von jener Leidenschaft, jenem
wachen Enthusiasmus eines unbedingten Denkens, das zutiefst
dem Wesenhaften und Ewigen ‚gelte', das auch ausserhalb des
philosophischen Begriffs dem Menschen offenbart wird im Schönen
und im Heiligen.''

Von dieser ,,Leidenschaft'' und von jenem ,,wachen Enthusiasmus eines unbedingten Denkens'' waren Sie beide, Professor
Ludwig Landgrebe und Professor Eugen Fink, besessen, seitdem
der philosophische Daimon Sie ergriff.

Dieser Rückblick auf ihr Leben gerade als ,,wijsheid-begeren-
den,'' als *filoi sofias*, besonders der Rückblick auf die Fruchtbarkeit ihrer philosophischen *daimonia* bringt mir das Sonett in
Erinnerung, das Rainer Maria Rilke im Februar 1922 auf dem
Château de Muzot den reifen Früchten widmete.

> Voller Apfel, Birne und Banane,
> Stachelbeere ... Alles dieses spricht
> Tod und Leben in den Mund ... Ich ahne ...
> Lest es einem Kind vom Angesicht,
>
> wenn es sie erschmeckt. Dies kommt von weit.
> Wird euch langsam namenlos im Munde.
> Wo sonst Worte waren, fliessen Funde,
> aus dem Fruchtfleisch überrascht befreit.
>
> Wagt zu sagen, was ihr Apfel nennt.
> Diese Süsse, die sich erst verdichtet,
> um, im Schmecken leise aufgerichtet,
>
> klar zu werden, wach und transparent,
> doppeldeutig, sonnig, erdig, hiesig –:
> O Erfahrung, Fühlung, Freude –, riesig!

Auf ihr Leben rückblickend ist dieser Tag – auch für mich den „laudans" – eine riesige Freude.

Ich darf also mit gutem Recht, so denke ich, Monseigneur Dondeyne ersuchen, diesen beiden wirklichen Philosophen und guten Menschen das Ehrendoktorat in der Philosophie der *Katholieke Universiteit te Leuven* verleihen zu wollen.

THE GOAL OF A COMPLETE PHILOSOPHY OF EXPERIENCE

MARVIN FARBER (BUFFALO)

I. ON SCIENCE AND PHILOSOPHY

It is convenient to characterize phenomenology in its generic sense as a descriptive philosophy of experience. The pure phenomenology developed by Husserl is thus one among many types of descriptive philosophy in the historical tradition, and it is distinguished above all by its radically subjective procedure. Despite its prominence, and the immense personal success of Husserl in reaching the world of philosophy, the nature and function of phenomenology have become problematical, and there have been numerous departures from his conception of philosophy. Husserl and his work have gone into history and his influence has been considerable, even where fundamental critical reactions have occurred. It was an important achievement, to contribute substantially to the foundation of a purely reflective science of experience, even though much has remained to be done critically – from within, in the reexamination of all concepts and structures, and from without, as viewed with the perspective of a more general methodology and with the knowledge achieved by the sciences and ordinary experience. It would be a serious error to suppose that the adoption of the attitude of pure subjectivism would preclude the consideration of that attitude from another (and more complete) methodological perspective.

The ideal goal of pure phenomenology, to herald the development of a rigorous philosophical science which would at the same time be the model and foundation of all genuine science, was defended by means of a critique of historical conceptions of scientific thought. It is evident that the nature of science must be clarified on the basis of the leading productions and methods of scientific thinkers, and that the definition of science must not be arbitrary, or imported from another source. Past historical usage should not be disregarded; and new usage must be justified, if an idealized conception of science is intended.

In view of the many types and examples of scientific thought, science may be defined most generally as logically organized knowledge, and scientific methods may be held to comprise any logically acceptable methods of inquiry or reasoning. Pure phenomenology then appears to be a candidate for inclusion in the growing group of sciences, to the extent that it can be justified in the face of logical criticism. Since knowledge grows endlessly in the course of human experience, and as the result of seeking solutions to problems or answers to questions under different historical conditions, one cannot expect the sciences to be fixed or final at any time. In other words, there are no set limits or ultimate forms of science, which must be conceived as open in all directions and as subject to change. Two things are then to be noted concerning phenomenology: (1) it adds to the procedures of science, when correctly employed; and (2) it cannot be regarded as the sovereign guide or criterion of all the sciences, for that could only be defended by assumptive reasoning, in violation of its own avowed precepts.

Transcendental phenomenology, making use of a procedure of "reduction" of its subject matter to reflective experience, has a restricted sphere of questions for investigation. The fact that limited types of questions are raised is characteristic of all sciences, including the "meta"-analysis which presupposes ordered structures of knowledge. It is essentially the limitations of reflection that appear here; one reflects on what has been observed to happen, or on what has been disclosed in experience.

To criticize the sciences as Koestler does[1] because they do not raise important questions about man and his problems ("the problem of man's predicament," in the words of Koestler) is to restrict the term science unduly. There are questions which are meaningful in terms of a given science, and there are questions which are not meaningful in such a body of knowledge, as organized at a particular time in intellectual history. In other words, there are "system-proper" and "system-strange" questions with

[1] Arthur Koestler, *The Ghost in the Machine*, New York: The MacMillan Co., 1968, pp. xi f.

respect to any well-defined system of thought or knowledge. But it is wrong to suggest closure of the sciences at any stated time. The collective totality of the sciences must be regarded as forever open systems of knowledge and inquiry. New sciences may always be emerging, just as the existing sciences may always be subject to change.

In short, there is no place for a "wastebasket" of questions rejected by the sciences. If the sciences are narrow and do not raise or attempt to answer questions pertaining to man, his experience, and his conflicting interests, more scientific knowledge, if not more sciences, are needed to fill the gap. Their inadequacy at a stated time is thus to be corrected by their further growth. On the other hand, care must be taken to examine the alleged neglected questions and aspects of human behavior, so that scientific dignity will not be too lightly assigned to what may be speculative or prescientific presumptions. That would be a highly dubious direction to be taken by the critics of science, including the subjectivistic critics.

II. CONCERNING THE CRISIS OF THE SCIENCES

The ideal conception of philosophy as the most rigorous form of knowledge, which is the model of perfection for all the methods of inquiry, must be viewed in connection with their historical stage of development. There is a place for rigor in the extreme, limiting sense of having the evidence in direct experience, which is the ideal goal of pure phenomenology in its study of subjectivity. But it is an ideal which cannot be applied generally for practical as well as theoretical reasons, for that would signify the imposition of a narrow pattern of unity on the nature of knowledge and the methods of inquiry. The unlimited diversity of problems arising in human experience requires a diversity of methods of procedure; and the differences in the types of knowledge add to the diversity. Pure phenomenology may be added as a specialized discipline with its own rigorous standards to the formal, physical, biological, and social sciences.

It would be unwarranted to charge naturalistic psychology with not being a science in the light of the standards of phenomenology because it operates on the basis of other special sciences. To be sure, it is to be distinguished from pure eidetic psychology, which is not at all able to undertake the role of the naturalistic type of psychology. The usual naturalistic type of psychology which has been subjected to much criticism in the literature of phenomenology has become the name for a group of disciplines, and phenomenological psychology, which is itself admittedly in its beginning stage, is to be added under the heading of the enlarged group of psychological disciplines. To chide psychology with regard to the small amount of progress made would be to expose phenomenological psychology to the same criticism, and to the need to justify its method by means of results. There are to be sure results of a different kind, in keeping with its descriptive procedure. A pluralistic conception of methods – deductive, inductive, and explanatory – is the response to the diversity of problems and standpoints, ranging from everyday problems in experience to abstract regions of thought.

In the introduction to his *Crisis of the European Sciences*,[2] Husserl states that "merely fact-minded sciences make merely fact-minded people." This should be considered carefully as a matter of actual fact, and if one is not to overestimate intellectual factors in human conduct. The fact-minded type of science is held to exclude in principle "burning" questions of "the meaning or meaninglessness of the whole of this human existence," questions which, as "universal and necessary for all men, demand universal reflections and answers based on rational insight." It is important, however, not to neglect the potentiality of the "fact-minded sciences," for they may provide the basis for all "rational insight," when correctly employed, in cooperation with all relevant methods and sources of knowledge.

For the rest, it will be recognized that Husserl has done much to illuminate what he calls "the enigma of subjectivity," making it possible to assimilate his findings for the purposes of the collective totality of scientific knowledge, where they can be rendered effective in conjunction with other types of procedure. But he has certainly not done justice to the nature of the sciences when he has history merely teach us "that all the shapes of the spiritual world,

---

[2] Eng. trans. by David Carr, Evanston: Northwestern University Press, 1970, pp. 5 ff.

all the conditions of life, ideals, norms upon which man relies, form and dissolve themselves like fleeting waves, that it always was and ever will be so, that again and again reason must turn into nonsense ...." It is not necessary to go to such lengths in order to argue for a greater scope of science, sufficient to include the perspective of phenomenology and its use of what is referred to as "rational insight."

But what is to be understood by "the crisis of our culture," to which the sciences have allegedly contributed? Germany – and much of the world – in the years in which the *Crisis of the European Sciences* was written, were affected by very grave and deep-seated problems. The normal problems of the capitalistic world, involving internal conflicts between economic classes, domestic and international competition, and war, were added to enormously in countries subject to a dictatorship. The real "crisis," or more exactly the real "crises," can be accounted for and explained adequately on the basis of the facts established by the sciences and ordinary experience. One should look to the role of the profit motive, and to the actual working of the economic system, for the explanation of the internal and external conflicts producing the series of historical "crises." This does not mean that the sciences as they now are will provide adequate explanation, although they are able to contribute toward the explanation. Statistical devices, abstract analysis, and the use of principles in relation to social processes are among the prominent means employed in attempting to understand the difficulties besetting our social system. The critique of the role of science should aim at the improvement and expansion of our scientific methods, and criticism should be concerned with all factors standing in the way of the objective understanding of man and the world. Such misleading factors, often resulting from the bias of vested interests, should be exposed as such, and that is again a proper matter for scientific analysis, and an important part of the function of science. There is a socio-historical explanation of the misuse of science and the falsification of scientific inquiry, which a truly "radical" mode of procedure can bring to light; and there is already a widespread awareness of the principal causes. Without denying that there is a place for Husserl's mode of descriptive inquiry as applied to the dominant conception of science in the early modern period, it is nevertheless necessary to refer the overriding problems of recent history to positive descriptive and causal analysis. That is properly undertaken "with the natural attitude," and with "radical" reflection on the basis of an independent, antecedent realm of existence in which we are now contributing participants. In short, the reflective attitude must be extended beyond the confines of phenomenological analysis, so that both the natural and the phenomenological attitudes are within the scope of the broader reflective inquiry.

It is seen therewith that the real problems and tensions of history are not caused by philosophical or scientific conceptions, but are due to conflicts of interests and socioeconomic classes. Skepticism, for example, may be examined in relationship to historical conditions; in one of its historical forms, it may be regarded as a response to motives connected with the period of decline of a social system. It does not add to the clarity of historical explanation to assign causal roles to opposing philosophies or points of view, as though their abstract formulations were personified and given a material embodiment.

The Marxist perspective sees the sciences as historically motivated, and as conditioned by the existing social system. The sciences and technological advances help to bring about a new social system; and philosophers are also to be numbered among the factors leading to the transformation of society. This literally genetic, developmental view is to be distinguished from the conception of origin analysis of Husserl, and from all talk of genetic phenomenology in the sense of subjectivism. Insofar as the latter contributes sound descriptive analyses, it can and should be incorporated in the total account of historical reality and experience. The priority of real history (economic, political, scientific, etc., as dealing with events in the natural and cultural world) must be emphasized, however. One can say truly (with words reminiscent of Hegel), that the owl of pure phenomenology just appears on the basis of a real historical development and a society which can afford the luxury of such analysis.

III. THE INSPECTION OF PRESUPPOSITIONS

The programmatic ideal of inspecting all presuppositions in

relationship to the evidence found in experience has its historical significance. It is pertinent in connection with the questioning of all fixed commitments, associated directly or indirectly with vested interests; and it is a necessary step in the enlargement of the scope of science to include rigorous philosophic thought. But it does not properly mean dispensing with all presuppositions in order to make an "absolute" beginning in philosophy; for that would be impossible as a matter of actual fact, as shown by all that is known about the conditions of human experience.

It would thus be incorrect to speak of a denial of all presuppositions as the first step in philosophic thought. The aim is rather to realize as much as possible the ideal of suspending all presuppositions for the purposes of a descriptive and critical inquiry, and there are admittedly difficulties in the way of such a procedure. Husserl has spoken of presuppositions in the context of transcendental phenomenology as having "a different sense." What he was really trying to do was to clarify the nature of knowledge and experience, with no antecedent commitments allowed to stand unquestioned. That was the ideal. How it has worked out in practice in developing a descriptive philosophy of experience is another matter. For the program of a descriptive philosophy of experience is only an ideal, the realization of which is beset by many difficulties.

It is not to be expected that the philosophers undertaking such a task are purely ethereal entities, or non-substantial cognitive egos with a locus in a realm distinct from the world of nature and culture. On the contrary, they can be classified as sociohistorical products, and, like people in general, divided into a variety of classes and types. Every ego is to be accounted for in terms of the behavior of a material body and a social system, and can only be regarded as a fiction or as a pure nothing apart from such real conditions. Indeed, even the idea of an abstract, pure, or ideal ego is only possible as a cultural product, which presupposes a social system with a division of labor, so that specialists can employ such ideal explanatory structures.

What this means is that no one can begin a descriptive inquiry without a basis in an antecedent, independent domain of existence. Although it may be correct to refer to such a principle as a presupposition from the point of view of a particular philosopher of experience, it would be less misleading to speak of the antecedent and independent realm of existence as a matter of basic fact. The well-known *ego cogito* of the idealistic tradition is a fiction which can only have a subordinate function for a specialized type of descriptive inquiry, represented in its most rigorous form by pure phenomenology. This is not to say that the method and concepts of transcendental phenomenology are to be adopted without detailed as well as fundamental criticism. But it must be recognized that the method has made possible valuable insights which can be assimilated to a larger descriptive phenomenology of experience, for which there is no methodogenic problem of existence.

IV. THE SUBJECT-OBJECT CORRELATION AND ITS CONSEQUENCES FOR EXISTENCE

If the subjective restriction of the field for inquiry is adopted for reasons of method, can one then argue that it is not meaningful to speak of existence apart from a relationship to a knowing mind, or to an experiencing being? To maintain that such a relationship of objects of knowledge to an experiencing being is essential as a condition of existence, would be to exceed the range of application of the methodological frame. In fact, it may merely mean arguing from the "ego-centric predicament," which in the present generation is surely a surprising return to an untenable type of argument prominent at the close of the nineteenth century and early in the twentieth century. Husserl was on occasion in agreement with the idealists or covert subjectivists making use of this mode of argument, as shown by his contention that an object out of relationship to a knowing subject was "unthinkable." There is, however, a difference of principle between the deliberate adoption of a subject-object limitation of the subject matter, and the thesis that objects can only exist in that context. It becomes increasingly clear that one must consider the necessary safeguards carefully before entering the lion's den of subjective analysis, lest all footprints forever point inwards.

This indicates the sense in which one may speak of a *strong* as well as a *weak* interpretation of phenomenology. The strict treatment of phenomenology as a specialized method, without metaphysical dogmas or speculative arguments, constitutes the strong interpretation, which has proved difficult to realize in actual practice. The weak interpretation would give greater emphasis to elements of speculative idealism as a general philosophy, for which there is conspicuous support in the literature.[3]

V. CONCERNING THE EXISTENTIAL BASIS OF EXPERIENCE AND KNOWLEDGE

The existential basis is the same for all methods, whether formal, empirical, or scientific in the broadest sense of the term. A formal method, or a transcendental device, will not bring a new type of existence or ontology into play. There is only one realm of being or existence; any suggestion of multiple realms of being can only be linguistic in character. Merely postulated domains have no special ontological status, and belong to the order of hypothetical thought. But hypothetical thought does not occur without real thinkers with bodies in causal relationship to the world (meaning by that the physical and cultural world). In view of the tremendous scope of formal thought, which may violate the facts of real existence and deal with pure, formally defined and possible meaning-structures, it is simply misleading to speak of the being of the fictions of thought which are involved.

Philosophy does not and cannot begin without the acknowledgement of an independent realm of existence. It always presupposes an existing world which extends indefinitely before and beyond all objects of human experience, and in particular a concrete socio-historical system along with its tradition. The thoroughgoing radical criticism it may seek to carry out will not alter this fact, which must be acknowledged in the same sense in which a physiologist must acknowledge the independent organic structures which human beings are privileged to enjoy. The deft fingers of the philosopher must be controlled lest they extrude the basic realm of existence, which he will never be able to reinstate on his restricted premises.

---

[3] The present writer has discussed these themes in various publications, including *The Foundation of Phenomenology* (3rd edition, Albany: State University of New York Press, 1967), *Naturalism and Subjectivism* (2nd edition, Albany: State University of New York Press, 1968), *Phenomenology and Existence* (New York: Harper and Row, 1967), and *Basic Issues of Philosophy* (New York: Harper and Row, 1968).

There are serious problems still besetting the philosopher who begins with a sound ontology. He must depend upon the findings of the scientists, who are themselves influenced by the social system and sometimes by institutionalized beliefs. How can he overcome the obstacles in the way of an objective understanding of the nature of the world? This is not a new problem, for it has been at least recognized and taken account of in part by scholars in the literature of science and philosophy; and V. I. Lenin's counterthesis, denying the possibility of an objective social science under the conditions of capitalism, is well known. A really "radical" reflective philosophy of experience must not only seek to uncover the "sediments of meaning" deposited in the process of history, but must also seriously take account of the concrete realities of history.

VI. ARE THERE ONTOLOGICAL DIFFERENCES?

It has been argued that one cannot become aware of the "natural attitude" without recourse to another type of attitude – the phenomenological type of reflection. Is an ontological type of difference involved in the transition from one attitude to another? Can one speak of a different kind of being, in conformity to the different kind of epistemic frame?

The argument that one must resort to another type of attitude or way of looking at things (an attitude or *Einstellung* of a fundamentally different kind) affords no support for an ontological thesis. The refutation of the argument is accomplished by showing how all varieties of reflection are possible on the basis of the natural view of the world, or the "natural attitude," and, indeed, that reflection is only possible on that basis as a matter of fact. One should not deceive himself by means of pictorial language and assumptive reasoning. The expression "in the natural attitude" may suggest metaphorically that one is somehow contained in a manner of looking at things, so that it then appears necessary to become contained in another way of looking at things in order to become aware of the "natural attitude." If it is assumed that there are ontological peculiarities in each attitude, then the whole argument is assumptive.

On the basis of natural existence one can discern all the structures of experience which are said to be disclosed by phenomeno-logical reflection. That is seen to be possible when one recognizes and dismisses the unwarranted assumption of a new kind of being – ideal being – to name all structures and correlates of pure thought (i.e., of all "reduced" experience, after the performance of the *epoché* or suspension of all beliefs). But fictions, or concept-ual objects and structures, do not have to be treated as ontological in that sense. It is sufficient to regard them as meant objects and productions of the thought of naturally real human knowers. This would dispose of an interesting case of assumptive reasoning, which is dissipated as soon as the error is pointed out.

A prior matter remains to be clarified: what is the nature of an ontological question? Does that involve a view concerning the "stuff" of things, in a sense not to be provided by the present or future sciences? Or does it refer to facts about the relationship of human knowers to the existing world? The question of a vacuous "stuff" would be pointless, and it could not be supported by even a narrow conception of the sciences. On the other hand, the quest-ion of the relationship of knowing to the existing world can be answered progressively. Mention may also be made of the critical function of philosophy as one of the sciences in the broadest sense of that term; for philosophy in a rigorous sense is also concerned with the exposure of bad ontologies.

VII. TYPES OF ILLUSTRATION FOR DESCRIPTIVE ANALYSIS

The types of illustration which are selected for descriptive analysis in the philosophy of experience may not be significant indications of the social alignment and the implicit commitments of a thinker, for they are often trivial. Thus chairs, tables, and trees, as meant objects of experience, have their "essential" structures; and the various modes of experience and their inter-relationships have their characteristic patterns. So far as practical applications of the descriptive determinations are concerned, it is now largely possible to close the books on such descriptive analyses, which can hardly be expected to yield novelties or fruitful results by further studies of the old materials. What proves to be more important is the critical examination and evaluation of the point of view adopted by specialized descriptive investigators.

Quite different is the enlargement of the descriptive procedure to include all the conditions of thought which have bearing upon its motivation and its very existence as thought. It is then seen to be enmeshed in the social order, whose driving forces and conflicts are never absent. The illustrations for a reflective analysis are changed therewith, in keeping with the real structure of society, to include cases involving private property, the nature and conditions of profit, production and over-production, money and capital, competition, class conflicts, and war. Associated therewith are further illustrative cases such as character, the family, and education, always as conditioned by an actual socio-historical system.

The technique of the so-called "radical" *epoché* of pure phenomenology is still of interest in this larger context. But it must be introduced without ontological assumptions and claims. It is merely a limited model of an *epoché* suited above all to deal with an idealized situation employing abstractions and fictions. This applies to the ego of subjective analysis, which is remote from any real egos; and the same is true of the life-world of pure phenomenology. A new, generalized, and fundamentally changed conception of reflective analysis results from the methodological extension of the descriptive inquiry.

VIII. CONCLUDING REMARKS: ON PHENOMENOLOGY AND METHODOLOGICAL PLURALISM

The goal of a complete philosophy of experience, which attempts to do justice to the realities underlying and affected by experience, requires the extension of the field for description far beyond the closed domain of pure phenomenology. At the same time, provision must be made for the subordination of all that is sound in pure phenomenology to a more general methodology. In this sense, pure phenomenology, like formal logic or pure mathematics, may contribute to a basic philosophy of real experience and existence. Hitherto neglected or overlooked structures and features of experience become accessible because of the pluralistic conception of methods of inquiry which is maintained.

It will be borne in mind that it is natural to overspecialize when calling attention to a new method or philosophic approach. The matter is not so simple in the case of phenomenology, however, for it also bears features of a tradition leading to idealism, and, as it happens, to a distinctive and perhaps final phase of idealism. Until Husserl's last period of writing the nature of that type of idealism was fairly evident. The final attention given to the problem of existence and the idea of a pregiven life-world presented an unsolved problem. That is not surprising, because it is not possible to solve the methodogenic problem of existence in its full sense on the basis of the "reduced" realm of transcendental phenomenology, beginning with "pure egology." The subjective approach and the abstractive devices involved in eidetic analysis must be regarded as restricted methods which are capable of being reinterpreted and translated into naturalistic scientific terms to the extent to which they are strictly descriptive, and do not involve special ontological premises.

Science should be regarded as forever open to new types of method and to new conceptions, just as it is responsive to new problems. The over-extension of one limited and specialized type of approach must be corrected, so that there need be no unnecessary warfare of standpoints. On the other hand, because of the actual historical motivation influencing philosophic thought, differences and conflicts are sure to be continued, so long as their historical causes are in existence. The attempt at the closure of philosophy by means of an idealized program would be as futile or pointless as would be the attempt at the closure of science. The goal of a complete philosophy of experience, then, must be approached by means of the full resources and methods of all the sciences as well as ordinary experience, with philosophy as one of the contributing participants. The more general descriptive philosophy of experience which results is conceived in accordance with the actual place of man and his experience in the real world, and with well established facts about human history.

PHENOMENOLOGY:
A BREAK-THROUGH TO A NEW INTUITIONISM

DEBABRATA SINHA (CALCUTTA)

The notion of "Intuition" permits a wide range of ambiguity in philosophical investigations. Whatever be the exact import of the notion in use – and in whatever context (generally metaphysical) – the tradition of "intuitionism" generally stands for the view that all knowledge in the long run is constructed out of intuitive comprehension, in opposition to discursive thinking. In the development of European thought intuitionistic trends in some form or other can well be traced right from Plato, and then more conspicuously in Neo-Platonism. Again in its rationalistic orientation the tradition appears to occur in the philosophies of Descartes and subsequent Rationalists, and then leading further to German Idealism culminating with the philosophy of Hegel. However, the most outstanding and exclusive expression of this tradition in modern philosophy is to be met with in Bergson's philosophy – in his unambiguous contention that philosophizing lies in "sinking oneself in the object" through an exercise of the special faculty of intuition.

Now quite distinct from the anti-intellectualistic intuitionism of Bergson and at the same time differing significantly from the general intellectualist tradition, we find the most modern representative of philosophical intuitionism in the Phenomenological philosophy of Husserl. In this paper I propose to consider the special contribution of Phenomenology towards a new orientation of philosophical intuitionism.

An intuitionism worth its name should offer some sort of a revolt against the intellectualist point of view. Let me state the central position of an intellectualist theory. It represents in general that view which recognizes intellect or thought as the guiding force of our mental life, and means to determine the view of the world and things in terms of thought and intellection. In its pronouncedly metaphysical orientation, for instance, we come across in Leibniz and Hegel the outstanding representatives of the view that intellect has to be given a metaphysically grounded significance. In a fundamental way the recent empiricist-positivist development of Anglo-American philosophy – I mean, Logical Positivism and Analysis – can also be viewed as at bottom an extension of the intellectualist tradition of European Rationalism. In our present discourse I would be more concerned, though not in any way historically, with this phase of intellectualism – one which I prefer in this context to generally characterize as "formalistic."

To consider the relevant implications of intellectualism in this regard, certain major features may be pointed out. Firstly, there is belief in the separability – more or less an absolute one – of form and content of knowledge. This belief in its explicit form originates right from the Kantian formulation of the nature of knowledge. Secondly, such distinguishment of the so-called form and content (or matter) is enabled through a thoroughbred intellectual process of analysis or abstraction. Thirdly, the said "form" necessarily pertains to thought – the form of knowledge indicates the formal structure of thinking, as distinguished from perceptual experience. Fourthly, the content or matter of thought, or knowledge at large, should be subservient to the formal categories and concepts; in other words, thought is to preponderate over sense (or sensibility).

Now the opposition of Phenomenology to the intellectualist viewpoint principally proceeds in respect of method. And the so-called "formalistic" phase of intellectualism is particularly relevant in this context. Formalism, as a methodological standpoint (specially in relation to logic), implies thinking or operating in terms of language on the *syntactical* level, where all reference to the *significance* of the verbal signs used is excluded. In a strictly formalistic procedure two factors are to be distinguished: viz., (a) *language* itself, with its pure syntactical rules, independent of significance (of linguistic signs used), and (b) the meaning-content of language, i.e., a relation of meaning to the sign – an element which is conspicuous by its exclusion in a formalistic or abstract language.

When we speak of phenomenological intuitionism, no bare anti-intellectualism should be meant. It is not in any case a surrender of reason to a non-rational supra-intellectual faculty of immediate perception of reality – or "intuition," as Bergsonian philosophy advocates. On the contrary, in its typical methodological introduction of "*Wesensschau*," there is more kinship in Phenomenology to the notion of "intellectual intuition" so typical of the Rationalist tradition, carried over to German Idealism. Even in its opposition to the Formalist point of view Phenomenology would not present a bare anti-formalist program. The phenomenological thesis can at best be characterized as "meta-formal intuitionism," as I attempt to show in my discourse.

2

In formalistic thinking at large the question of the relation between form and matter (or content) of knowledge – and consequently, of truth – has been posed in a rather one-sided manner. Right from Kant, a strict opposition is presupposed between the *a priori*, i.e., the pure rational element, and the *a posteriori*, i.e., the experiential sense-given element. In modern formalistic thinking, oriented through the formal disciplines of mathematics and mathematized logic, this separation is sought to be carried to its consistent length. The theoretic ideal is to abstract the terms of all their intuitive content and meaning, and of defining them purely in respect of relations obtaining between the terms on the level of non-linguistic symbols and operations upon those symbols.

By neglecting the *eidetic* sense of signs, the formalistic method proceeds with the latter more as figures in a play of combining and transforming than as signs in the fuller sense of the term. But the approach seems to bring into forefront the inevitable shortcoming of a pure formalistic explanation. If Formalism also stands for *knowledge* – which it, after all, does – then a formalistic system could fulfil its theoretic task only when its results can, on the last analysis, be interpreted in eidetic terms. Such system, so far as it operates with signs on the basis of definite rules of transformation for the graphic forms of signs alone, can hardly be treated as philosophically adequate. Further, as Bochenski points out,[1] the

---

[1] I. M. Bochenski, *Die Zeitgenössischen Denkmethoden*, 3. Auflage, Kap. 7.

rules of formalistic operations have also to be eidetically meaningful. So far as we have to *understand* the rules, on final analysis,
they can never be formalized in the fullest sense.

In this connection it may be interesting to note a critique of
formalism in the mathematical thoughts of Frege. He finds the
standpoint of "formal arithmetic" unsatisfactory, so far as it
insists that the rules for the manipulation of signs are "arbitrarily
stipulated." Thus Frege observes: It is applicability alone which
elevates arithmetic from a game to the rank of a science.[2] He
even goes so far as to concede that the attempt at formalizing
arithmetic is bound to be a failure, as it cannot be pursued with
strict consistency. For he recognizes that in the end numerical
figures are, after all, used as signs, a reference and import for
which has to be discovered by mathematicians.

Phenomenology maintains that its statements bear not merely
operative (formal) validity but also eidetic significance – which
latter is far more important. Indeed phenomenology seems to hold
an intermediate position between the two extremes of eidetic and
operative approaches in modern philosophy. On the one side,
there is the tendency to extend human knowledge to the purely
eidetic sphere – generally posited as a sphere of ontological realities. On the other hand, there is the tendency to limit knowledge
to the barely operative sense. Both these extreme positions could
be by themselves rather misleading. In certain cases at least the
eidetic sense seems to be quite evident, transcending a bare
inner consistency of a formalized system. Similarly again in such
sciences as are wholly or largely formalized – mathematics,
physics, astronomy etc. – certain elements seem to make their
appearance to which we cannot find any eidetic correlates – at
least underivatively. Now phenomenological method seeks to
combine the points of view of formalistic operationalism as well as
of pure (non-formalistic) eidetic construction. It is admittedly an
eidetic enquiry, but not at the cost of knowledge-forms on the
formal operational level.

3

Phenomenological philosophy, wedded to the evidence of the

_____

[2] *Translations from the Writings of Gottlob Frege, ,,Grundgesetze der Arithmetik'',*
Vol. II, Sections 86–137.

given, would not confine itself to the linguistic (tautological) meaning within the syntactical framework of a given language. On the contrary, it is directed towards a region of non-linguistic givenness or "phenomena." As Hering points out,[3] it is a basic truth recognized by all phenomenological philosophers that non-empirical givennesses do exist (or rather, subsist); and that alone makes possible the so-called *a priori* investigation. "Phenomena" themselves – non-natural as well as non-ontological as they are – are taken to be given in a peculiar kind of intuitive-evident insight.

Such an approach, however, necessarily demands a consequent "widening" of the conception of intuition itself – a demand which Husserl aptly meets already in his "Logical Investigations." In the Husserlian theory of intentional meaning, categorial meaning-forms are posited as requiring their "fulfilling" or "filling up" (*Erfüllung*) through intuition.[4] In the epistemological context the "filling out" of meaning and "intuitivization" (*Veranschaulichung*) are taken as equivalent. For to obtain clarity, epistemologically speaking, would imply a return to the "filling intuition" – i.e., to the origin of concepts or propositions in the intuition of the evidently given. Thus the said forms are to be related to the object-correlates in their categorial formation. And the object in its turn, with categorial forms involved, is not taken as barely meant – as in the case of pure symbolical function of meaning – but is, so to say, "placed before our eyes," as Husserl character-istically puts it. That is precisely the distinction between what is (or can be) just *thought of* and what is (or can be) intuited or perceived (in a deeper sense).

The possibility of the so-called "categorial intuition" (as distinguished from the sensuous – the point where Kant left) leads at once to the question of obtaining the universal as object in a presentative mode of cognition. Husserl maintains quite un-ambiguously that universals of all kinds can as much be objects as individuals – universals being identical in and through re-current multiple representations of consciousness. For universals have also their ways of being meant (*Weisen des Vermeintseins*), and consequently ways of evidence (*Weisen von Evidenz*).[5]

---

[3] J. Hering, *Bemerkungen über das Wesen, die Wesenheit und die Idee*, p. 495.
[4] Ed. Husserl, *Logische Untersuchungen*, II. Bd., 2. Teil.
[5] Husserl Manuskriptng, A I 27 („Urspru des Allgemeinen").

In keeping with the possibility of intuitive evidence of universals (*Anschauung des Allgemeinen*), Husserl further defines the task of phenomenology in respect of logic. What he recommends is a turn-back (*Rückgang*) to the sources of intuition in the "transcendentally purified consciousness." This alone might ensure the clarification of contents falling within the scope of the formal conditions of truth. A phenomenological clarification of logic would thus mean an understanding of the possibility of cognitive filling out of propositions. Thus the *a priori* truths of logic are to be connected to the essence-relations obtaining between the possibility of intuitive filling out of propositions on the one hand and that of the *pure* synthetic form of propositions on the other. So for the phenomenological philosopher the pure logical proposition (i.e., logical axiom) implies such universal validity as could be examplewise evident in givenness.[6]

4

At this stage the bearing of the standpoint of phenomenological intuitionism on the issue of the Apriori has to be taken into consideration. It is a truism that the question of the Apriori necessarily implies the question of its givenness. For the apriori is not distinguished from the aposteriori, simply because the former claims to stand as presupposition of possible experience – what is otherwise referred to as the "transcendental" role of the apriori. The distinction rather lies in the apriori having its own mode of presentability – a point apt to be misinterpreted in the empiricist-analytic line of thinking.

So far as empiricist-formalist thinking posits the apriori as formal presupposition, obtained through abstraction, the question of its evidencing becomes irrelevant, if not practically absurd. Exactly this approach regarding the possibility of the evidence of apriorities is sought to be reverted in phenomenological philosophy. The apriori is indeed regarded as the proper object of pure evidence or pure and immediate experience in the form object-presenting intuition. For unlike the aposteriori, which can be an object of mediated and conditioned experience alone, the apriori

---

[6] Cf. Husserl, *Ideen zu einer reinen Phänomenologie und phänomenologischen Philosophie*, Bd. I, § 59, § 145 etc.

is the *essence* which is immediately and unconditionally given. As Husserl observes, the "phenomenological Apriori" is born out of the corresponding essence-intuition (*Wesensschau*).[7]

In phenomenological investigation one has indeed to take pains to see that all *a priori* knowledge without exception is capable, on ultimate analysis, of referring to an immediate evidence, i.e., a final intuition of the essence-content (not the sensuous content) in view. Even in cases where *a priori* knowledge seems not to be known in itself, but derived from another *a priori* knowledge, it should finally lead back to certain underivative originating relations, which are in themselves open to direct immanental insights. Such relations have thus to be brought within the focus of intuitability or intuitive givenness.

The justification for the "intuitivization" of apriorities need not, of course, be far to seek. The concept of "fulfilment" in the context of meaning brings home the truism that every meaning-situation proposes a determination in knowledge. In "Logical Investigations" Husserl calls pure meaning-intention or empty intention a "signitive act" which demands to be fulfilled. But this fulfilment is obtained only when the signitive act of language acquires a correlative intuition. Knowledge, looked at in this perspective, offers a *problem* to be solved – a "task" ("*Aufgabe*," as Husserl expresses it) – so far as it makes for unification of intention and intuition.

To examine further the epistemological relevance of the concept of "fulfilment," it may indeed be regarded as "a necessary correlative of meaning," as J. N. Findlay rightly points out.[8] Every meaningful use of language does in a sense carry a promise of a prospective state in which the meaning-content under reference is to be actualized or exemplified. Even an empty meaning or intention bears within it a demand for an appropriate fulfilment – though an impotent demand. This notion of fulfilment is, of course, extended beyond the sensuous and remembered objects to the sphere of formal logical entities, in terms of categorial intuition filling out the formal-logical meanings.

This extension of the expression "intuition" – or "seeing" or "viewing," as the case may be – need not however be regarded as

---

[7] Husserl, *Formale und transzendentale Logik*, § 98.
[8] J. N. Findlay, *Language, Mind and Value*, Ch. XII.

a mere "linguistic recommendation," as Findlay would suggest.[9] Such an explanation would in a way mean a misplacement of the entire evidence-oriented methodology of phenomenological philosophy. Husserl indeed clearly recognizes the difference between the evidence of formal-mathematical truths (including theory of syllogistics) and that of other (non-mathematical non-logical) *a priori* truths. The former, unlike the latter, are in need of concrete example-wise intuition of certain facts and objects, to which they may relate – even in empty formal generality. Yet if the possibility of objectivities within the range of formal-mathematical truths is to be realized, it has to be based on intuitive origin. As Findlay, again, at one point rightly recognizes the truism, intuitivization in the form of filling out is in the last resort indispensable, if mathematical and logical symbols are to incorporate meaning in the fuller sense.

Further a general observation may be made for not treating the Husserlian extension of the notion of intuition as a mere linguistic recommendation. The phenomenological program of analysis is meant to be rather a *meta-linguistic* one than an analysis operating on the level of linguistic usage as such. Already in the "Logical Investigations,"[10] Husserl emphasizes that logic must begin with a consideration of language. For logic at its formal-operational level does imply in a way "language-game." But as Husserl again states the position quite clearly, linguistic explanation belongs to the philosophical preparations for the construction of "pure logic," so far as through language alone the proper object of logical investigations – and further, the kinds and difference of these objects in respect of constituting essences – can be worked out in unambiguous clarity. This, however, need not involve phenomenological analysis as such – i.e., a pure phenomenology of thinking and knowing experience – into grammatical explanations in the ordinary empirical sense.

In his last work, *Die Krisis*, Husserl expounds the issue of language in the more comprehensive perspective of the total program of phenomenological philosophy as such. Thus he well acknowledges that there is a fundamental difficulty involved in the phenomenological procedure in this regard, so far as it basic-

[9] *Ibidem.*
[10] Husserl, *Log. Untersuchungen*, II/i, § i.

ally pursues a way of thinking (*Denkweise*) which seeks to de-
monstrate the authority of original intuition in all possible cases
– that is, in respect of the world of immediate pre-scientific and
extra-scientific experience, in other words, what is termed
"*Lebenswelt.*" With all this program of universal evidence-
oriented analysis, phenomenology has yet to take recourse in-
evitably to the "naive way of speech" (*die naive Sprachweise*)
pertaining to our common life. At the same time the task at hand
demands that ordinary language be treated in such a way as may
be necessary in respect of evidence for non-empirical, or rather
over-empirical, demonstration of the structure of idealities or
essence-correlates of experience.

5

Phenomenological intuitionism is necessarily connected also
with its own brand of apriorism. The two are correlative phases in
the critique of knowledge and experience. In this respect the
typical phenomenological treatment of the question of "synthetic
apriori" comes into view. Its analysis of meaning and the consequent interpretation of experience is basically determined by the
premises that there are synthetic insights which are at the same
time *a priori,* and that such insights are guaranteed through
evidence of a broadly non-empirical non-ontological kind. Corresponding to such insights there are *a priori*-true synthetic statements, in which they are formulated.

One remarkable improvement in this view over the traditional
Kantian formulation of "synthetic a priori" is its methodological
widening of the scope of the apriori. The phenomenological philosopher extends wide over the "formal" region, to which alone
Kant restricts the *a priori* objects – having identified the apriori
with the formal. For Kant the universal validity pertaining to
a priori knowledge is strictly defined in terms of formal-logical
validity (derived basically from the Principle of Contradiction)
– specially as the latter bears upon the analytic-synthetic distinction. In the neopositivist thinking the formalistic import of
Kantian apriorism – the formulation that an *a priori* proposition
is primarily analytic – has been substantially accepted.[11]

[11] Vide author's article, ,,Phenomenology, vis-à-vis Kant and Neopositivism, on
the Issue of the Apriori," in: *Archiv für Geschichte der Philosophie* (Bonn), 1971.

The radical departure in the phenomenological line of thinking is its refusal to limit the sphere of the apriori to the *formal* alone. As Reinach observes, the sphere of the apriori is too large to be overlooked, and there is no justification for confining it to the formal in any sense.[12] *A priori* laws hold good of the material content too – of the sensuous object, of sounds and colours, for instance. That calls for the reformulation of the whole concept of Apriori, and the introduction of the new concept of "material apriori."

As soon as it is recognized that the apriori has its roots in a special case of evidencing experience, i.e., in the eidetic (essence-presenting) character of intuition, the phenomenological criterion of the apriori comes into being. The criterion remains no longer a purely logical or formal one, but becomes evidence-oriented. And that is precisely the point in which "we move from Kant to phenomenology," as Mikel Dufrenne keenly observes in this context.[13] By making the realm of the apriori co-extensive with that of essences, and thereby extending it beyond the limits formulated by Kant, we summon an extra-logical principle of epistemic determination, viz., modes of eidetically evident objectivity.

So the pregnant notion of the "material apriori" singularly marks the approach to a possibly unlimited world of ideal-objectivities. The latter form the peculiar realm of objects – namely, of essence-situations and essence-laws; and the descriptive-analytical investigation of these constitute the objective of phenomenological philosophy. As pointed out before, a sphere of non-linguistic givennesses is accepted as being amenable to *a priori* knowledge rather than to empirical evidence. Such a sphere would be constituted by "factual" or "material" essences and essence-relations. And the latter alone provide in the phenomenological analysis and description the ground for the assertion of synthetic or material (i.e., containing matter – *sachhaltig*) statements *a priori*.

I need not present here an elaborate critique of the Kantian thesis of "synthetic apriori" to be met with in Husserl and other phenomenological philosophers (particularly Max Scheler in a

---

[12] A. Reinach, *Was ist Phänomenologie?*, p. 62.
[13] M. Dufrenne, *The Notion of the Apriori*, Ch. 3.

very keen manner).[14] One trenchant observation of Scheler sums up the central burden of the criticism: the identification of the "Apriori" with the "formal" is a "basic error" of the Kantian theory. ("Die Identifizierung des "Apriorischen" mit dem "Formalen" ist ein Grundirrtum der kantischen Lehre").[15]

The phenomenological philosopher takes seriously into cognizance how the Kantian theory – and to that extent, neo-positivism and formalism too – render a sharp division of the two elements of form and content in knowledge. Nevertheless Kant at least seems to be pressed by an awareness of the need for connecting the *a priori* element with the empirically given. In fact that is how the whole problematic concerning the synthetic apriori makes its appearance in Kant.

The problem is, however, attacked by Kant essentially from a formalistic presupposition, namely that apriorities originate in the activity of pure reason. Consequently, the *form* in terms of which experience is to be organized is conceived as external to the *matter* of experience; and the crux remains as to how to adapt the form (or categories) to the latter. That the apriori in its turn need not necessarily be content-free or empty, and that correspondingly the manifold of experience need not be altogether devoid of inherent forms or structurality, is generally missed in the formalistic thinking.

Here comes the phenomenological alternative into play – namely, a non-axiomatic non-deductive, and at the same time non-inductive, approach. Apriorities are no longer put up as formal preconditions to be derived from logically formulated principles, but as phenomenological implicates, correlative to intuitive evidence. The phenomenological point of view brings into forefront a twofold consideration of the matter. On the one hand, non-linguistic extra-symbolic states of affair, in the shape of structural essence-properties within sense-qualities and their immanental relations, have to be fully recognized. At the same time, the exhibition or clarification of such states of affair necessitates a way of viewing things which cannot simply be an unreflective one, but must be methodologically well-grounded.

---

[14] Vide author's article, *ibid.*

[15] Max Scheler, *Der Formalismus in der Ethik und die materiale Wertethik*, 4. Auf-age, Bern 1954, p. 74.

This demand is sought to be met by giving a radically new shape to the entire question of the Apriori in terms of "material apriori." The latter is the phenomenological formulation of the conception of "synthetic apriori," as beyond the formal analytic apriori. The statements which may be said to be materially *a priori* embrace such phenomena as are themselves given (or capable of being given) in a peculiar kind of insight. The certainty or evidence which accompanies *a priori* truth is itself a particular manner of intentionality, in which the veridical content discloses itself. Statements describing such states of affair as are non-linguistic and non-empirical and yet at the same time content-wise concrete, must be recognized as synthetic (or material, to that extent). On the other hand, so far as they are guaranteed through the evidence effected by the appropriate methodological attitude in comprehending the structural essentialities of things, they hold good *a priori*.

6

The bearing of phenomenological intuitionism on an interpretation of logic has to be taken into account in this context – particularly in view of its characterization as "meta-formal." This, of course, specifically concerns that phase of Husserlian phenomenology which is otherwise referred to as "genetic phenomenology" (as distinguished from "static phenomenology"). In this phase Husserl goes a step further than his oft-repeated line of demarcation within the so-called *a priori* sciences – viz., pure logic (in the form of "Mathesis Universalis") on the one hand, and "material-apriori sciences" on the other (the latter class including such disciplines as Geometry, Mechanics).

So far as the formal discipline of pure mathematics and formal logic are concerned – the disciplines which no doubt provide the highest rational framework for natural sciences – the formal (analytic) apriori admittedly suffices. But somewhat common to "Metalogy" (cf. Bochenski, Menne etc.), Husserl distinguishes between logic and the philosophical reflexion on logic. As a pure descriptive discipline, phenomenology includes within the scope of its intuition-oriented investigation even formal logic and the entire field of Mathesis.

Thus, to begin with, the method of disconnecting "Epoché" is no less to be applied in respect of logical propositions or axioms. So also is the criterion of immanental "transparency" in terms of first-hand presentation to consciousness. Judging in this light, Husserl recognizes that logical principles require "a profound phenomenological elucidation."[16]

By reverting to the sources of intuition in transcendentally purified consciousness, phenomenology seeks to make clear what we essentially mean by the formal conditions of truth or knowledge. It exhibits those modes of filling out (*Erfüllung*) which are essential conditions of the rational character of self-evidence. In particular it enables us to understand that the *a priori* truths of logic concern essential connexions between the possibility of intuitive filling out of the posited meaning – which enables the corresponding positive content to attain synthetic intuition – and the pure synthetic form of the posited meaning (the pure logical form). That this possibility is at the same time the condition of the possible validity (*Geltung*) of logical truths can also be thereby comprehended.[17]

This crucial problem of finding out evidence – *Evidenz-problem* – for the formal-mathematical science, for the pure logic of non-contradiction, led Husserl further to systematize the so-called "transcendental logic." The latter is indeed not meant to be "a second logic," besides formal logic, but rather as "the radical and concrete logic" itself, obtained through phenomenological method.[18] Through clarification of the genuine meaning of logical concepts and of logic itself, the philosophical logic turns into a true theory of knowledge. For unlike the naively posited formal logic, as traditionally understood, the philosophical logic as phenomenologically re-oriented is deeply concerned with the clarification of the genuine meaning of being (*Seinssinn*).

Now the evidence pertaining to formal-mathematical truths (including syllogistics) is, of course, of a different sort than that of other *a priori* truths. The former are in need of no concrete instantiated intuition of the object to which they should relate – even by way of empty-formal generality. In this sense the science

---

[16] Husserl, *Ideen* I, § 145.
[17] *Ideen* I, § 147.
[18] *Formale und transzendentale Logik*, Schlußwort.

which refers, in empty-formal generality, to al that is possible and thinkable, is termed "formal ontology." The possible range of objectivities which the latter may imply has to be established in the light of intuition, if the said possibility is to be realized.

7

From the foregoing discourse on the notion of "material apriori" and metalogical line of investigations we may now be in a position to estimate the phenomenological approach to the much-debated problem of the relation of form and content (of knowledge). As already observed, phenomenology does not believe in the separability and validity of pure form apart from content or matter of knowledge. The main grounds for this are threefold. Firstly, the widening of the import of intuition, i.e., the way of being immediately aware of the given objectivity. Secondly, a renewed interpretation of the notion of abstraction in the formation of general knowledge. Thirdly, a recognition of the immanent structurality of our world of experience.

Leaving aside the first point, which has earlier been discussed, let me consider the second point, viz., the phenomenological reorientation of the conception of abstraction. It is to be noted that the attitude of phenomenological intuitionism is compatible with abstraction, though not with discursive knowledge.

In the intellectualist tradition at large – whether empiricist-positivist or rationalist-idealist – the concept of abstraction is one necessarily connected with the process of intellection or rationalization. And the latter is taken essentially in opposition to concrete perceptual activity on the level of sense-experience. We owe this opposition originally to the Kantian thesis that the given is simply identical with the bare sensuous material, and the apriori with the formal element of thinking which is brought to bear upon the sensuous content through pure reason. This exaggerated dichotomy – and fundamentally a mistaken one, as Scheler sharply points out[19] – in Kantianism is, of course, largely derived from the general sensualistic tradition of British empirical philosophy.

It is in a way evident that although intuition indicates presen-

---

[19] Cf. Scheler, *Schriften aus dem Nachlaß*, Bd. I, 2 Aufl., 1957, p. 433.

tative consciousness of the directly given, such direct viewing need not mean an exhaustive comprehension of the object viewed or presented. On the contrary, it may be regarded to be in a sense abstractive. And that for the simple reason that the eidetically given is meant to be grasped only in respect of its essence-content, and not in respect of the total complex manifold of its factual existence.

This intuitional approach, however, has to be sharply differentiated from abstraction as commonly understood in the context of natural-scientific investigation – namely, in the sense of selection of certain features for special examination out of the concrete whole in the reality of the phenomena concerned. Husserl indeed sounds a clear note of caution in this regard. The disconnection from the factually existent world that a phenomenological reduction necessarily involves, does not imply "mere abstraction of certain components of an inclusive organization."[20]

In this connexion the typical concept of "Ideation," i.e., the intuition of "irreal" essence, in the Husserlian program of analysis has to be taken into consideration – vis-à-vis the point of view of linguistic conventionalism in modern positivist thinking. Thus from a non-phenomenological point of view, ideas or essences as meant in phenomenological philosophy are nothing but concepts; and the latter again are only constructions or products of abstraction. In anticipation of this alternative explanation, Husserl replies quite unambiguously that essences are concepts, only if we take concepts to mean essences.[21]

The whole problem of the so-called *formation* of concepts accordingly takes on a new dimension and a new shape. The act of abstracting is in fact to be interpreted as a *spontaneous* (not artificial) one, so far as it is a primordial object-giving consciousness of an essence, or "ideation", as otherwise termed. But such spontaneity cannot be regarded as an essential character of empirical consciousness, which gives us sensory objects (not "irreal" essences).

8

Coming back to the problem of form-matter relation, it has to

---

[20] *Ideen* I, § 51.
[21] *Ibid.*, § 22.

be noted that the *formal* character of logic is never lost sight of by Husserl. On the contrary, he is fully aware of the formal function of logic (in the traditional sense) in exhibiting pure *a priori* generalities, which are not only pure but formal in character. He admits that reason itself – and in particular, theoretic reason – is a "concept of form" (*Formbegriff*).[22] But he does raise the acute question as to the possibility of "completing" the analytical formal theory of science (i.e., formal logic) through a "material theory of science." In this context, again, Husserl proposes to introduce the concept of material (*sachhaltig*) apriori, which alone can connect the *form* of possible judgments – the "core" held in empty generality – to the matter of knowledge (*Erkenntnismaterie*) in definite spheres of objects.[23]

The phenomenological philosopher is ever aware of the epistemological deficiency of a formal-conceptual explanation – essentially an axiomatic-deductive procedure which presents a "theory from above" (*Theorie von oben her*). For such a procedure, which makes for formal sciences, moves, after all, around empty generality of symbolical, tautological meanings. But the latter can never substitute a "state of affair" (*Sachverhalt*): the one (viz., state of affair) is given in intuition, the other is only referred to in empty intention (*Leerintention*).[24] Husserl makes the point clear that the whole investigation of phenomenology is *a priori* only so far as its analysis is in each step an "analysis of essence" (*Wesensanalyse*) and a discovery of *general* states of affairs constituted in immediate intuition. But it is not an *a priori* enquiry in the sense in which mathematical deduction is *a priori*.[25]

Thus we come across in the phenomenological intuitionism and apriorism a new approach to the form-content problem, offering a synthesis, an inner constitutive harmony, of the two aspects of knowledge. As Merleau-Ponty suggests, in the context of the perceptual situation with reference to the body, the relationship between matter and form can suitably be expressed in phenomenological terms as *Fundierung*: the symbolic function at the

---

[22] *Formale und transzendentale Logik*, § 6.
[23] *Ibid.*, § 55.
[24] Husserl, *Die Idee der Phänomenologie* (Husserliana Bd. II), p. 59 f.
[25] *Ibid.*, p. 58.

level of thought is grounded in the perceptual content.[26] In that sense there is rather "an absolute simultaneity of matter and form" – a position quite opposed to the intellectualist-formalist thesis in general. This also follows, as we have seen, from the phenomenological interpretation of abstraction in non-formalistic lines, in keeping with the intuitionist point of view. Accordingly, universals are not put up as formal unities, but in the light of referentiality or reference-function of consciousness.

A passing reference may in this connexion be made to a possible, though sometimes veiled, non-formalistic strain in such logical philosophers as Frege and Wittgenstein. Of these, we have already at another place taken Frege's explicit critique of formalized mathematics into consideration. As to Wittgenstein, we might trace – at least at a certain stage of his philosophizing – some sort of a latent critique of the strictly formalistic position, and also a potential hint at the need and possibility for overcoming it. Discussing, in one of his papers,[27] the problem of logical form, Wittgenstein observes that the analysis of any given proposition, if carried far enough, would come upon a stage where propositional forms are not themselves composed of simpler propositional forms. In pursuing this line of thinking, Wittgenstein seems finally to recognize the need for "the ultimate analysis of the phenomena in question." Such investigation of "the phenomena themselves," though referred to as "logical," is nevertheless admitted to be "in a certain sense *a posteriori*, and not by conjecturing about *a priori* possibilities." Indeed he admits that a confrontation of this problem purely from "an *a priori* standpoint" would prove to be "mere playing with words."[28] What we have just to observe at this point is that Wittgenstein, wedded to a strictly linguistic-analytical standpoint as he is, would stop short of the possibility of a positively phenomenological-eidetic type of evidencing.

Here it may be relevant to make a further reference to another cryptic suggestion of Wittgenstein to the effect that, although to explain is more to describe, each explanation does involve de-

[26] M. Merleau-Ponty, *Phenomenology of Perception*, trans. C. Smith, Routledge & Kegan Paul, p. 127.
[27] L. Wittgenstein, "Some Remarks on Logical Form," *Aristotelian Society*, Supplementary Volume IX, 1929 (Reprint – 1964).
[28] *Ibid.*, p. 163.

scription – "jede Erklärung enthält eine Beschreibung."[29] Indeed
he even speaks of a "phenomenological language" (*phänomenologische Sprache*), as possibly presenting "immediate experience
immediately." All this only points to the latent awareness of a
need for some sort of an immediate evidence (in the nature of
eidetic intuition), as the basis for all our theoretic constructions
in knowledge. This does not seem to be a far cry from the
Husserlian dictum – one he regards as "the principle of all
principles" – that every primordial object-giving intuition is a
"source of authority" (*Rechtsquelle*) in respect of knowledge.[30]

Directing our attention in this context for a while upon the
philosophical position of the Indian school of Vedanta, for instance, we find there the need for a deeper kind of reflexion than
the logical, emphatically acknowledged. The former is not to be
confined within the limits of formal and external interconnexions
of the data yielded by sense-experience. Such reflexion should
rather be concerned with an insight into the inner essence
behind the common logico-empirical categories of thought and
experience. Even when logical reasoning is necessitated for
ascertaining the content of intuition, it is to proceed in the
light of that very intuition, and not as independent of or
contrary to it. Indeed mediate inference would be conceded by
Vedanta only as having "the methodological meaning" (in the
sense of Husserlian phenomenology) of leading us towards that
which is to be revealed by direct insight, following upon the
inferential process.[31]

9

The trend of discussions in the foregoing sections may now be
summarized. Certain special characteristics of intuitionism in
phenomenological philosophy can be pointed out as follows.

(a) It is *meta-formal* intuitionism: No bare antithesis to the
formalistic line of thinking is suggested – an opposition which we
find, for instance, conspicuously in recent mathematical and
logical thinking (i.e., the controversy between formalism and

---

[29] Wittgenstein, *Philosophische Bemerkungen*, I. 1, *Schriften* Bd. 2.
[30] Husserl, *Ideen* I, § 24.
[31] Cf. Author's treatment of the subject in: *The Idealist Standpoint: A Study in the
Vedantic Metaphysic of Experience*, Visva-Bharati (India), 1965, Ch. V (in Part II –
Vedantic Phenomenology).

intuitionism – Hilbert vs. Brouwer etc.). Phenomenology does take fully into account the claims of a formal theory of science and recognizes the validity of the pure analytic sphere of logic and mathematics. But it certainly refuses to methodologically model its critique of knowledge and experience in terms of a formalized abstract language. Methodologically conscious of the mode of analysis in terms of essence-intuition, phenomenology provides a definite direction in reflexion on the forms and principles of logic. Indeed its investigation proceeds on a different dimension than the purely logical – a level at which alone the genuinely reflective (but non-psychological) question as to the *genesis* of logical forms could at all be raised and sought to be answered directly in terms of referential modalities of consciousness.

(b) Phenomenological intuitionism should also be characterized as *meta-linguistic*: Ordinary language does not guide the mode of analysis and clarification here, although the latter takes the former as a point of departure – perhaps as the principal one – in essence-wise analysis of objectivity. Phenomenological investigation is meant to be a reflexion *on* language, not *in terms of* language. For neither the "informative" role of language (as the empiricist would have it) nor a logical-syntactical consideration of language (as Formalists would maintain) does as such interest the phenomenological philosopher. Linguistic meanings too, for him, would bear a deeper significance on the level of meaning (i.e., intending) consciousness. Language, which is as much a *fact* like those it refers to, provides no doubt the occasion for the analysis of intuitional evidence behind language (natural language). Its external form – physical (phonetic etc.) or grammatical – does not in itself provide the clue to the essentialities or idealities (i.e., implicates behind experience) which are themselves non-linguistic, and as such cannot be the object of phenomenological investigation.

(c) Such intuitionism, again, is not anti-intellectualistic – it rather offers to fulfil the intellectual direction. Intuition here is not a weapon to fight the central tradition of intellectualism-rationalism. *"Wesensschau"* does not mean surrender of rational reflexion; on the other hand, it stands for an intensification of the rational endeavour to find a systematic explanation of the essential structure of the world. In fact, a "family resemblance" of essence-intuition to rational intuition or intellectual intuition can hardly be overlooked. In this respect also phenomenological intuitionism offers a bridge between the extremes of the pure discursive abstractionistic point of view and an alogical non-rational point of view (be it mysticism or irrationalism of some sort).

(d) Methodological intuitionism of phenomenology is essential-ly connected to a new kind of apriorism – a theory of material apriori. It is not ready to accept the Conventionalist point of view that necessary truths are established by linguistic convention, the world being only constituted of contingent facts. On the other hand, the world of experience is recognized to embody immanent structurality or "invariant style of being," as Husserl would sometimes express it. So apriority belongs to the very constitu-tion of things, and cannot in any way be explained away as mere projections of the rules adopted in our speaking or writing. This way of thinking leads, of course, on ultimate analysis to the fundamental concept of *"Lebenswelt"* and the apriorities pertain-ing to *Lebenswelt* – the latter being the primitive home of un-derived essentialities determining the structure of the world obtained at every level of our thought and experience.

At this concluding stage of our discourse we should consider a fundamental doubt that might be entertained as to the very possibility of the said phenomenological intuition, claiming to reveal the structure of idealities. Thus a pair of questions may be posed: (a) Are there at all such "irreal" essentialities in the world? (b) If there are such objects, could there be such insight into them which is neither empirically concrete nor rationally abstract? These two questions are indeed interrelated. They refer to the two correlative aspects of the same situation, which can be expressed in both ways – viz., as essence-situation and as intuition-situation.

What is to be particularly noted in this context is that the said situation does not arise through any special kind of objective (factual) conglomeration of related factors and events, but rather through a change in the knowing subject's attitude to things. Such attitude (in broad, the phenomenological attitude) would not add a *new* quality to the object called "essence." On the other hand, it only displays what has already been lying there, hidden, as it were – that is, the structural or typal configurations immanent in the different kinds of objects in the world of experience. And experience is not looked upon as a raw mass of unmeaning presentations, but rather as the potential network of immanent meaningfulness, to be unraveled in appropriate reflexion.

Moreover, the attitude concerned need not be regarded as a surrender of the rational attitude towards things – a point we have just mentioned. It is rather to be understood as a deepening of the intellectual attitude on the subjective level of knowing, yielding an insight in methodological reflexion on the objective presentation. Such appropriate attitude being present, essences concerned are also revealed (not created) as rooted in the intending consciousness. So long as the focal point of the mind reflecting in this manner was not obtained, the essence-correlates also could not be posited.

Here I might again refer to classical Indian thought as providing illustrations of this mode of transcendental (as it may appropriately be termed) reflexion – with its direction from intellection to immediate noetic insight. In the scheme of Vedantic thought, for instance, inference of any sort is admitted, as we have already noted, to have its real significance only as a clue to the direct comprehension of the relevant essence. Intellection in philosophical discourse is thus to fulfil itself, through intense reflexion on the content thought of, into a complete comprehension of the essence in view – with Vedanta, it is the essence of self *qua* pure consciousness, on ultimate analysis.

So a concrete intuitionism appears to emerge as a result of our discourse. The concluding position may be conveyed in terms of three transitive stages. (a) There is a recognition or realization of the inherent structural character of the world – sometimes spoken of as the "apriori of the world." (b) The immanent structurality again is correlative to the possibility of essence-insight – the two being involved in a noetic-noematic polarity. (c) This possibility of eidetic intuition, again, refers – at least indirectly – to Subjectivity or pure consciousness as the foundational seat of all referentiality; for every mode of intuitive evidencing of objectivity is at the same time a mode of consciousness. This further implies – or at least suggests – that subjectivity should enjoy a unique status of its own, so far as it guarantees the essence-modes of objectivity. Of course, the said principle of subjectivity cannot be conceived exclusively as detached from the world, even though it might essentially indicate a distinct meta-worldly dimension of its own. It is rather to be regarded as presuppositionally immanent in the manifold of the experienced world of objectivity. An intuitionistically grounded metaphysic of experience need not, in the long run, be conditioned by any conception of a hiatus between the intuiting subject and the continuum of intuited objectivity.

REFLEXIONEN ZUR LEBENSWELT-THEMATIK

WALTER BIEMEL (AACHEN)

EINLEITUNG

Ich möchte damit beginnen, die Art und Weise der Reflexionen, die durchgeführt werden sollen, eigens zu kennzeichnen. Es gibt eine Mannigfaltigkeit von Möglichkeiten, über die Lebenswelt zu sprechen. In den Veröffentlichungen der letzten Jahre über Husserl und die Phänomenologie ist die Lebenswelt geradezu ein Lieblingsthema. Deswegen empfiehlt es sich, gleich anfangs zu umreißen, woraufhin diese Reflexionen gerichtet sind. Der Titel „Reflexion" ist so vage, daß er auch einfach Einfälle im Zusammenhang mit der Lebenswelt bedeuten kann. Bei allen Einfällen stellt sich leicht die Gefahr ein, daß es nicht um den zu diskutierenden Autor geht, sondern um denjenigen, der seine Einfälle zum Besten gibt. Das wollen wir vermeiden, weil es uns gefährlich dünkt. Es geht uns hier nicht um persönliche Einfälle sondern vielmehr darum, in die Nähe des Gedachten zu gelangen – in diese Nähe hinzuführen. Nicht das, was wir darüber zu sagen haben, scheint mir wichtig, sondern was uns aus diesem Denken anspricht, was in ihm lebendig geblieben ist, so daß wir uns seinem Anspruch zu stellen haben. Die Reflexionen sollen also die Funktion haben, nicht etwas *über* Husserl zu sagen, sondern Husserl *selbst* zu Wort kommen zu lassen.

Man kann einwenden, solche Reflexionen seien überflüssig. Es genüge doch, einen Husserl-Text zur Hand zu nehmen, um Husserl zu Wort kommen zu lassen. Allerdings wird dabei leicht übersehen, daß jedes Lesen zunächst so etwas wie ein Wiederfinden der eigenen Gedanken ist. Oder anders formuliert, daß wir durch den Autor angeregt werden, unsere eigenen Gedanken zu dem Sachverhalt, um den es geht, vorzubringen. Es ist ja nicht so einfach, auf den Autor selbst zu hören. Zunächst hört man immer sich selbst, sei es auch auf Anregungen des Autors. Es bedarf einer

besonderen Anstrengung, eigne Einfälle und Deutungen aus-
zuklammern, abzuhalten – um den Autor sprechen zu lassen.
Dazu kommt noch, daß beim Text des Autors im Grunde genommen nicht nur das gerade Gesagte vernommen werden muß,
sondern all das, was für den Autor selbst vertraut ist, was beim
Gesagten bei ihm mitgedacht ist, mitschwingt, bei uns aber nicht.

Deswegen ist es so schwer, einen Autor zu verstehen, obgleich
sein Text offen vor uns liegt – denn in jedem Text sind die Vorläufer (die früheren Texte) mitzuhören und die Späteren auch
schon vorwegzunehmen. Deswegen dauert es so lange, bis wir
einen Autor wirklich lesen können und deswegen gibt es auch im
Grunde genommen so wenig Autoren, in denen wir mitten drin
stehen, obgleich wir im Laufe des Lebens so viele Bücher gelesen
haben. Eine Klage über die Kürze unseres Lebens ist berechtigt,
selbst wenn einem mehrere Jahrzehnte geschenkt sind.

Die Reflexionen zu Husserls Lebensweltproblematik sollen uns
also zu Husserl hinführen und zwar zu seinem Spätwerk, sie sollen
uns in sein Reflektieren über die Lebenswelt versetzen.

Wie soll diese Hinführung bewerkstelligt werden? Indem wir
versuchen, die Genesis dieser Problematik aufzudecken. Wenn es
gelingen sollte aufzuzeigen, wie Husserl diese Problemstellung
selbst aufgegangen ist, besteht Hoffnung, daß wir wirklich in sie
hineingestellt werden und nicht von außen über sie zu sprechen
gezwungen sind. Das soll die erste Aufgabe sein – daran anschließend ist es angebracht, zu zeigen, welche Rolle diese Problematik in Husserls Spätphilosophie spielt. Es wird der Versuch
gemacht zu zeigen, wie die Lebensweltproblematik so etwas wie
der Kreuzungspunkt von Husserls Spätphilosophie ist.

I. ZUR GENESIS DER LEBENSWELTPROBLEMATIK

Wenn versucht wird, der Genesis einer Problematik nachzuspüren, besteht die Gefahr, daß früher Gesagtes uminterpretiert
wird, um die Rolle des Vorläufers oder der ersten Ahnung zu
übernehmen. Um diese Gefahr zu mindern, sei folgender Weg eingeschlagen. Wir beginnen mit einer kurzen Analyse des Textes, in
dem die Lebenswelt erstmals thematisch vorkommt – versuchen
dann die vorhergehenden Texte auf ihre mögliche Relevanz anzusprechen, um anschließend vom Ausgangstext zur späteren Ent-

faltung fortzuschreiten, in der diese Problematik sich etabliert und ausbreitet, so daß der Leser den Eindruck erhält, als ob sie immer schon im Philosophieren des Autors anwesend gewesen wäre, da das Ungewohnte des Neuen verblaßt ist. Diese Ausführungen sollen dann die Voraussetzung bilden für den zweiten Teil, in dem die Funktion und Bedeutung der Problematik erörtert werden soll im Rahmen der Spätphilosophie.

Daß bei solch einem Versuch des Nachspürens der Genesis manches Vermutung bleiben muß, sei offen zugestanden. Es ist der Versuch des Aufdeckens dessen, was dem Autor selbst verborgen war. Vielleicht wird solch ein Nachvollziehen des verborgenen Entstehens immer zum Scheitern verurteilt bleiben, weil nicht mit Gewißheit aufweisbar ist, welchen Weg die Gedanken genommen haben, wie aus einer Periode des geheimen Reifens, der geheimen Konflikte und Spannungen plötzlich die Einsicht aufbricht. Wenn trotzdem dieser Weg eingeschlagen wird, so deshalb, weil wir überzeugt sind, daß er zugleich die Gunst erwirken kann, uns in die Nähe des Philosophen zu führen. Zudem scheint uns dieser Weg gerade bei Husserl besonders angebracht, da er bei der genetischen Phänomenologie die Einsicht in die Genesis der Bewußtseinsvorgänge ausdrücklich als zu bewältigende Aufgabe postuliert.

Es ist erstaunlich, daß ein Philosoph im siebenten Jahrzehnt seines Lebens einen neuen Gedanken entfaltet, dem eine ganz zentrale Bedeutung zukommt. Während die Frage der Konstitution bei Husserl schon sehr früh auftaucht, im Grunde genommen mit seinen Ausführungen über die Philosophie der Zahl, während die Reduktionsproblematik um 1906 einsetzt und die Phänomenologie als Transzendentalphilosophie mit den *Ideen* schon gegeben ist, was eine Fortentwicklung besonders in den zwanziger Jahren (Vgl. *Erste Philosophie*) nicht ausschließt, taucht der Begriff der Lebenswelt erst in den dreißiger Jahren auf. Es ist deswegen angebracht, ihn bei diesem ersten Auftauchen zu untersuchen, um dann anschließend Vorstufen oder Vorformen freilegen zu können. Wir werden dabei besonders darauf zu achten haben, in welcher Weise der Begriff auftaucht, in welchem Zusammenhang. Denn es kommt nicht einfach darauf an, einen Begriff beim ersten Nennen festzunageln, sondern zu zeigen, *wie* mit ihm eine Problematik verbunden ist und *welche* das ist.

a) *Wiener Vortrag*

Es sei kurz die Gedankenführung des Wiener Vortrages in Erinnerung gebracht. Gefragt ist nach der Ursache der europäischen Krisis. Die Frage soll ihre Beantwortung durch den Aufweis des Zusammenhangs des europäischen Menschentums mit der Entfaltung der Philosophie bei den Griechen finden. ,,Im Durchbruch der Philosophie dieses Sinnes (sc. als universale Wissenschaft), in welchem also alle Wissenschaften mitbeschlossen sind, sehe ich, wie paradox das auch klingen mag, das Urphänomen des geistigen Europas.'' (*Krisis*, S. 321)

Das Entstehen der Philosophie besagt für Husserl das Entstehen einer Form des Wissens, die auf Unendlichkeit ausgerichtet ist. ,,Mit der ersten Konzeption von Ideen wird der Mensch allmählich zu einem neuen Menschen. Sein geistiges Sein tritt in die Bewegung einer fortschreitenden Neubildung. ... Es verbreitet sich in ihr zunächst ... ein besonderes Menschentum, das, in der Endlichkeit lebend, auf Pole der Unendlichkeit hinlebt.'' (*op.cit.*, S. 322)

Damit in Zusammenhang steht ein neues Erfassen der Wahrheit. Es trennt sich wissenschaftliche Wahrheit von vorwissenschaftlicher Wahrheit. Die wissenschaftliche Wahrheit erhebt den Anspruch ,,unbedingte'' (Kr. 324) Wahrheit zu sein. Die neue Einstellung ist die theoretische Einstellung ,,(sie) hat bei den Griechen ihren historischen Ursprung.'' (Kr. 326) Sie ist eine Umstellung der vorherigen Einstellung, die einfach die praktische Einstellung genannt werden kann. Husserl nennt sie auch die natürliche Einstellung.[1]

Es gehört eine ,,unbedingte Willensentschließung'' dazu, von der natürlichen in die theoretische Einstellung zu gelangen. Husserl unterscheidet hier eine Umstellung, die noch im Dienste der Praxis ist und die eigentlich theoretische Einstellung, die ganz

---

[1] ,,Das natürliche Leben charakterisiert sich nun als naiv geradehin in die Welt Hineinleben, in die Welt, die als universaler Horizont immerfort in gewisser Weise bewußt da ist, aber dabei nicht thematisch ist. Thematisch ist, worauf man gerichtet ist. Waches Leben ist immer auf dies oder jenes Gerichtetsein, gerichtet darauf als auf Zweck oder Mittel, als Relevantes oder Irrelevantes, auf Interessantes oder Gleichgültiges, auf Privates oder Öffentliches, auf das alltäglich Erforderliche oder auf ein einbrechendes Neues. Das alles liegt im Welthorizont, es bedarf aber besonderer Motive, damit der in solchem Weltleben Begriffene sich umstellt und dazu kommt, sie selbst irgendwie zum Thema zu machen, für sie ein bleibendes Interesse zu fassen.'' (Kr. 327).

und gar unpraktisch ist. „Sie beruht … auf einer willentlichen Epoché von aller natürlichen und damit auch höherstufigen, der Natürlichkeit dienenden Praxis im Rahmen ihres eigenen Berufslebens." (Kr. 328)

Schließlich wird noch eine dritte Einstellung abgehoben „nämlich die im Übergang von theoretischer zu praktischer Einstellung sich vollziehende Synthesis der beiderseitigen Interessen, derart daß die in geschlossener Einheitlichkeit und unter Epoché von aller Praxis erwachsende Theoria (die universale Wissenschaft) dazu berufen wird … in einer neuen Weise der Menschheit, der in konkretem Dasein zunächst und immer auch natürlich lebenden, zu dienen." (Kr. 329)

Das soll zu einer neuen, höherstufigen, kritischen Praxis führen, „die darauf aus ist, durch die universale wissenschaftliche Vernunft die Menschheit nach Wahrheitsnormen aller Formen zu erhöhen, sie zu einem von Grund aus neuen Menschentum zu wandeln, befähigt zu einer absoluten Selbstverantwortung aufgrund absoluter theoretischer Einsichten." (Kr. 329) Es ist nicht schwer zu erkennen, daß mit dieser dritten Einstellung die phänomenologische von Husserl gemeint ist, für die er sich Zeit seines Lebens eingesetzt hat.

Husserl versucht diesen Gedanken durch eine Analyse der griechischen Situation zu belegen. Ich möchte dazu nur den Hinweis auf die Wandlung der Wahrheitsauffassung herausheben. „In diesem erstaunlichen Kontrast kommt der Unterschied von Weltvorstellung und wirklicher Welt auf und entspringt die neue Frage nach der Wahrheit; also nicht der traditionell gebundenen Alltagswahrheit sondern einer für alle von der Traditionalität nicht mehr Geblendeten identischen allgültigen Wahrheit, einer Wahrheit an sich."(Kr. 332) Diese Einstellungsänderung bleibt nicht eine des bloßen Wissens, sondern durch sie und mit ihr ändert sich die ganze Praxis, das gesamte Verhalten der Menschen, das nun auf ideale Normen aus ist. Die Praxis „soll sich nicht mehr von der naiven Alltagsempirie und Tradition sondern von der objektiven Wahrheit normieren lassen. So wird ideale Wahrheit zu einem absoluten Wert…" (Kr. 333)

Es entfaltet sich ein neues Menschentum, das durch seine universale und kritische Einstellung zu einer neuen Form der Gemeinschaft führt, eben der übernationalen Europas. Für Husserl

behält die Philosophie in dieser „ideal gerichteten Allsozietät"
ihre „leitende Funktion." Die Funktion „freier und universaler
theoretischer Besinnung, die auch alle Ideale und das Allideal mit
umfaßt: also das Universum aller Normen." (Kr. 336)

Ich habe bei dieser Darstellung ein Moment übersprungen, das
Husserl zu Beginn des Vortrages brachte, nämlich die Gefahr des
Naturalismus, daß also die Geisteswissenschaften sich nach dem
Muster der Naturwissenschaften verstehen wollen und dadurch
zum Scheitern verurteilt sind.

Bevor ich auf den ersten Teil des Vortragstextes eingehe, kurz
die Darstellung des Gedankenganges im zweiten Teil. In ihm wird
der Philosophiebegriff des I. Teils wieder aufgenommen – nämlich
der als Leiterin der Menschheit. Husserl weist die mögliche Kritik,
es handle sich hier um eine überholte aufklärerische Einstellung,
zurück. Philosophie wird als unendliche Aufgabe gesehen, nicht
als historisches Faktum. In der Philosophie und durch sie wird
Europa zu Europa.[2]

Was Husserl an der tatsächlichen Philosophie kritisiert, ist die
Naivität, die er „Objektivismus" nennt. (Kr. 339) Er ist das Er-
gebnis des so erfolgreichen Vorgehens der Idealisierung.[3] Eine
Übertragung des bei der Erforschung der Natur so erfolgreichen
Vorgehens auf die Geistes-Sphäre war naheliegend und zugleich
verhängnisvoll.[4]

Der Mensch gehört zwar zum Universum objektiver Tatsachen,
aber mit seinen Normen und Zielen ist er nie eine bloß objektive
Tatsache. Das führt zur dualistischen Einstellung beim Erfassen

---

[2] „Es liegt aber im Sinne meiner ganzen Darstellung, daß dieser Teil sozusagen das
fungierende Gehirn ist, von dessen normalem Fungieren die echte, gesunde europäische Geistigkeit abhängt." (Kr. 338)

[3] „Beim Versuch des Erfassens der Natur wird die Unendlichkeit entdeckt," zuerst
in Form der Idealisierung der Größen, Maße, der Zahlen, der Figuren, der Geraden,
Pole, Flächen usw. Die Natur, der Raum, die Zeit werden ins Unendliche idealiter er-
streckbar und ins Unendliche idealiter teilbar. Aus der Feldmeßkunst wird die Geometrie, aus der Zahlenkunst die Arithmetik, aus der Alltagsmechanik die mathematische Mechanik usw. Nun verwandelt sich, ohne daß ausdrücklich eine Hypothese
daraus gemacht wird, die anschauliche Natur und Welt in eine mathematische Welt,
die Welt der mathematischen Naturwissenschaften. Das Altertum ging voran, und
mit seiner Mathematik vollzog sich zugleich die erste Entdeckung unendlicher Ideale
und unendlicher Aufgaben. Das wird für alle späteren Zeiten zum Leitstern der Wissenschaften." (Kr. 340 f.).

[4] „Die naturwissenschaftliche Methode muß auch die Geisteswissenschaften erschließen." (Kr. 341)

des Menschen. ,,Dieselbe Kausalität, nur zweifach gespalten, um-
greift die eine Welt..." (Kr. 341)[5]
In dieser Einstellung wird ,,die Wissenschaft leistende Subjektivität" (Kr. 342) nicht gesehen. Das ist der springende Punkt. In
einer konsequent naturalistischen Einstellung kann gerade das,
was diese Leistung ermöglicht, selbst nicht gefaßt werden.[6]
Der Übergang von der anschaulich gegebenen und d.h. gelebten
Welt zur idealisierten Welt ist zu reflektieren und hierbei der anschaulich gelebten Welt die Rolle eines Fundaments zuzusprechen.
Trotz der hohen Achtung, die Husserl für die Naturwissenschaft
besitzt, kritisiert er an ihr folgendes: ,,Indem die anschauliche
Umwelt, dieses bloß Subjektive, in der wissenschaftlichen Thema-
tik vergessen wurde, ist auch das arbeitende Subjekt selbst vergessen und der Wissenschaftler wird nicht zum Thema." (Kr. 343)
Die Wissenschaft erforscht nicht das, wovon sie ausgeht, was
ihr unbefragter Boden ist – das besagt zugleich, daß die Wissenschaft das leistende Subjekt als solches nicht zu fassen bekommt.
Das stellt die Reflexionskraft der Wissenschaft in Frage.
Nun könnte man meinen, das sei Aufgabe der Psychologie. Aber
,,Die Psychologen merken gar nicht, daß auch sie an sich selbst
als die leistenden Wissenschaftler und ihre Lebensumwelt in
ihrem Thema nicht herankommen. Die Psychologen versagen, weil
die Seele nicht in der objektiven Weise zugänglich ist und auch
der Geist nicht. Deswegen ist dann auch die dualistische Weltauffassung nicht haltbar ,,in welcher Natur und Geist als Realitä-
ten gleichartigen Sinnes zu gelten haben." (Kr. 345) Eine
objektive Wissenschaft vom Geiste ist ein Ding der Unmög-
lichkeit.
Natur – als naturwissenschaftliche Wahrheit ist nur scheinbar
eigenständig vielmehr Leistung des naturforschenden Geistes. Um
sie transparent zu machen, bedürfen wir einer Wissenschaft des
Geistes. ,,Nur in der reinen geisteswissenschaftlichen Erkenntnis

---

[5] ,,Dieser Objektivismus oder diese psychophysische Weltauffassung ist trotz ihrer
scheinbaren Selbstverständlichkeit eine naive Einseitigkeit, die als solche unverstan-
den geblieben war. Die Realität des Geistes als vermeintlich realen Annexes an den
Körpern, sein vermeintlich raumzeitliches Sein innerhalb der Natur ist ein Wider-
sinn." (Kr. 342).

[6] ,,Der naturwissenschaftlich Erzogene findet es selbstverständlich, daß alles bloß-
Subjektive ausgeschaltet werden muß und daß die naturwissenschaftliche Methode,
sich in den subjektiven Vorstellungsweisen darstellend, objektiv bestimmt." (Kr.
342).

wird der Wissenschaftler von dem Einwand der Selbstverhülltheit seines Leistens nicht betroffen." (Kr. 345)

Die Phänomenologie soll die Wissenschaft vom Geist sein – also eine neuartige Phänomenologie des Geistes. „Der Geist ist darin nicht Geist in oder neben der Natur, sondern diese rückt selbst in die Geistessphäre." (Kr. 346)

Es könnte eingewendet werden, daß ein Text, der im Grunde genommen durch die spätere Krisis-Arbeit vervollkommnet wurde, nicht eine so eingehende Stellungnahme verdient. Aber gerade das Unfertige, wenn dieser grobe Ausdruck erlaubt ist, macht diesen Text so aufregend. Hier ist nicht schon die neue Position gefunden, sondern wir wohnen dem Erarbeiten dieser Position bei. Das läßt sich aus Unebenheiten, ja aus Spannungen dieses Textes deutlich zeigen. Das sei jetzt versucht.

Wir stoßen schon im ersten Teil des Vortrages auf Stellen, die sich auf die Lebenswelt beziehen. Die erste ist der Hinweis, wenn wir bei der Analyse der Geschichte Griechenlands von der Natur sprechen. „. . . . diese Natur ist nicht die Natur im naturwissenschaftlichen Sinne, sondern das, was den Griechen als Natur galt, als natürliche Wirklichkeit umweltlich vor Augen stand." (Kr. 317)

Wir finden die termini „natürlich" und „umweltlich". Die natürliche Umweltlichkeit ist aber gerade das Eigentümliche der Lebenswelt. Sie ist natürlich im Sinne des Vorwissenschaftlichen und sie betrifft die Welt, in der wir existieren, wofür Husserl zunächst den Terminus *Umwelt* gebraucht. Aber es ist wichtig, daß diese Umwelt nicht einfach die wissenschaftlich gefaßte Umwelt meint, sondern die im vorwissenschaftlichen Leben erfahrene Welt. Die Welt, die von den Lebenden selbst gebildet wird, im Sinne eines unmittelbaren Verständnisses. Deswegen fügt Husserl gleich hinzu „die historische Umwelt der Griechen ist nicht die objektive Welt in unserem Sinn sondern ihre „Weltvorstellung", d.i. ihre eigene subjektive Geltung mit all den darin ihnen geltenden Wirklichkeiten, darunter z.B. den Göttern, den Dämonen usw." (Kr. 317) Und um ja nicht mißverstanden zu werden wird der Begriff der Umwelt noch ausführlicher erläutert.

„Umwelt ist ein Begriff, der ausschließlich in der geistigen Sphäre seine Stelle hat. Daß wir in unserer jeweiligen Umwelt leben, der all unser Sorgen und Mühen gilt, das bezeichnet eine rein in der Geistigkeit sich abspielende Tatsache. Unsere Umwelt ist ein geistiges Gebilde in uns und unserem historischen Leben. Es liegt hier also kein Grund für den, der den Geist als Geist zum Thema macht, für sie eine andere als eine rein geistige Erklärung zu fordern". (Kr. 317) [7]

Husserl insistiert so darauf, um anzuzeigen, daß die Erforschung der Umwelt – im Sinne der Lebenswelt – nicht durch die Naturwissenschaften erfolgen kann, sondern allein durch die Geisteswissenschaften, im Sinne der Phänomenologie.

Die Leistung der Naturwissenschaften selbst muß auch geisteswissenschaftlich geklärt werden, da die Naturwissenschaften eine besondere geistige Leistung sind.

Der Begriff der „Weltvorstellung" wird an einer späteren Stelle des ersten Teils wieder aufgenommen – im Zusammenhang mit der Erläuterung des Entstehens der theoretischen Einstellung und das heißt der Philosophie. Bei der ersten Stelle war der Begriff, wie wir gerade sahen, als Gegenbegriff zur „objektiven Welt" genommen worden. Jetzt (S. 332) wird noch deutlicher gegenübergestellt „Weltvorstellung" und „wirkliche Welt" und entsprechend „traditionell gebundene Alltagswahrheit" und „allgültige Wahrheit," „Wahrheit an sich." Um den Gegensatz unüberhörbar zu machen, bezeichnet Husserl die allgültige Wahrheit als eine Wahrheit „für alle von der Traditionalität nicht mehr Geblendeten."

---

[7] Husserl hat zu dieser Textstelle noch eine Beilage verfaßt, die in der Krisis-Edition im Anhang wiedergegeben wurde. Er geht hier noch einmal auf den Umweltbegriff ein, um zu zeigen, daß die Umwelt nie naturwissenschaftlich faßbar ist. „Die Umwelt, die im personalen Leben beständig das Feld der Mühen, Sorgen, Arbeiten ist, ist nichts weniger als die objektive Natur, deren Wesensstrukturen, deren Naturgesetze der exakte Naturforscher als Thema hat. Die physikalisch-chemische Natur ist die einzige, der wir ebenso wie die Papuas zugehören. Dagegen unsere Umwelt und die der Papua sind grundverschieden, und nicht etwa zu charakterisieren als der geographische Unterschied von Australien und Europa. Jeder hat seine Umwelt, jede Nation, jede übernational vereinheitlichte Lebenseinheiten von Nationen hat ihre sie verbindende Umwelt. Die Umwelt des europäischen Menschentums ist eine ganz andere als die Umwelt der Hinduvölker oder die der Chinesen mit allen ihren nationalen Besonderungen. Umwelt ist durch und durch ein geistiger Begriff, er bezeichnet ein Gebilde der Historie und Tradition der betreffenden Menschheit. Sie hat aus sich und in sich diese Umwelt geschichtlich aufgebaut." (Kr. 548f.)
Hier wird die Umwelt eindeutig als die Leistung des betreffenden Menschentums gesehen – also als eine Art von Sinngebung, die sich in der geschichtlichen Tradition ereignet hat und die deswegen auch nur verständlich wird, wenn dieses Leisten nachvollzogen ist. Was aus der physischen „Umwelt," also Umwelt im gewöhnlichen Sinne, zu dieser Umwelt gehört und wie sie dazu gehört, das ist nur nachvollziehbar durch ein Aufdecken der Sinngebung, die im natürlichen Leben vollzogen worden ist. Deswegen gehört die mythische Vorstellung von den Göttern und Dämonen zu dieser Umwelt.

58 WALTER BIEMEL

Wir haben also in diesem ersten Teil des Wiener Vortrages so etwas wie eine „Lebenswelt" – aber diese Lebenswelt wird durchaus negativ gesehen, d.h. als eine Welt verstanden, die noch nicht zur eigentlichen Wahrheit durchgebrochen ist – welcher Durchbruch eben erst durch die Philosophie erreicht wird. Deswegen wird das Schwergewicht dieses ersten Teils des Vortrages auf die Deutung des Entspringens der Philosophie gelegt; deswegen wird der endlichen Alltagswelt die unendliche Welt der Ideen gegenübergestellt; deswegen wird der Meinung der Alltagswelt, also der doxa, die episteme gegenübergestellt, der vergänglichen „Wahrheit" die an sich seiende Wahrheit, der Weltvorstellung die an sich wahre Welt, dem Subjektiven das Objektive.

Bei dem Unternehmen, das Entstehen der auf unendliche Ideen gerichteten Einstellung (Philosophie) zu umreißen, wird ausdrücklich der Fall analysiert, daß es zum Kampf kommt zwischen den der Tradition Verhafteten (der umweltlichen Wahrheit Verbundenen) und den auf Ideen zu Lebenden. Letzteren wird der Sieg zugesprochen „Ideen sind stärker als alle empirischen Mächte" (Kr. 335).

Die Entwicklung der universalen Wissenschaft ist die entscheidende Leistung. Durch sie werden dann auch fremde Nationen geeint, es ist die Einheit der Bildung. Husserl zeigt auch, wie die Philosophie traditionelle Geltungen übernehmen und verwandeln kann – am Beispiel des Gottesbegriffes deutet er an, wie Gott logifiziert werden kann – zum absoluten Logos wird.

Mit der Darstellung des Gerichtetseins auf unendliche Ziele hin schließt der erste Teil. Was wir in diesem Zusammenhang der Reflexionen aufregend finden, das ist einerseits die Kennzeichnung der Umwelt im Sinne der späteren Lebenswelt und andererseits die negative Bewertung all dessen, was mit der Lebenswelt in Verbindung steht. Die natürliche oder traditionelle Umwelt ist doch der Hintergrund, von dem sich dann die wahre Welt, die objektive Welt, die wissenschaftliche Welt abhebt. Wenn Husserl das tut, dann steht er durchaus in der üblichen Tradition, die diesen Gegensatz – mit wenigen Ausnahmen, z.B. *Sein und Zeit* – allgemein so gesehen hat und er steht in Kontinuität mit seinen früheren Schriften. Das muß ganz klar gesagt und gesehen werden, was uns nicht hindern soll nachzuweisen, daß es auch für die Lebenswelt bei Husserl so etwas wie Vor-Begriffe geben wird. Um so aufregender wird dann die Analyse des zweiten Teils des Vortrages.

Zunächst greift Husserl die im ersten Teil gegebene Unterscheidung von „Weltvorstellung" und „objektiver Welt" wieder auf, um zu erklären, daß die Philosophie als Kosmologie anfängt, also auf die „körperliche Natur" gerichtet ist, was ihn dann gleich zum nächsten Schritt führt, zu erklären wie von der Endlichkeit „der schon als objektives An-sich gedachten Natur" (Kr. 340) zur Unendlichkeit, über die Idealisierung der Größen, fortgeschritten wird. Der Erfolg der Entdeckung der physischen Unendlichkeit führt nach Husserl schon in der Antike dazu, eine Übertragung der naturwissenschaftlichen Denkweise auf die Geistessphäre zu tun (Demokrit). Das wäre also das Verhängnis einer objektivistischen Einstellung, schon in der Antike. Das setzt sich in der Neuzeit fort, von Descartes an.

Die Kritik an dieser Einstellung wird folgendermaßen durchgeführt. Die „objektivistische Wissenschaft" wird als noch naiv entlarvt, obwohl vorher die theoretische Einstellung als nicht-naive bezeichnet worden war. Die Naivität besteht darin „was sie objektive Welt nennt, für das Universum alles Seienden (zu halten), ohne darauf zu achten, daß die Wissenschaft leistende Subjektivität in keiner objektiven Wissenschaft zu ihrem Recht kommen kann." (Kr. 342) In der wissenschaftlichen Einstellung ist man gewohnt, das „bloß Subjektive" auszuschalten, für diese subjektive Vorstellungsweise wird das Objektive gesucht. Was sich als Psychisches erweist, das wird in eine andere Wissenschaft verwiesen, die selbst auch objektivistisch vorgehen soll, nämlich die „psychophysische Psychologie." Und jetzt stoßen wir auf den Gedanken der Lebenswelt, in seiner ersten Formulierung, die deswegen wortwörtlich zitiert sei. „Aber der Naturforscher macht sich nicht klar, daß das ständige Fundament seiner doch subjektiven Denkarbeit die Lebensumwelt ist, sie ist ständig vorausgesetzt als Boden, als Arbeitsfeld, auf dem seine Fragen, seine Denkmethoden allein Sinn haben. Wo wird nun das gewaltige Stück Methode, das von der anschaulichen Umwelt zu den Idealisierungen der Mathematik und zu ihrer Interpretation als objektives Sein führt, der Kritik und Klärung unterworfen?" (Kr. 342f)

Im Zusammenhang mit der Kritik der objektivistisch eingestellten Wissenschaft taucht plötzlich diese Wendung auf, die

Husserl die letzten Jahre seines Lebens beschäftigen wird. Die vorher eher abschätzig charakterisierte subjektiv-relative Lebensumwelt (abschätzig, eben weil sie dem Anspruch auf Universalität nicht genügt, auf objektive Wahrheit, worin Husserl die Grundlage für die Europa gründende Philosophie sieht) wird nun ein zentrales Thema. Nicht in dem Sinne, daß die Wissenschaft etwa aufgegeben werden soll, um zur vorwissenschaftlichen Lebenswelt zurückzukehren, sondern daß die Leistung, die vollbracht wird, in dem Übergang von der anschaulich gegebenen Umwelt zur idealisierten Mathematik selbst nicht thematisiert wurde.

Bei der kritischen Untersuchung der objektivistisch verfahrenden Forschung geht Husserl plötzlich auf, was diese Forschung selbst nicht sieht. Da die kritische Reflexion auf das eigene Vorgehen schon vorher von Husserl zur Leiterfahrung erhoben wurde, ist hier ein Punkt, an dem die Wissenschaft dieser Forderung nicht genügt, weder die eigentlich mathematische Wissenschaft, noch die philosophische universale Wissenschaft. Deswegen wird ausdrücklich Einstein – der führende Mathematiker und Physiker seiner Zeit – der Kritik unterworfen. ,,Aber wie Formeln überhaupt, wie mathematische Objektivierung überhaupt auf dem Untergrund des Lebens und der anschaulichen Umwelt Sinn bekommt, davon erfahren wir nichts, und so reformierte Einstein nicht den Raum und die Zeit, in der sich unser lebendiges Leben abspielt.'' (Kr. 343)

Husserl will damit keineswegs die großartigen Erfolge der Naturwissenschaft in Frage stellen, sondern den Grad ihrer kritischen Rationalität, der für ihn das Kriterium des eigentlich Wissenschaftlichen ist, des eigentlich Philosophischen. Man könnte sagen, wenn die Lebenswelt (oder wie es hier auch heißt: Lebensumwelt oder anschauliche Umwelt) doch nur begrenzte, relative Wahrheiten enthält, wie das im ersten Teil deutlich gesagt wurde, dann ist es doch gar nicht so wichtig, auf diese Wahrheiten einzugehen; dann können wir froh sein, wenn wir allgemein gültige Wahrheiten gefunden haben, die nicht an die jeweilige gelebte Welt gebunden sind. Das stände durchaus im Einklang mit dem ersten Teil des Vortrages. Jetzt hat sich aber der Sachverhalt gewandelt, genauer gesprochen, die Einstellung der Reflexion hat sich gewandelt. Es kommt gar nicht auf die Wahrheiten an – nämlich ob sie bloß relativ sind oder objektiv gültig – sondern es kommt auf das Leisten des Subjekts an, daß dieses Leisten vom Philosophen gefaßt und untersucht wird.

Wird die „anschauliche Umwelt" vergessen, so bedeutet das, daß ein Geleistetes nicht mehr gesehen wird, nicht mehr gesehen werden kann. Ein Geleistetes in doppelter Bedeutung: nämlich einerseits die Leistung der Lebenswelt selbst und andererseits die Leistung, die von der Lebenswelt zur idealisierten Welt führt, also die Leistung der Wissenschaftler. Gehört aber die Transparenz des wissenschaftlichen Tuns zum Wesen des Wissenschaftlers, dann zeigt sich darin, daß hier an der Wissenschaftlichkeit selbst etwas nicht mehr in Ordnung ist.[8] Eine in der Tat scharfe Kritik, die aber zugleich auch eine Anforderung an die Philosophie stellt, die sich als Phänomenologie versteht. Sie darf sich dieser Aufgabe nicht entziehen, sonst fällt der Vorwurf mangelnder Rationalität auf sie selbst zurück. So ist es nicht verwunderlich, daß Husserl von nun an diese Problematik nicht mehr loslassen wird.

Es ist keineswegs etwa so, als ob diese Aufgabe vielleicht in einem anderen Wissenszweig erreicht würde, etwa in der Psychologie. „Die Psychologen merken gar nicht, daß auch sie an sich als die leistenden Wissenschaftler und ihre Lebensumwelt in ihrem Thema nicht herankommen." (Kr. 343) Und was im ersten Teil gerade als Einsicht angeführt wurde, gehört hier in den Bereich des Fragwürdig-Gewordenen.[9] Das führt zur Kritik am Objektivismus in der Psychologie, auf den wir aber nicht weiter eingehen wollen.

Die fehlende Problematik des Übergangs von der Lebenswelt zur objektiv wissenschaftlichen Welt, die in diesem Text zum ersten Mal in dieser Klarheit gesehen und ausgesprochen ist – allerdings erst im zweiten Teil – ist nun keineswegs einfach eine zusätzliche Aufgabe, zu der schon vorhandenen Aufgabe der Phänomenologie, sondern sie gehört zur zentralen Aufgabe der

---

[8] „Indem die anschauliche Umwelt, dieses bloß Subjektive, in der wissenschaftlichen Thematik vergessen wurde, ist auch das arbeitende Subjekt selbst vergessen, und der Wissenschaftler wird nicht zum Thema. (Somit steht, von diesem Gesichtspunkte aus, die Rationalität der exakten Wissenschaften in einer Reihe mit der Rationalität der ägyptischen Pyramiden.)" (Kr. 343)

[9] „Sie (sc. die Psychologen) merken nicht, daß sie sich im voraus notwendig als vergemeinschaftete Menschen ihrer Umwelt und historischen Zeit voraussetzen, auch schon damit, daß sie Wahrheit an sich, als für jedermann überhaupt gültig, erzielen wollen." (Kr. 343)

Erfahrung der sinngebenden Leistungen des Bewußtseins, welche das Leitthema der Phänomenologie ist. Deswegen ist der eigentliche Kernpunkt des Wiener Vortrages die Überwindung des Objektivismus der Wissenschaften durch die Phänomenologie. Was der Naturwissenschaftler leistet, das muß auch in diese Problematik mit hineingenommen werden, denn er selbst ist dazu nicht fähig. Ja es muß allererst klar gemacht werden, daß seine objektive Wahrheit nicht einfach vorliegt und bloß hingenommen werden muß, sondern einer eigenständigen Leistung entspringt.[10]

Wäre Husserl dieser Gedanke von der Bedeutung der Lebenswelt, bzw. dem Übergang von der Lebenswelt zur wissenschaftlich wahren Welt, zu Beginn der Ausarbeitung des Vortrages schon klar gewesen, dann hätte er meiner Auffassung nach den ersten Teil des Vortrages anders formuliert. Gerade der Kontrast zwischen dem ersten Teil, mit der Betonung der objektiven Wahrheit gegenüber der bloß lebensweltlichen Wahrheit und dem zweiten Teil, bei dem die Lebenswelt und der Übergang von der lebensweltlichen Wahrheit zur wissenschaftlichen Wahrheit zum Problem wird, läßt mich behaupten, daß ihm die Lebensweltproblematik im Laufe dieser Ausarbeitung aufgegangen ist. Sie wird von nun an nicht mehr aufgegeben sondern in immer neuen Ansätzen ringt Husserl mit ihrer Darstellung.

Vielleicht ist es aber doch möglich, so etwas wie eine Inkubationszeit für diese Fragestellung aufzuweisen, erste Ansätze und Versuche, die dann die späteren Formulierungen ermöglichen. Eine Bemerkung zur Datierung. Husserl gab als Abschlußtermin für die Redigierung des Vortrages den 7.IV.1935 an, also einen Monat vor dem Zeitpunkt, da er ihn in Wien vortrug.

b) *Realitätswissenschaft und Idealisierung. – Die Mathematisierung der Natur.*[11]

Dieser Text stammt sehr wahrscheinlich aus der Zeit zwischen 1926 und 28, er ist in der Krisis-Arbeit als erste Abhandlung

---

[10] ,,Denn wahre Natur in ihrem, in naturwissenschaftlichem Sinne ist Erzeugnis des naturforschenden Geistes, setzt also die Wissenschaft vom Geiste voraus. . . . Nur in der reinen geisteswissenschaftlichen Erkenntnis wird der Wissenschaftler von dem Einwand der Selbstverhülltheit seines Leistens nicht betroffen.'' (Kr. 345)

[11] Hier wollte ich ursprünglich die Analyse des Textes der II. Abhandlung aus der Krisis ,,Naturwissenschaftliche und geisteswissen-Einstellung'' folgen lassen, aus Raumgründen muß darauf verzichtet werden.

wiedergegeben. Es ist ein Vorläufer der ersten Hälfte des Wiener Vortrages, insofern als in ihm die Frage gestellt wird, wie man zu einer wissenschaftlichen Wahrheit gelangt, ,,wie gegenüber der Relativität der Erscheinungen ein darin erscheinendes Wahres herauszubestimmen sei" (Kr. 285). Der Übergang vom lebensweltlichen Erfahren zum wissenschaftlichen Bestimmen wird darin untersucht. Die Voraussetzung zu diesem Übergang ist die mögliche Einstimmigkeit der Erfahrung verschiedener Personen und die ist wiederum möglich durch ,,das raumzeitliche *Gerüst* der beiderseitigen Qualifizierungen" (Kr. 285).

,,Die erste Heraushebung dessen, was zum Identischen wesenhaft, und d.i. in Notwendigkeit gehört, führt auf Geometrie, Phoronomie und hätte auch führen können zur apriorischen Mechanik, zu Disziplinen von den möglichen Formen funktioneller Abhängigkeiten in Veränderungen … Das Reale ist an sich bestimmt, wenn es nicht nur hinsichtlich seiner geometrischen Form sondern auch hinsichtlich seiner möglichen Formveränderungen gesetzlich (also kausalgesetzlich) fest ist." (Kr. 286) Da das im Grunde genommen erst durch die neuzeitliche Naturwissenschaft geleistet ist, wird von ihr gesagt: ,,die neue Naturwissenschaft ist dadurch ausgezeichnet, daß sie zuerst das gegenüber dem Wechsel (rechtmäßiger) sinnlicher Erscheinung in bestimmtem Sinn Notwendige in den Brennpunkt der Betrachtung erhob und erkannte, daß zu diesem Notwendigen quantitativ-kausale Gesetze gehören." (Kr. 286) Das wird später im Galilei-Paragraphen der Krisis-Arbeit eingehend untersucht. Hier kommt es mir nur darauf an, sozusagen die Vorstufe der späteren Untersuchung aufzuzeigen. Dabei erläutert Husserl, wie der Begriff des An-sich als das mathematisch Bestimmbare genommen wird, warum das so ist und wie folglich Kausalgesetze mathematische Gesetze sein müssen.[12]

Husserl geht von der Erfahrung aus (also dem sinnlich Erfahrbaren), aber dabei interessiert ihn, wie aus dem vagen Erfahrenen eine einstimmige, gültige wissenschaftliche Erfahrung werden kann, die das Seiende An-sich faßt. Das An-sich ist nur mathematisch faßbar. ,,Aber da nur mathematische Merkmale, wahre'

---

[12] ,,Reale Eigenschaften sind kausale Eigenschaften, die sich auf Grund der Kausalgesetze bestimmen." (Kr. 287)

sind, so sind die wahren mathematischen Merkmale mathematische Limes." (Kr. 287)

Bei den sekundären Merkmalen ist nun auch eine Steigerung der Vollkommenheit, aber diese Steigerung ist „nicht meßbar, ist überhaupt nur ‚anschaubar".' (Kr. 288)

Wir geben diese Zitate, um zu zeigen, wie Husserl hier ganz und gar auf der Seite der Wissenschaftlichkeit steht und verständlich machen will, was die wissenschaftliche Erfassung auszeichnet. Worauf es bei dieser Betrachtungsweise ankommt, läßt sich wohl am deutlichsten aus folgendem Zitat ersehen, das das Finden der „Objektivität" in der neuzeitlichen Naturwissenschaft zum Thema hat.

„Die Erwägung der prinzipiellen Bedingungen der Möglichkeit eines Identischen, das sich in fließenden und subjektiv wechselnden Erscheinungsweisen gibt (und einstimmig gibt), führt auf die Mathematisierung der Erscheinungen als eine ihnen immanente Notwendigkeit, oder auf die Notwendigkeit einer konstruktiven Methode, um aus Erscheinungen das Identische und seine identischen Bestimmungen zu konstruieren." (Kr. 288)

Husserl geht in diesem Manuskript auch kurz auf die Wandlung ein, die sich mit der Begriffsbildung in der griechischen Philosophie vollzogen hat und die in dem Wiener Vortrag so zentral sein wird. Die Begriffsbildung wird als idealisierender Prozeß angesehen, der zu exakten Bedeutungen führt. „. . . logische Begriffe sind eben keine dem schlicht Anschaulichen abgenommenen Begriffe, sie erwachsen durch eine eigene Vernunfttätigkeit, die Ideenbildung, die *exakte* Begriffsbildung, z.B. durch jene Idealisierung, die gegenüber dem empirisch vagen Geraden und Krummen die geometrische Gerade, den geometrischen Kreis erzeugt." (Kr. 290)

Es ist für Husserl typisch, die Philosophie in diesen Kontext der Wissenschaftsbildung hineinzunehmen und moderne Begriffe in den griechischen Bereich hineinzutragen. (Hier könnte eine Kritik einsetzen.) Wir sehen diesen Text als Vorstufe zu dem Wiener Vortrag und dabei stellt sich heraus, daß er gerade eine Vorbereitung der Thematik des ersten Teiles ist, bzw. der Frage, wie kommt es zur Bildung einer objektiven Wahrheit. Die Lebensweltproblematik ist noch nicht entfaltet, die lebensweltliche Erfahrung wird einfach die „anschauliche Erfahrung," das an-

schauliche Gegebensein genannt, dem keine Einstimmigkeit zugesprochen werden kann, also keine Identität und insofern keine
Wahrheit. So heißt es gegen Ende dieses Textes: ,,Ich kann keine
empirische Bestimmung nehmen als wirklich dem Gegenstand
zukommende sondern kann nur sagen, er wird in dieser Bestimmung erfahren." (Kr. 292) Der Terminus ,,erfahren" soll also
den subjektiven Charakter zum Ausdruck bringen. Der Gegenbegriff ist der des ,,Exakten."[13]

c) *Phänomenologische Psychologie*

In der Beilage VI der *Phänomenologischen Psychologie*, von 1926
,,Der eigentümliche Charakter der naturalen Erfahrung," untersucht Husserl auf der selben Linie die Erfahrung der Natur.
Naturale Erfahrung ist von natürlicher Erfahrung zu unterscheiden. Die natürliche Erfahrung ist das, was Husserl später lebensweltliche Erfahrung nennen wird; die naturale Erfahrung dagegen
ist die Erfahrung, in der uns Natur zum Thema wird. Zwar ist von
Wahrnehmung gesprochen, aber faktisch steht hier Wahrnehm-
barkeit für Erfaßbarkeit. Nicht die einzelsubjektive sondern die
intersubjektive Erfaßbarkeit steht zum Thema. Das wird deutlich, wenn Husserl diese Einstellung ,,abstraktive" nennt, nämlich in dem Sinne, daß alles, was nicht objektiv faßbar ist (z.B.
ästhetische Momente) ausgeklammert wird.[14]
    ,,Diese Einstellung (sc. die wissenschaftliche), in universaler
Konsequenz durchgeführt, macht aus dem universalen Thema
Welt das universale Thema bloße Natur." (Phän. Psych. 382)
    Husserl nennt diese Einstellung eine für das Subjektive blinde
– eine bewußte Blindheit (Abgeschirmtheit) im Sinne der Aus-

---

[13] ,,Jeder empirische Gegenstand ist empirisch gestaltet (ist notwendig erfahrbar
und in der Erfahrung mit einer anschaulichen Gestalt ausgestattet), aber er hat auch
eine wahre, die exakte Gestalt." (Kr. 293)
[14] ,,...die naturale Einstellung ist Einstellung auf die Welt, soweit sie Welt möglicher einstimmiger objektiver Wahrnehmung ist, soweit sie nicht nur für mich, sondern für jedermann wahrnehmbar ist, bzw. wahrgenommen und wahrnehmbar war
usw. Denn nur so ist Wahrnehmung objektive. Diese Einstellung, und das ist wiederum scharf zu betonen, ist eine abstraktive, soweit die Welt objektive Bestimmungen
hat, die nicht in diesem Sinn objektiv wahrnehmbare sind, soweit läßt sie sie unbe-
achtet. Und sie kann das, weil eben in dieser abstraktiven Einstellung konsequent
immer neues Naturales erfahrbar ist und auf dem Boden der Unendlichkeit dieser rein
naturalen Einstellung und einstimmigen Wahrnehmung, wie wir beifügen können,
eine theoretische Wissenschaft zu etablieren ist." (Phän. Psych. 381)

schaltung des Subjektiven.[15] Es ist nicht von ungefähr, daß hier der Name Galilei auftaucht, als Vertreter dieser neuen Einstellung. Wir brauchen nicht weiter darauf einzugehen, daß Husserl die Raumzeitlichkeit als Grundstruktur der naturalen Erfahrung ansetzt. (Vgl. die Ausführungen weiter unten über Ideen I) Aufschlußreich scheint mir aber zu sein, daß die Naturerfahrung in Zusammenhang mit der Wahrnehmung gesetzt wird, was in dem Wiener Vortrag keineswegs mehr der Fall sein wird und aufschlußreich scheint mir auch zu sein, daß die natürliche Erfahrung ganz in den Hintergrund gerät.

Im Haupttext, der von 1925 stammt, finden wir eine Stelle, die in nuce die spätere Unterscheidung von Lebenswelt und wissenschaftlicher Welt enthält. „... alle Fragen nach dem wahren Sein setzen diese freilich auffassungsmäßig sehr wechselnde Erfahrungswelt voraus: die wahre Welt bezeichnet also ein höheres Erkenntnisprodukt, das in dem fließenden Universum der jeweiligen Erfahrungsgegebenheit sein ursprüngliches Bearbeitungsmaterial hat. Oder diese erste Erfahrungswirklichkeit ist das Urfeld, aus dem die wahre Welt durch wissenschaftliche Forschung und als ihre Frucht herausgearbeitet werden soll." (Phän. Psych. 57)

Die Erfahrungswelt als Grund für die wissenschaftliche Welt, das ist ein Kernpunkt der späteren Lebensweltproblematik. (Erfahrungswelt steht hier für Lebenswelt.) Und zu Beginn der nächsten Vorlesung nimmt Husserl diesen Gedanken ausdrücklich auf, es ist also keineswegs so, als ob das nur eine Randbemerkung wäre, oder eine Digression.[16]

Es sei gestattet, noch einige Zitate anzuführen, um den An-

---

[15] „Die reine Naturbetrachtung entgeistigt also die Welt, ihr Interesse ist gleichsam blind für alles, was an der Welt vom Menschen, von irgend einer Subjektivität her Bedeutung hat, und dann natürlich auch blind für das Subjektive, speziell das Menschliche, überhaupt für Seelenleben, für Personen und personale Gemeinschaften, Werte, für Schönheiten, Güter usw. Doch braucht diese Blindheit nicht etwa zu einer ernstlichen geistigen Blindheit zu werden, sie besagt ja nur eine gewollte Konsequenz einer gewissen abstraktiven thematischen Einstellung... die das naturwissenschaftliche Forschen beherrscht und das Fundament ihrer Methode ausmacht." (Phän. Psych. S. 383)

[16] „Die Ursprungsstätte aller objektiven Tatsachenwissenschaften oder, was dasselbe, aller Weltwissenschaften ist ein und dieselbe. Die eine Welt, auf die sie alle bezogen sind, ist ursprünglich gegeben als die schlichte Erfahrungswelt, also die von uns geradezu und unmittelbar wahrgenommene in ihrer Gegenwart und als wahrgenommen-gewesene und wiedererinnerte hinsichtlich ihrer Vergangenheit." (Phän. Psych. 58)

schein zu vermeiden, als ob wir von unserer nachträglichen
Kenntnis hier zu viel hineindeuten wollten.

„Die letzten Substrate aller Gedanken und aller sonstigen aus
geistiger Aktivität erwachsenden idealen Gebilde liegen in der
Erfahrungswelt." (Phän. Psych. 58) Und weiter: „Wahrheit ist
nichts anderes als ein auszeichnendes Prädikat solcher irrealer
Gebilde, setzt also wie sie das relativ Vortheoretische, die Wahr-
nehmungs- und Erfahrungswelt voraus." (loc. cit.) In diesem Zusammenhang kommt es Husserl darauf an zu zeigen, wie die
Mannigfaltigkeit der Erfahrungen (besonders der Wahrnehmung-
en) zu einer Einheit zusammengefügt wird, Einheit der dann die
Erfahrungswirklichkeit entspricht. Da aber nicht sicher ist, ob in
dieser Wirklichkeit nicht manches durch spätere Erfahrung ab-
gewandelt wird, da ja das Erfahren ein fortlaufender Prozeß ist,
wird die Erfahrungswirklichkeit als etwas Relatives bezeichnet.[17]

Wichtig für die Weise des Erfahrens ist das unmittelbare Gegebensein der Gegenstände in der Wahrnehmung, wobei zur
Wahrnehmung der „offene Horizont möglicher und immerzu
fortzuführender Erfahrungen" (Phän. Psych. 62) gehört. Es wird
hier von Husserl ganz deutlich getrennt das, was im Bereiche
dieser unmittelbaren Erfahrung gegeben werden kann, nämlich
eine Gewißheit für das alltägliche Leben und Wahrheit, im Sinne
der wissenschaftlichen Wahrheit.[18]

Diese Erfahrungswelt ist „der feste allgemeine Seinsboden, auf
dem alle Sonderfragen Entscheidung finden" (Phän. Psych. 63)
– aber Wahrheit in strengem Sinne hat hier nichts zu suchen, weil
ihr eine andere Intentionalität entspricht, oder eine andere Weise
der bewußtseinsmäßigen Stellungnahme, die nach Husserl nicht
mehr unmittelbar sein kann, z.B. das prädizierende Denken.
Obgleich die Erfahrungswelt so erkenntnismäßig eine bewußte

---

[17] „Da diese gesamte Erfahrung immer in Bewegung ist, so ist Erfahrungswirklichkeit etwas Relatives, insofern im Fortgang kontinuierlich sich einfügender neuer Erfahrungen zweifellos das Sein sich in Schein verwandeln kann und also der Inhalt der
Erfahrungswelt in späterer Gesamterfahrung sich danach wandelt." (Phän. Psych.
60)

[18] „Das ist die vortheoretische, allem theoretischen Fragen vorangehende Welt,
die in ihrer Relativität immerzu in zweifelloser Gewißheit als daseiend wahrgenommene und erfahrene Welt. Die Zweifellosigkeit besagt hier nicht Wahrheit, sondern
besagt nur wörtlich jene Art ungebrochener, zu jeder Wahrnehmung selbst gehöriger
Gewißheit des direkt anschaulichen Seins und Erfaßt- oder Erfaßbarseins, rein so wie
es in der Wahrnehmung sich gibt bzw. der Erfahrung selbst abzufragen ist durch
klärende Enthüllung ihres eigenen Sinns." (Phän. Psych. 62f)

Einschränkung erfährt, wird sie andererseits doch als der universale Boden gedeutet, von dem jegliche Wissenschaft ausgehen muß und auf den sie zurückbezogen bleibt. „. . . daß auf dem Grund unserer universalen Erfahrung ein universales, theoretisches Denken mit der Zielstellung objektiver, endgültiger Wahrheit zu etablieren ist und daß ein solches Ziel einen vernünftigen, praktischen Sinn hat, das ist unser aller Meinung. Es ist die Voraussetzung aller objektiven Wissenschaften. Aber diese Überzeugung, wie alle daraus entspringende Leistung, gehört nicht mehr zur universalen Erfahrung selbst." (Phän. Psych. 63)

Wir finden aber in der Phänomenologischen Psychologie noch mehr als diese gewichtige Unterscheidung der Erfahrungswelt und der objektiv wahren Welt, wobei die Erfahrungswelt als der notwendig vorausgesetzte Boden erfaßt wird. Husserl umreißt hier schon eine mögliche Wissenschaft von der Erfahrungswelt – ein Gedanke, der in der Krisis-Arbeit ausdrücklich aufgenommen wird.

Es wird folgendermaßen argumentiert (vgl. § 7). Hat die Erfahrungswelt eine „generelle synthetische Struktur," ein „generelles Formsystem, das alle wechselnden Konkretionen durchdringt und der Erfahrungswelt somit überall zugehört" (Phän. Psych. 64), dann müßte es ja auch eine Wissenschaft geben „welche sich auf diese Weltstruktur bezieht und für sie die theoretische Wahrheit sucht" (loc. cit.) Das ist im Grunde genommen die Vorwegnahme der späteren Forderung einer Wissenschaft von der Lebenswelt. Allerdings ist hier noch nicht so deutlich der spezifische Charakter dieser Wissenschaft gefaßt, wie das später der Fall ist. Denn diese „Wissenschaft" soll doch keineswegs die Erfahrungswelt in eine wissenschaftliche Welt verwandeln, sondern das Eigentümliche, die eigentümliche Struktur, den eigentümlichen Stil der Erfahrungswelt aufdecken. Husserl verweist hier auf Raum und Zeit als die universalen Formstrukturen, die unserer Erfahrungswelt zugehören und er verweist auf das Verhältnis von Einzelrealität und Gesamtrealität. Jede Dingerfahrung hält sich in einem Welthorizont, aber alles Welthafte setzt andererseits konkrete Dingerfahrung voraus. Dazu wird weiter hingewiesen auf so etwas wie eine regionale Typik bei der Gegenstandserfahrung.

Wichtig ist das Verhältnis von der Wissenschaft der Erfahrungswelt und den anderen sogenannten Weltwissenschaften. „... da die Erforschung und deskriptive Gestaltung des puren Erfahrungsbegriffs von der Welt selbst eine wissenschaftliche Leistung ist, so geht allen Weltwissenschaften, die als streng begründete sich ihres tiefsten Grundes bemächtigen wollen (in der Klarheit des für sie Grundlegenden der Forderung echter Wissenschaftlichkeit genügen wollen) eine erste Weltwissenschaft voran, eben die deskriptive Wissenschaft von der Welt als purer Erfahrungswelt nach ihrem Generellen." (Phän. Psych. 69)

Später wird Husserl diese Wissenschaft nicht mehr als deskriptive sondern als transzendental-konstitutive fordern, so wie – was wir schon teilweise sehen konnten – die Auffassung von Raum und Zeit sich differenziert, ein wissenschaftlicher von einem vorwissenschaftlichen Raum-Begriff unterschieden wird und die Möglichkeit des Übergangs von einem zum anderen gesucht wird. (Vgl. auch den Text „Vom Ursprung der Geometrie" i.d. Krisis).

Mit Hilfe der Methode der Wesensschau will Husserl in der Phänomenologischen Psychologie zur Erkenntnis der invarianten Struktur der Erfahrungswelt gelangen. Was später als Ontologie der Lebenswelt gefordert wird, erscheint hier als „Idee der Wissenschaft von dem ‚natürlichen Weltbegriff', das ist der universalen deskriptiven Wissenschaft vom invarianten Wesen der vorgegeben wie jeder möglichen erfahrbaren Welt. ... den universalen Rahmen, der das Apriori jeder möglichen mundanen Wissenschaft in sich fassen muß." (Phän. Psych. 93) Allerdings begnügt sich Husserl in diesem Zusammenhang mit dem schon erwähnten Hinweis auf Raum und Zeit als den universalen Weltstrukturen.[19]

d) Ideen I

Es sei ein weiterer Sprung nach rückwärts gestattet, nämlich zu dem ersten Band der Ideen, also von 1925 auf 1913, bzw. noch früher, da ja 1913 das Erscheinungsjahr des Textes ist. Gibt es hier einen Begriff, den wir als Vorläufer der Lebenswelt ansehen

---

[19] „Wenn nun diese Seinsform Welt, wie die Enthüllung zeigt, des näheren nur denkbar ist als eine Welt der universalen Formen Raum und Zeit, so ist natürlich jedes Reale notwendig zeiträumliches Reales. Welt selbst ist nichts als konkret erfüllte Zeit und konkret erfüllter Raum." (Phän. Psych. 97)

können? Es ist der Begriff der natürlichen Umwelt, wie er besonders in den §§ 27–30 der Ideen I dargestellt wird.

„Ich bin mir einer Welt bewußt, endlos ausgebreitet im Raum, endlos werdend und geworden in der Zeit. Ich bin mir ihrer bewußt, das sagt vor allem: ich finde sie unmittelbar anschaulich vor, als daseiende, ich erfahre sie. Durch Sehen, Tasten, Hören usw., in den verschiedenen Weisen sinnlicher Wahrnehmung sind körperliche Dinge . . . *für mich einfach da. . . .*" (Id. I, 57)

Das ist genau die Entsprechung der Erfahrungswelt aus der Phänomenologischen Psychologie. Diese Welt ist wechselnd und doch zugleich identisch. Sie ist „für mich nicht da als eine bloße *Sachenwelt*, sondern in derselben praktischen Unmittelbarkeit als Wertwelt, Güterwelt, praktische Welt." (Id. I, 59)

Husserl weist auf die Werthaftigkeit und Bewertung dieser Dinge hin, wie auch auf ihren Charakter als Gebrauchsgüter. Es ist kennzeichnend, daß Husserl hier die „Wertcharaktere" und „praktischen Charaktere" als „konstitutiv zu den ‚vorhandenen' Objekten als solchen" (Id. I, 59) gehörig bezeichnet.

Diese natürliche Welt, die auch natürliche Umwelt genannt ist, ist das Vorausgesetzte, auf sie beziehen sich „die Komplexe meiner mannigfach wechselnden *Spontaneitäten* des Bewußtseins: des forschenden Betrachtens, des Explizierens und Auf-Begriffe-bringens in der Beschreibung, des Vergleichens und Unterscheidens . . . kurzum des theoretisierenden Bewußtseins in seinen verschiedenen Formen und Stufen." (Id. I, 60)

Wir erkennen die Linie, die von 1913 zu 1935 führt, von den Ideen zum Wiener Vortrag. Die natürliche Welt „ist und war immerfort für mich da, solange ich natürlich dahinlebte." (Id. I, 61) Es gibt für mich die Welt in der natürlichen Einstellung – vor aller Theorie. Die natürliche Einstellung ist die der Generalthesis der Welt, in ihr ist die Existenz der Welt fraglos gesetzt – was das Fragwürdig-werden von Teilen derselben nicht ausschließt.

Im § 30 formuliert Husserl unseres Wissens nach zum ersten Mal die Aufgabe „die reine Beschreibung fortzusetzen und sie zu einer systematisch umfassenden, die Weiten und Tiefen ausschöpfenden Charakteristik der Vorfindlichkeiten der natürlichen Einstellung (. . .) zu steigern." (Id. I, 62) Er ist sich der Bedeutung dieser Aufgabe und ihrer Neuartigkeit bewußt, zugleich stellt er sie zurück, da es ihm in den Ideen darauf ankommt, durch die Epoché die natürliche Einstellung in die phänomenologische Einstellung zu überführen. Was wir hier zeigen wollen ist bloß, daß diese Frage, obwohl sie in den *Ideen* nicht weiterverfolgt wird, doch nicht einfach dem Vergessen anheimfällt, sondern ein Viertel-Jahrhundert später zum Durchbruch gelangt.

Der Versuch der Genesis der Lebenswelt-Problematik nachzuspüren hat uns so weit ausholen lassen, daß für die zweite angekündigte Fragestellung nur noch wenig Raum zur Verfügung bleibt. Wir wollen uns darauf beschränken aufzuzeigen, wie die Lebenswelt-problematik im Spätwerk Husserls einen Kreuzungspunkt der verschiedenen Fragerichtungen bildet.

II. DIE LEBENSWELTPROBLEMATIK ALS KREUZUNGSPUNKT DER PHILOSOPHIE HUSSERLS

Aus den Ausführungen in der Krisis über die Lebenswelt möchte ich das in den Vordergrund stellen, was für Husserl eine Art kopernikanische Wendung bedeutet. Aus den früheren Texten haben wir gesehen, wie das Gegenspiel von erfahrungsweltlicher „Wahrheit" und „objektiver Wahrheit" (bis hin zum 1. Teil des Wiener Vortrages) eigentlich zu Gunsten der objektiven Wahrheit entschieden worden war, was durchaus der herrschenden Auffassung entsprach. Im zweiten Teil des Wiener Vortrages tritt dann die Wendung ein, die in der Krisis-Arbeit konsequent weiterverfolgt wird, daß die lebensweltliche Wahrheit nicht mehr als eine unvollkommene Vorform der Wahrheit angesehen wird. Die zentralen Ausführungen darüber finden wir im § 34 der *Krisis*.

Gleich zu Beginn des § 34 (Abschnitt a) taucht eine erregende Frage auf. Es dreht sich um den Begriff der Wissenschaft. Wenn die Lebenswelt erforscht werden soll, welche Art von Wissenschaft kann diese Forschung durchführen? Zunächst sind wir geneigt zu sagen, die auf Objektivität gerichtete Wissenschaft. Aber andererseits hat Husserl an einer früheren Stelle (§ 9) gezeigt, daß die objektive Wissenschaft zwar auf die Lebenswelt aufbaut, aber die Lebenswelt zugleich thematisch überspringt oder übersieht.

Der Haupteinwand gegen Galilei ist ja, daß die idealisierte

Natur der vorwissenschaftlichen, anschaulichen Natur unter-
schoben wird. Durch das mathematische „Ideenkleid" wird die
Lebenswelt verdeckt. (Vgl. S. 52) Die anschauliche Welt und die
ihr zugehörigen Wahrheiten werden als subjektive einfach entwertet.[20] Deswegen wird Galilei ein entdeckender und zugleich
verdeckender Genius genannt, weil alle Probleme im Zusammenhang mit der Lebenswelt verdeckt werden. Es wäre ein voreiliger
Fehler, der die ganze Untersuchung zum Scheitern verurteilen
würde, wenn die Lebenswelt von der objektiven Wissenschaft, die
sie gerade nicht zur Kenntnis genommen hat, untersucht werden
sollte.

Haben wir den Begriff der *Wahrheit* der objektiven Wissenschaft vorbehalten und soll andererseits die Lebenswelt wissen-
schaftliches Thema werden, so stehen wir vor der Frage einer
neuen Wissenschaft, ja „Wissenschaftlichkeit."

„... vielleicht ist die Wissenschaftlichkeit, die diese Lebenswelt als solche und in ihrer Universalität fordert, eine eigentümliche, eine eben nicht objektiv-logische, aber als die letztbe-
gründende nicht die mindere sondern die dem Wert nach höhere."
(Kr. 127) Mit der Forderung nach solch einer neuen Wissenschaftlichkeit müssen wir den überlieferten Gegensatz von objektiver
Wahrheit gegenüber der bloß subjektiv-relativen Wahrheit der
lebensweltlichen Sphäre in Frage stellen.

„Das wirklich Erste ist die ‚bloß subjektiv-relative' Anschauung des vorwissenschaftlichen Weltlebens." (Kr. 127) Ja Husserl
weist darauf hin, daß trotz der abwertenden Kennzeichnung des
Subjektiv-relativen von seiten der Wissenschaftler doch auf dies
Subjektiv-relative rekurriert werden muß „als das für alle objektive Bewährung die theoretisch-logische Seinsgeltung letztlich
Begründende, also als Evidenzquelle, Bewährungsquelle." (Kr.
129)

Die Umkehrung der Verhältnisse: objektive Wahrheit – lebensweltliche Wahrheit wird von Husserl so gerechtfertigt, daß die
objektive Wahrheit eine „theoretisch-logische Substruktion" ist,
die sich nicht in der wahrnehmenden Erfahrung auszuweisen im

---

[20] „Ist die anschauliche Welt unseres Lebens bloß subjektiv, so sind die gesamten
Wahrheiten des vor- und außerwissenschaftlichen Lebens, welche sein tatsächliches
Sein betreffen, entwertet." (Kr. 54)

Stande ist – während der Vorrang des Lebensweltlichen gerade in der wirklichen Erfahrbarkeit liegt.[21]

Seit Beginn ist Husserl vom Evidenzproblem fasziniert – hier, in der Lebensweltlichen Erfahrung ist nun in der Tat Evidenz möglich, durch den Rückgang auf die Wahrnehmung.

Die objektive Wissenschaft wird als gedankliche Substruktion dem eigentlich Erfahrbaren der Lebenswelt gegenübergestellt und erweist sich ihm gegenüber als abhängig.[22] Das muß die neue Wissenschaft von der Lebenswelt eigens herausstellen, „das Ur-recht dieser Evidenzen zur Geltung zu bringen, und zwar ihre höhere Dignität der Erkenntnisbegründung gegenüber derjenigen der objektiv-logischen Evidenzen." (Kr. 131)

Nun gibt es zweifellos auch im Bereich der objektiv-logischen Leistungen so etwas wie Evidenz, aber sie gründet nach Husserl in *der* Evidenz, die *der* Leistung des Subjekts entspringt, durch die die Lebenswelt erst zustande kommt.[23] Es wird also von Husserl ein Rückgang gefordert von der „objektiv-logischen Evi-denz" zur „Urevidenz." Husserl gebraucht in diesem Zusammen-hang ausdrücklich den Terminus „Evidenzstufen" – wobei die fundamentalste Stufe für ihn eindeutig die der Lebenswelt ist.

Es darf dabei nicht übersehen werden, daß es Husserl hier nicht etwa um eine deskriptive Erfassung der möglichen lebenswelt-lichen Konkretionen ankommt, sondern auf das Leisten, dessen Resultat die erfahrbare Lebenswelt ist. Dieses Leisten ist schwer zugänglich, da es anonym erfolgt.

Die Kopernikanische Wendung in Bezug auf die Wahrheits-auffassung findet im Abschnitt *e* dieses Paragraphen ihren ein-

---

[21] „Der Kontrast zwischen dem Subjektiven der Lebenswelt und der 'objektiven', der 'wahren' Welt liegt nun darin, daß die letztere eine theoretisch-logische Substruk-tion ist, die eines prinzipiell nicht Wahrnehmbaren, prinzipiell in seinem eigenen Selbstsein nicht Erfahrbaren, während das lebensweltlich Subjektive in allem und jedem eben durch seine wirkliche Erfahrbarkeit ausgezeichnet ist." (Kr. 130)

[22] „Auf diese Modi der Evidenzen führt alle erdenkliche Bewährung zurück, weil das 'es selbst' (des jeweiligen Modus) in diesen Anschauungen selbst liegt als das inter-subjektiv wirklich Erfahrbare und Bewährbare, und keine gedankliche Substruktion ist, während andererseits eine solche, soweit sie überhaupt Wahrheit beansprucht, eben nur durch Rückbeziehung auf solche Evidenzen wirkliche Wahrheit haben kann." (Kr. 130f.)

[23] "...wie alle Evidenz objektiv-logischer Leistungen, in welcher die objektive Theorie... nach Form und Inhalt begründet ist, ihre verborgenen Begründungsquel-len in dem letztlich leistenden Leben hat, in welchem ständig die evidente Gegeben-heit der Lebenswelt ihren vorwissenschaftlichen Seinssinn hat, gewonnen hat und neu gewinnt." (Kr. 131)

deutigen Niederschlag, und zwar schon im Titel: ,,Die objektiven
Wissenschaften als subjektive Gebilde – als die einer besonderen,
der theoretisch-logischen Praxis, selbst zur vollen Konkretion
der Lebenswelt gehörig.'' (Kr. 132) Hier werden also die objektiven
Wissenschaften subjektive Gebilde genannt. Die objektiven
Wissenschaften sind Leistungen des Subjekts, es gibt sie ja nicht
ohne die sie erzeugenden Subjekte. Der Anschein, als ob es bei
diesen Wissenschaften um so etwas wie das Erfassen des An-sich-
seienden ginge, ist überwunden. Es ist eine besondere Leistung –
entstanden in einer besonderen Epoche der europäischen Geschichte, mit sehr wirksamen Erfolgen, ja so außerordentlichen
Erfolgen, daß der Anschein entstehen konnte, als würde sie allein
über den Bereich der Wahrheit herrschen. Das will Husserl ent-
larven, wenn er sagt ,,objektive Theorie in ihrem logischen Sinn
(. . .) gründet in der Lebenswelt, in den ihr zugehörigen Ursprungs-
evidenzen.'' (Kr. 132) Das ist die Voraussetzung für die Möglichkeit, daß ,,die objektive Wissenschaft beständige Sinnbeziehung
auf die . . . allgemeine Lebenswelt'' (Kr. 132) besitzt; daß diese
Gebilde auch zur Lebenswelt gehören, in sie eingegliedert werden.
Dieser Sachverhalt wird bündig zusammengefaßt im Satz: ,,Kon-
krete Lebenswelt also zugleich für die ‚wissenschaftlich wahre'
Welt der gründende Boden und zugleich in ihrer eigenen universalen Konkretion sie befassend'' (Kr. 134).

Welche Wissenschaftlichkeit vermag dieser paradox anmuten-
den Situation Herr zu werden? Das ist die nächste Frage- Husserls
Antwort: ,,Natürlich ist das eine neue, und keine mathematische
und überhaupt keine im historischen Sinne logische Wissenschaftlichkeit. . . .'' (Kr. 135) Deswegen, weil ja für diese Art von
Wissenschaften gerade die Voraussetzungen gesucht werden
und sie selbst bei dieser Suche nicht als Prämissen fungieren
können.

Es ist nun klar, daß die alte These von der Überwindung der
lebensweltlichen (Erfahrungs-) Wahrheit durch die wissenschaftliche Wahrheit keine Lösung des Problems darstellt, wenn die
,,objektive Wahrheit'' der Fundierung der lebensweltlichen
Wahrheit bedarf und die Lebenswelt sie als subjektives Leisten
auch in sich befaßt.[24]

---

[24] ,,eine angebliche Überwindung der bloß subjektiven Relativitäten durch die objektiv-logische Theorie, die doch als theoretische Praxis der Menschen zum bloß Sub-

Die zu begründende Wissenschaft von der Lebenswelt erhält ein ganz anderes Gewicht, ja das Problem der Lebenswelt erhält „eine universale und eigenständige Bedeutung." (Kr. 136) „Demgegenüber erscheint nun das Problem der ‚objektiv wahren' Welt bzw. der objektiv-logischen Wissenschaft ... als Problem von sekundärem und speziellerem Interesse." (Kr. 136) Es wird nicht bedeutungslos, aber es wird ein Spezialproblem gegenüber dem universalen Problem der Lebenswelt. Hier zeigt sich, daß „für die Aufklärung dieser wie aller sonstigen Erwerbe menschlicher Aktivität zuerst die konkrete Lebenswelt in Betracht gezogen werden" muß. (Kr. 136) Husserl gibt sich Rechenschaft, mit welchen Schwierigkeiten solch eine Wissenschaft, die wir noch nicht haben, ringen wird; wie sie zu einer allgemein gültigen Wahrheit vordringen muß, ohne daß sie einfach die vorhandene Objektivität der exakten Wissenschaft in Anspruch nehmen darf. Es ist erstaunlich, daß Husserl hier, am Ende seines Lebens den Entwurf einer solchen Wissenschaft konzipiert, genauer gesagt die Notwendigkeit eines solchen Entwurfs.[25]

Wir sind an das Nachwort der Ideen erinnert, wo Husserl sich auch als Anfänger bezeichnet. Er ist in der Tat Anfänger in Bezug auf das Lebensweltproblem – obwohl wir die Wurzeln der Thematik weit zurückverfolgen konnten – aber erst hier, am Ende seines Lebens gewinnt die Frage nach der Möglichkeit des Entspringens der Lebenswelt die Bedeutung der grundlegenden Frage, die zu allererst gestellt und gelöst werden muß, wenn wir weiterkommen sollen.

Husserl selbst sieht, wie sich die Gewichte verlagert haben. Zunächst sollte ja bloß das Problem der Grundlage der objektiven Wissenschaften behandelt werden und die Funktion, die die Lebenswelt da zu spielen hat; jetzt hat sich das Problem so gewandelt, daß es als „das eigentliche und universalste Problem" (Kr. 137) bezeichnet wird. Es wird auch als die Frage des Verhältnisses von Denken und Anschauen thematisiert („Anschauen

---

jektiv-Relativen gehört und zugleich im Subjektiv-Relativen ihre Prämissen, ihre Evidenzquellen haben muß." (Kr. 136)

[25] „Wir sind hier absolute Anfänger und haben nichts von einer hier zur Normierung berufenen Logik; wir können nichts als uns besinnen, uns in den noch unentfalteten Sinn unserer Aufgabe vertiefen, als in äußerster Sorgsamkeit für Vorurteilslosigkeit, für ihre Reinerhaltung von fremden Einmengungen sorgen (...); und daraus muß uns... die Methode zuwachsen." (Kr. 136f.)

und Angeschautes lebensweltlich vor der Theorie." (Kr. 137) Wobei ,,der leere und vage Titel Anschauung statt ein Geringes und
Unterwertiges gegenüber dem höchstwertigen Logischen, in dem
man vermeintlich schon die echte Wahrheit hat, zu dem Problem
der Lebenswelt geworden ist und die Größe und Schwierigkeit
dieser Thematik im ernstlichen Eindringen ins Gewaltige wächst."
(Kr. 137)

Es wäre ein Thema für sich zu zeigen, was Husserl in Bezug auf
diese neue Wissenschaft geleistet hat. Es seien hier bloß stich-
wortartig angeführt die Frage nach dem lebensweltlichen Apriori,
zu dem wir über eine Epoché der objektiven Wissenschaft gelangen. Dieses Apriori verstanden als allgemeine Struktur der
Raum-Zeitlichkeit, aber der gelebten, nicht der wissenschaftlichen. Das Gegebensein der Welt als Weltgewißheit, der Zusammenhang von Ding und Welt und schließlich die Rückfrage
nach der konstituierenden Leistung des transzendentalen Ego,
zu dem die von Husserl schon früh gesehene Bedeutung der
Zeitigung gehört.[28]

Husserl scheidet die Möglichkeit einer Ontologie der Lebenswelt – in ,,natürlicher Einstellung" (vgl. § 51) – von den transzendentalphilosophischen Untersuchungen, die auf das letzte Sinn-
bilden des transzendentalen Ego ausgehen (§§ 53–55).

Kann nun in der Tat gesagt werden, daß für Husserl die Lebensweltproblematik zum Kreuzungspunkt der Forschung wird, daß
in dieser Problematik für Husserl die Grundprobleme der Phänomenologie zusammenfließen?

Aus dem gerade Ausgeführten ist zu ersehen, daß diese Problematik die Konstitutionsproblematik mit umfaßt. Was letzten
Endes gezeigt werden muß, ist das Aufdecken des anonymen
Leistens, das zur Lebenswelt führt. Dieses Leisten ist Konstitution
im Husserlschen Sinne. Konstitution ist aber nur faßbar in der
transzendentalphilosophischen Einstellung. Die Lebensweltproblematik kann deswegen auch nur für eine transzendentalphilo-
sophische Phänomenologie zugänglich werden. Schließlich und
das ist etwas für Husserl Neues, eröffnet sich ihm bei der Unter-

---

[28] ,,daß alle Konstitution jeder Art und Stufe von Seiendem eine Zeitigung ist,
die jedem eigenartigen Sinn von Seiendem im konstitutiven System seine Zeitform
erteilt, während erst durch die allumspannende universale Synthesis, in der Welt
konstituiert wird, alle diese Zeiten synthetisch zur Einheit einer Zeit kommen."
(Kr. 172)

suchung der Lebenswelt-Problematik der Horizont der Geschichtlichkeit. Wir konnten das schon beim Wiener Vortrag sehen. Die
Untersuchung des Übergangs von der lebensweltlichen Erfahrung
zur wissenschaftlichen Forschung führt notwendig in die geschichtliche Dimension. Man könnte noch weitergehen und sagen,
Husserls Bestreben, der Anschauung einen Vorrang zu geben, die
sich bis zu Beginn seines Philosophierens zurückverfolgen läßt,
ist in der Lebensweltproblematik bewahrt, vertieft und eigens begründet.

So erweist sich die Lebenswelt nicht nur als Kreuzungspunkt
der verschiedenen Fragestellungen, sondern zugleich auch als
Sammelstelle, in der die Phänomenologie ihre Bestrebungen ver-
eint, in der das phänomenologische Suchen nicht zur Ruhe kommt,
sondern zur größten Entfaltung gelangt.

ÜBER DAS „BEKANNTE"
ODER NACHDENKLICHES
ZUM PROBLEM DER VOR-STRUKTUR

KAH KYUNG CHO (BUFFALO)

"Unsere Kenntnis soll Erkenntnis werden."
Hegel

Mit „Vor-Struktur" ist im umfassenden Sinne diejenige strukturelle Eigenheit unserer Erfahrungsweise bezeichnet, die uns im phänomenologischen Problemkreis bald als das horizontmässig Vorbekannte, bald als das vage Antizipierte oder assoziativ Mitgesetzte geläufig geworden ist. Auch der Begriff des passiv Vorgegebenen muss dazu gerechnet werden, sofern in ihm bereits eine Seinsgeltung, etwa eine Synthese des inneren Zeitbewusstseins, obschon von keinem bewusst vollzogen, gesetzt und diese ihrerseits tragend geworden ist für alle weiteren Seinsgeltungen. Als Inbegriff solcher horizonthaften Vorzeichnungen meint Vor-Struktur soviel wie das Reich der *doxa*, in das jeder schon hineingestellt ist als seine vertraute Welt, die zugleich aber ein intersubjektiver Besitz ist. Denn Vor-Urteile wie Vorarbeiten, die von anderen Menschen geformt oder geleistet worden sind, sind in sie eingegangen und bilden den zunächst passiv zu übernehmenden Besitz, die Voraussetzung für weitere Stellungnahmen und Verarbeitungen durch einzelne Menschen.

Die Möglichkeit der zwanglosen Überleitung solcher Vor-Struktur in den hermeneutischen Deutungszusammenhang, in dem es primär um das Aufzeigen historischer und sprachlicher Bedingtheit allen menschlichen Verstehens geht, liegt auf der Hand. Und dies, obwohl das Historische ebensowenig wie das Sprachliche thematisch zu dem ursprünglichen Interessenbereich der Phänomenologie gehörte. Man kann sich freilich gegen die Verwischung der früh zugestandenen Intention der Phänomenologie als strenger Wissenschaft wehren und den Geltungsanspruch der Hermeneutik auf die allenfalls begrenzten, humanistisch-historischen Disziplinen verweisen. Zumindest schien die Idee der deskriptiven Phänomenologie und auch darüber hinaus die der radikal zu begründenden „Welt-Logik," einer „echt mundanen Ontologie," als welche sich die transzendental-phänomenologische Philosophie verstand, nicht ohne weiteres vereinbar mit einer Methodik, die sich vorwiegend in historisch-interpretatorischen Bahnen bewegt.

Aber die reifere Gestalt des phänomenologischen Denkens, wie sie sich teils in Husserls Spätwerk selbst, teils in den mehr oder weniger frei abgewandelten Fortführungen seiner Arbeit (Heidegger, Hans Lipps, Landgrebe, Ricoeur u.a.) darstellt, legt uns die Einsicht nahe, dass ein wesentliches Stück hermeneutischen Bewusstseins doch sachlich mit der Grundeinstellung der Phänomenologie zusammengehört. Denn der Vorstoss in die Dimension ursprünglicher Erfahrung zwecks Ansichtigwerdens der unmittelbaren Evidenz muss der phänomenologischen Erfahrungsanalyse zwangsläufig jenen reflexiven Charakter des Verstehens verleihen, das sich nicht an die blosse Sicherung des Erkenntnisbestandes verliert, sondern auf den Antrieb des eigenen Denkens zurück- und ins Ungedachte seiner Voraussetzungen hineinfragen kann. Andererseits musste sich allerdings der Begriff der Hermeneutik selbst, wohl in der Folge der gegenseitigen Bereicherung, seines beengenden Schemas als einer Kunstlehre der Textdeutung entledigen und die Möglichkeit des Verstehens überhaupt auf die seelische Verfassung des menschlichen Daseins und seine Weise des In-der-Welt-seins zurückführen. So war beispielsweise die von Lipps angestellte Befragung des den modernen Naturwissenschaften vorausliegenden Apriori zugleich historisch-hermeneutisch und systematisch-phänomenologisch konzipiert.[1] Und schliesslich besagt phänomenologische Deskription nicht eigentlich, dass bei der Beschreibung der unmittelbaren Erfahrung keineswegs nur empirische Daten aufgezählt, sondern wesentliche Strukturen und konstante Relationen herausgehoben werden? Wobei die Weise ihrer Gegebenheit und Vorgegebenheit ebensosehr im Mittelpunkt der Betrachtung stehen soll wie ihre objektiven Bestimmungen? Und schliesst nicht schon die Weise der

---

[1] Hans Lipps, *Die Wirklichkeit des Menschen*, Frankfurt a/M. 1954. Im Falle von Lipps ist die hermeneutische Fragestellung allerdings nicht historisch im engeren Sinne, sondern sie ist in der vorliegenden Arbeit durch den besonderen Charakter des Gegenstandsbereichs, des Biologischen, eingegrenzt. Das hindert aber nicht daran, dass wir hinter dem hermeneutischen Bewusstsein allgemein die Prämisse wirksam sehen, dass ein umgreifendes philosophisches Verständnis des Seins letzten Endes nur in einer historisch-geisteswissenschaftlichen Orientierung erzielbar ist.

Vorgegebenheit ein, dass man damit die Möglichkeit implizit mit-
gesetzt hat, hinter der Bestandaufnahme der Wissenschaft als der
gegenwärtigen jeweils nach deren historischer Herkunft fragen zu
dürfen?

Mögen die beiden Richtungen bisher noch so beziehungslos
parallel gelaufen sein, wie man es wohl entwicklungsgeschichtlich
unschwer nachweisen kann. Aber auch ohne besondere Rücksicht-
nahme auf die Tendenz der neueren Literatur, die Phänomenologie und Hermeneutik zunehmend häufig in einem Atem nennt,[2]
scheint es geboten, ihr gemeinsames Merkmal im grossen und
ganzen darin zu sehen, dass sie beide ihrem Grundanliegen nach
mehr als den ,,Willen zur Methode" artikulieren. Hierin zeigt sich
ihr markanter Gegensatz zum Positivismus und szientifischen
Objektivismus. Der Positivismus ist zwar keine blosse Methode
und kein einfaches Methodendenken, doch hinsichtlich der *beson-*
deren Methode, welche für die Wissenschaften überhaupt mass-
geblich sein soll, weiss man sich beim Positivismus so sehr im
Rechte, dass gerade diese aller vor-methodologischen Reflexion
entlastete, weil vermeintlich je schon objektiv gerechtfertigte,
,,positive" Setzung zu dessen formalem Kennzeichen geworden ist.

Dem phänomenologischen wie dem hermeneutischen Denken
hingegen erscheint das ausschliesslich nach dem naturwissenschaftlichen Objektivismus gerichtete Methodenbewusstsein erst
recht ergänzungs- und reflexionsbedürftig. Was nun durch eine
über den immanent wissenschaftskritischen Ansatz hinausgehen-
de Reflexion mit Nachdruck eingeholt werden soll, ob bloss die
apriorischen Bedingungen der Möglichkeit der objektiven Wissenschaften, oder ob noch darüber hinaus historische Übersicht oder
gar eine metaphysische Einsicht, diese Überlegung führt uns
bereits weit über den Rahmen der Methodenfrage hinaus. Nicht
zu übersehen ist indessen, dass man heute auch für die Phänomenologie die Relevanz der Frage nach einer Grundordnung des
Seins nicht mehr verleugnet, während man eine solche ausdrück-

---

[2] So beispielsweise *Hermeneutic Phenomenology; The Philosophy of Paul Ricoeur*
(von D. Ihde), Evanston 1971. Auch den Ausdruck "phenomenological hermeneutics"
wird gelegentlich von R. Palmer in seiner Studie *Hermeneutics* (Evanston 1969) verwendet. In Deutschland ist es keine Neuigkeit mehr, dass man methodisch oder be-
griffsgeschichtlich Hermeneutik nicht nur mit Phänomenologie, sondern auch mit
Dialektik in Verhältnis setzt. Siehe dazu *Hermeneutik und Dialektik*, Tübingen 1970,
besonders den darin enthaltenen Beitrag von R. Wiehl mit dem Undertitel: ,,*Zum
Verhältnis von Phänomenologie, Dialektik und Hermeneutik.*"

lich metaphysische Besinnung mit der anfänglichen Zielsetzung
dieser Philosophie nur mit Mühe in Verbindung gebracht hätte.
Aber im Hinblick auf Husserls Lebenswerk als ganzes, dessen
innerer Weg und Wandel uns heute heller durchleuchtet ist,
könnte man mit etwas gemischtem Gefühl sagen, dass ihm die
Bestrebung des klassischen Rationalismus noch einmal, vielleicht
zum letzten Mal so ernstlich, verbindlich geworden sei, demzufolge alles im Vollzug unserer alltäglichen, d.h. nicht nur wissenschaftlichen Lebenspraxis Erlebte und Gemeinte in konstitutiver
Analyse voll aufzuklären gilt. Der vom modernen Positivismus
und Szientismus umgangene Bereich des Weltlebens sollte, in
seiner für die Welt der Wissenschaft womöglich radikal gründen-
den Bedeutung transzendental gereinigt und an Würde gehoben,
den Anschluss an diese gefeite Welt des objektiven Wissens
erhalten. So wäre es letztlich der Sinn der Frage nach der Vor-
Struktur, das ursprüngliche Verhältnis des Menschen zur *seienden*
Welt, die von seinem Wissenwollen und Machenkönnen nicht
übertroffen und nicht überholbar ist, als das Grundverhältnis
begreiflich zu machen, von dem auch unsere Weise der wissenschaftlichen Welterfahrung durchweg getragen ist.

Da diese Hinwendung zur Grundordnung des Seins und des
Lebens nicht wiederum in der Art geschehen kann, dass man das
„Subjektiv-Relative" der lebensweltlichen Erfahrung (Anschauung) als irrelevant durchstreicht oder rigorös objektiviert, so muss
der Charakter der auf je subjektiv und relativ wahrnehmendes Ich
zentrierten Erfahrung speziell mit Blick auf ihre „Willkürlosig-
keit" schärfer herausgearbeitet werden. Die Rede von der „norma-
tiven Kraft des Anschaulichen" sowie die von der im „Unterbewussten" unsere Erfahrung „dirigierenden" passiven Situations-
struktur[3] deutet auf diese Möglichkeit hin. Aber besagt solche
Anerkennung des Rechtes der Unmittelbarkeit oder die Anerkennung der Macht des im Unterbewussten uns Dirigierenden
nicht etwas an sich Zwielichtiges? Heisst diese Rückkehr in eine
natürliche, vorwissenschaftliche Erfahrungswelt nicht eigentlich,
dass man im bestimmten Sinne den Vorrang einer Interpretation
gegenüber einer anderen gesetzt hat und diese Vorentscheidung
unter Berufung auf eine vermeintliche Vorrangigkeit der *Seins*-
Ordnung selbst zu legitimieren gewillt ist? Fürwahr, das Motto

---

[3] Vgl. dazu Landgrebe, *Phänomenologie und Geschichte*, Gerd Mohn 1968, S. 24ff.

der Voraussetzungslosigkeit und das Prinzip vom absoluten
Anfang durch Selbstrechtfertigung der Vernunft waren seit je
für die phänomenologische Forschung verpflichtend. Auch heute,
wo der Sinn der transzendentalen Phänomenologie, wie wir sehen
werden, durch die Verflechtung mit der lebensweltlichen Problematik eine eigentümliche Nuancenverschiebung erfahren hat, ist
nicht anzunehmen, dass die transzendentale Subjektivität ihre
bisher in allen Reflexionsstufen leitende Stellung als das oberste
Prinzip abgetreten hätte, etwa an das empirische Ego. Wenn das
nicht der Fall ist, so bedürfte es nach wie vor der ,,Anstrengung
des Rückgangs,'' um zur ,,ursprünglichen Kraft der Anschauung''[4] zurückzugelangen, welche Anstrengung aber einem in welt-
loser Immanenz versteiften Bewusstsein um so schwerer fallen
müsste.[5] Ist nicht dieser Rückgang selber ein gedanklich ver-
mittelnder Prozess, so dass die am Ende zurückgewonnene Anschauung an sich keine feste Grösse, kein in sich ruhender Bestand, sondern vielmehr die Summe oder der Sinn der zurück-
gelegten Bewegung wäre, die sich auch dort vollzieht und immer
schon vollzogen haben muss, wo man das jähe Aufleuchten der
letzten Gewissheit vor sich hat? Oder hat dieser Rückgang am
Zielort doch noch etwas für das Denken Fremdes und Ungleich-
artiges, dessen Sein schlechtweg den Sinnen und der Anschauung
passiv vorgegeben sein muss? Wie ist ferner der Rationalismus,
zu dem Husserl sich bekennt und der die denkende Vernunft zum
Prinzip der Erfahrung in allen Bereichen des Seins erhebt, mit der
Rehabilitierung der ,,verdrängten Macht'' des Sinnlichen und Anschaulichen vereinbar, für die sich Husserls Phänomenologie
keineswegs nur beiläufig und unversehens in der modernen Philosophie verdienstlich gemacht hat? Bedeutet nicht solche Anerkennung des Rechtes der Sinnlichkeit einen Einschnitt in die
Macht der Vernunft selbst?

Um mit der letzten Frage anzufangen, möchte es nicht scheinen,
dass es eine Selbstdiffamierung der Vernunft wäre, wenn sie die
Instanz der universalen ,,Konkretion'' der Lebenswelt, d.h. die
Macht des unmittelbar Anschaulichen, gegen ein Denken herauf-

---

[4] O. F. Bollnow, ,,Aufbau einer Philosophie der Erkenntnis,'' in *Zeitschrift für
philosophische Forschung*, Bd. 22, Heft 4, S. 513, 529.
[5] Einen solchen Versuch, den Gegensatz von Bewusstsein und Leben phänomenologisch aufzulösen, stellt Landgrebe in Aussicht. Siehe dazu seinen Aufsatz *Das Problem
der Geschichtlichkeit des Lebens und die Phänomenologie* in *Op. cit.*, besonders S. 24ff.

beschwört, das in seinem reflexionsabholden Objektivismus das eigene Abhängigkeitsverhältnis von der lebensweltlichen Einstellung verkennt. Es ist schematisch gesehen ein trianguläres Verhältnis, das in der Kantischen oder Hegelschen Sprache zwischen Sinnlichkeit, Verstand und Vernunft besteht. Wie seinerzeit, so wird auch heute gegen das Mittelglied Prozess gemacht, nämlich gegen den Verstand, oder den wissenschaftlichen Objektivismus. Im Sinne Husserls können wir seinen Einsatz für die empirischen Grundmomente Anschauung und Wahrnehmung als eine Radikalisierung der rationalistischen Tradition verstehen, wobei die hierarchische Einstufung, verglichen mit Hegel, eine verkehrte ist. Was bei Hegel höher liegt als die sinnliche Gewissheit, steht bei Husserl der sinnlich-anschaulichen Welt an Belang untergeordnet, als von ihr begründet. Es ist eine Radikalisierung insofern, als das vernünftige Denken in seinem Verhältnis zur unmittelbar anschaulichen Erfahrung die Kraft aufgebracht hat, sich mit sich selbst auseinanderzusetzen. Dadurch hat es sein wahres Mass, das es *in* seinem Verhalten zur Wirklichkeit zu halten hat, seine wirkliche Autonomie, für sich gerettet. Was aufgegeben wurde, ist vielmehr die Beliebigkeit des Sich-selbst-zum-Mass-nehmens, das es sonst über die Wirklichkeit hinweg zu einer zügellosen Spekulation verleitet hätte.

Aber wie ist das Verhältnis der philosophischen Vernunft mit dem objektiv wissenschaftlichen Denken genauer zu bestimmen, wenn es sich erweisen sollte, dass das letztere nicht bloss einseitig von der lebensweltlichen Anschauung als seiner eigenen Bewährungsquelle abhängig, sondern auch umgekehrt diese auf jenes für ihre eigene Bewährung angewiesen ist? Damit wenden wir uns zur ersteren Frage zu. Husserls Ansichten hierüber sind nicht frei von offensichtlichen Widersprüchen. Vor allem meldet sich die Schwierigkeit bei der Konfrontation seiner Wahrnehmungstheorie mit dem althergebrachten (Demokrit) Vorwurf des urteilenden Denkens, dass die Wahrnehmung an sich keine reine Quelle der Wahrheitsevidenz, sondern ebensogut oder vorwiegend die der Täuschung sein kann. „Auch bei einer unmittelbaren Anschauung," erinnert uns Hegel, „wird erst die Kenntnis derselben mit ihren *Gründen* für etwas gehalten, was wahren Wert habe."[6]

---

[6] Hegel, *Phänomenologie des Geistes* (Felix Meiner-Ausgabe), Hamburg 1952, S. 35. 35. Kurs. v. Vf.

Während also nach Hegel das philosophische Denken, vorerst noch im Bunde mit dem wissenschaftlichen Objektivismus, die sinnliche Gewissheit der Selbstbefangenheit überführt und das Unstetige an diesem unmittelbaren Modus der Erfahrung blosslegt, wodurch ihr ,,das Sehen und Hören vergehen,'' macht Husserls Phänomenologie den umgekehrten Versuch, in allen Relativitäten der wahrnehmenden Erfahrung die ,,allgemeine Struktur,'' den ,,Weltkern,'' eben das ,,Konstante'' *abstrakt* herauszupräparieren.[7]

Das Zirkelhafte seiner Argumente tritt hier offen zutage. Um deren Spitze gleich gegen ihn zu kehren, liesse sich fragen, ob überhaupt die ,,lebensweltliche Subjektivität'' berechtigt ist, den Anspruch auf eine ,,höhere Dignität[8] der Erkenntnisbegründung gegenüber derjenigen der objektiv-logischen Evidenzen'' zu erheben, da auch die in unmittelbarer Präsenz zur Geltung gebrachten Evidenzen ihrem Sinn oder Unsinn nach schliesslich in der transzendentalen Subjektivität konstituiert werden müssten. Etwas, auch wenn es etwas an sich unmittelbar Evidentes ist, kann sich nicht ohne weiteres höher dünken wollen als etwas anderes, ohne in ein gewisses Begründungsverhältnis mit dem letzteren einzutreten, und solches Verhältnis wäre schon die Negation seiner Unmittelbarkeit, zumal es von sich aus diese Beziehung nicht herstellen kann. Ausserhalb der abstrakten Bestimmung der Sich-selbst-Gleichheit ist die lebensweltlich-anschauliche Evidenz keiner Selbstbegründung fähig, es sei denn, die lebensweltliche Subjektivität erwiese sich in einer doppelten, paradoxen Identität mit der transzendentalen Subjektivität. Dies in der Tat ist aber Husserls eigenste Ansicht, wenn er sie beim vollen Bewusstsein ihrer Paradoxie also bestätigt: ,,Eben das ist das befremdliche, aber evidente und durch unsere jetzige Besinnung nur letztzuklärende Ergebnis der Forschung in der Epoché, dass das natürliche *objektive* Weltleben nur *eine besondere Weise* des ständig Welt konstituierenden, des transzendentalen Lebens ist, derart, dass die transzendentale Subjektivität, in dieser Weise dahinlebend, der konstituierenden Horizonte nicht bewusst geworden ist und

---

[7] Husserl, *Die Krisis der europäischen Wissenschaften und die transzendentale Phäno-menologie, Husserliana VI*, den Haag 1954, S. 136. (Unten einfach mit *Krisis* zitiert).
[8] *Krisis*, S. 131.

niemals innewerden kann."⁹ Ein ebenso tiefsinnig suggestiver
wie widersinnig verwirrender Satz!

Tiefsinnig suggerierend, weil Husserl hier vor uns wörtlich
tiefenpsychologisch einen Vorgang aufschliesst, der sich gleichsam hinter unserem Rücken abspielt und dennoch immer schon
uns vorweg unser denkendes Verhalten vorausdirigieren soll.
Verwirrend wirkt ferner die Verwechselung des objektiven Weltlebens, in dem ohne Zweifel auch die wissenschaftliche Objektivität beheimatet ist, mit dem naiven Dahinleben im allgemeinen,
während mit dem letzteren unsere Existenzweise gemeint sein
muss, die Husserl sonst als „vorwissenschaftlich" charakterisiert.
Es mag hierbei auch eine gewisse semantische Ungenauigkeit vor-
liegen. Aber der sachliche Unterschied ist schwerwiegender, und
dem gilt es, weiter auf den Grund zu kommen. Wir sehen, nicht
die bewusste Helle des funktionalistisch planenden Denkens,
sondern die kaum aus dem Schatten der Gewohnheit heraustre-
tende traumwandlerische Trägheit der Seele ist also das eigentliche Agens unserer alltäglichen Erfahrung. Aber angenommen,
dass es im wirklichen Leben oft, sogar sehr oft Augenblicke gibt,
wo man aus der Not der Situation heraus ohne klare Analyse der
Motive und Folgen seines Entschlusses handelt und den Sinn des
durch ihn und mit ihm Geschehenen erst nachträglich begreift,
so wäre doch demgegenüber zu bedenken, ob es nicht ein zu Recht
bestehender Anspruch des wissenschaftlichen Objektivismus ist,
durch seine Einwirkung auf den lebensweltlichen Vorgang den
Kreis der Übersichtlichkeit der praktischen Entscheidungen und
Handlungen zu erweitern und nach Möglichkeit solche Zufalls-
momente zu eliminieren. Auch sei zugegeben, selbst dieses Besser-
wissen des technisch-funktionalistischen Denkens könne oft kurz-
schlüssig ausfallen und vielleicht gelegentlich an Weisheit übertroffen werden von einer einfachen Intuition, von der wir uns
auch oft in unserem alltäglichen Dahinleben leiten lassen.

Aber erstens muss man einsehen, dass ein beträchtliches Mass
von besonnener Reflexion in den wissenschaftlichen Objektivismus Eingang gefunden hat. In seiner überindividuellen und objektiven Anonymität wirkt dieser Objektivismus stets nivelliert
und selbstverständlich wie jeder doxische Besitz der Lebenswelt.
Aber er erlaubt gerade in seiner praxisbetonten, zwar nicht mehr

⁹ A. a. O., S. 179. Kurs. v. Vf.

reflektierenden, jedoch grundsätzlich systematisch-theoretischen
Ausrichtung *begründete* Voraussicht, die laufend unter Kon-
ɟrolle gestellt werden kann. Innerhalb dieses funktionalistisch
ɐbgestimmten Betriebs der objektiven Wissenschaft kann
jedes Versagen der Vorausrechnung auf seine Ursache hin
geprüft werden, so dass wir im Falle der fehlschlagenden An-
wendung der verfügbaren Information die Möglichkeit haben,
unsere Handlung zu erklären und eventuell zu korrigieren, – eine
Möglichkeit, die man von der Vorstellung einer vorwissenschaɪt-
lichen Lebenswelt einfach nicht erwarten darf. Zweitens bezüglich
der Angewiesenheit des objektiv-wissenschaftlichen Apriori auf
das lebensweltliche Apriori kann nur kurz an die Implikation
erinnert werden, welche eine *kontemplative*, von dem zur Expli-
kation bestimmten Ganzen zu den Teilen fortschreitende Philosophie, so etwa die Hegelsche, in sich birgt. Damit meinen wir die
hermeneutische These, nach der unsere Erkenntnis vom Primat
des Selbstverständnisses ausgeht. Sie ist zunächst die einfache
Feststellung, dass unsere vorgängige Vertrautheit mit der Welt,
unsere passive Gerichtetheit auf die offene Welt, die Bedingung
der Möglichkeit unserer weiteren Erfahrung ausmacht. Der phänomenologische Begriff des ,,Bekanntheitshorizontes'' fällt hier
mit dem hermeneutischen des ,,Vorverständnisses'' in sich eng
zusammen. Nichts scheint wahrer und selbstverständlicher als
diese Feststellung, aber in der Tradition der Philosophie haben
stets die einfachsten Begriffe den grössten Unfug gestiftet. Ein
sprachanalytisch geschulter Kritiker wird beispielsweise aus dem
Satz Husserls, dass alle Unbekanntheitshorizonte Horizonte bloss
unvollkommener Bekanntheiten seien,[10] eine Reihe ganz ver-
zwickter Ungereimtheiten hervorzulocken verstehen. Wenn im
übrigen unter der Sonne nichts neues ist oder es keine ,,erste''
Erkenntnis gibt oder gerade dogmatische Vorannahmen als positive willkommen sein sollen, so fragt man unwillkürlich, *wer* am
Anfang oder vielmehr am Ende solcher Erfahrung stünde, ob ein
lachender und weinender Normalmensch, ob ein Fanatiker, ein
Genie oder ein kontemplativer Geist. Allerdings hatte Husserl
dabei nicht den Menschen, sondern die Typik des allgemeinen
Lebensstils im Auge, an den sich jeder Mensch zu halten hat inmitten der immer abstrakter werdenden Weltbilder der theore-

[10] A. a. O., S. 126.

tischen Wissenschaften, deren neuartige „Zwecke und Werke"
ständig in seine Umwelt einströmen und sie verändern. Diese
Dinge werden in der Lebenswelt *veranschaulicht*, um vermutlich
nicht nur „begafft" zu werden. So ist es ein Daseinsstil gestiftet
im archaischen Sinne durch die *homothetische* Erkenntnisleistung
des menschlichen Geistes, wo nur ein „sonnenhaftes Auge" die
Sonne erblicken kann (Empedokles, Goethe). In Husserls eigener
Sprache heisst es schlicht „Induzieren" oder „Induktion von
Anschaubarem," wobei stets das Bekannte in Abwandlungen
wiedererkannt zu werden pflegt (Platon). In seiner bewusst historischen Ausrichtung drückt auch das hermeneutische Prinzip im
Grunde die gewohnheitsbedingte Kontinuität unserer alltäglichen
Erfahrungsweise aus. Es wäre aber eine Anmassung, damit
Naturvorgängen und anderen Spezialgebieten, z.B. wo auf den
vorgeschobensten Posten der modernen Wissenschaften das ver-
letzlichere Gesetz der Logik der Entdeckung und Voraussage
waltet, in mehr als kontextual informierender Weise gerecht
werden zu wollen.

Des weiteren müssen wir die Unterscheidung der Welt in die
wissenschaftliche und vorwissenschaftliche, die Logik in die prä-
dikative und vorprädikative sowie die Scheidung der Subjektivität in eine transzendentale und in eine andere, natürliche, mit
besonderem Vorbehalt und im Hinblick auf die Frage registrieren,
welchem der getrennten Teile Husserl den Vorzug gibt und aus
welchen Gründen. Denn es lässt sich leicht argumentieren, dass
Husserl zwar vordergründig dem erfahrungsmässig an sich Ersten
und nicht dem durch Denken Abgeleiteten oder Vermittelten zur
Sprache verholfen habe, der inneren Verfassung nach jedoch so
sehr ein überzeugter Idealist geblieben sei, dass er alles Unmittelbare niemals als solches gelten liess, sondern es (seinem Geltungs-
sinn nach) als in der transzendentalen Subjektivität konstituiert
wieder an seine raumzeitliche Stelle zurückzugeben vermochte.
Idealismus und Positivismus, Subjektivität und Objektivität,
Bewusstsein und Leben, sinnliche Wahrnehmung und Wesens-
anschauung waren indessen für Husserl keine in sich geschiedenen
Gegensatzpaare. Mit seinem Denken stand er dennoch in eigen-
tümlicher Weise gespalten zwischen zwei Polen, und man wird dem
Gefühl dieser inneren Zerspaltenheit nicht gerecht, das jeder bei
Husserl verspüren mag, wenn man die Gegensätze allzu leicht

aufhebt oder darin gar eine existentialistisch in der Schwebe ge-
haltene Bewegtheit des Denkens erblicken wollte. Hat er uns
Anlass gegeben, sich auf weite Strecken hin hermeneutisch auslegen
zu lassen, so war er wiederum, anders wie die meisten hermeneutisch denkenden Philosophen, kein Dialektiker. Wie die getrennten Teile bei Husserl sich zueinander verhalten und letzten Endes
entweder als zusammengehörig oder als sonstwie bezogen gedacht
werden können, scheint keine leichte Aufgabe, aber sie lädt uns
ein, damit wir uns das zähe Verweilen seiner analytischen Energie
vergegenwärtigen können.

Schon die Doppelbedeutung des Begriffs „Anschauung" verrät
die erwähnte Schwierigkeit. Husserl setzt die Anschauung mit der
subjektiv-relativen Erfahrung der Lebenswelt, mit der *doxa*
gleich, und doch im nächsten Zug wird sie von ihm als die direkte
Evidenzquelle angesprochen. Anders gewendet, wie verhält sich
die Lebenswelt als Bereich der blossen *doxa*, des „trügerischen
Scheins,"[11] zur Lebenswelt, dem Reich ursprünglicher Evidenzen? Wir sagen, die erstere ist nichts anderes als unsere Alltagswelt, durchzogen mit so vielen schlecht und recht ungeprüft
übernommenen Meinungen, Illusionen und Irrtümern. Es ist die
Welt der Sinnestäuschungen, des Scheins. Die zweite hingegen ist
ein Abstraktum, oder das Gegenteil der ersteren, sofern die reinen
Evidenzen, deren Inbegriff sie ist, den Heraustritt aus dem Ver-
fallensein an die gewohnheitsmässig verstandene und gedeutete
Welt zur Voraussetzung des eigenen Gewahrwerdens haben. Nach
Husserl sind aber diese zwei Welten der Anschauung keine zwei
wirklich entgegengesetzten Seinssphären, sondern sie sind wieder
unter die Einheit der transzendentalen Subjektivität zu sub-
sumieren. Oder genauer, die lebensweltliche Subjektivität war
eigentlich *nie* da; was dafür gehalten werden kann, ist dieselbe
transzendentale Subjektivität, in ihrem Zustand des Dahinlebens.
Trotzdem sagt Husserl ausdrücklich, dass diese lebensweltliche
Subjektivität an dem ständig Welt konstituierenden transzendentalen Leben *teilhat,* – in Übergehung der wissenschaftlichen Objektivität. Diese abseits vom bewussten Daraufgerichtetsein ihre
anonymen Anregungen und Erwägungen weiter verarbeitende

---

[11] Genau nach der Art der Platonischen Gegenüberstellung zum „Bereich der
Episteme" gibt Husserl die untergeordnete Bedeutung der *Doxa* wieder. Siehe *Erfahrung und Urteil*, Hamburg 1954, S. 22.

Subjektivität soll dennoch, dank ihrem geheimen Bündnis mit ihrer Namensschwester, höher rangieren als jene Objektivität, welche nur darum nicht auf ihre eigenen, subjektiv-relativen Voraussetzungen als solche reflektiert, weil sie in ihnen keine jederzeit eindeutige Bewährungsquelle sieht und deshalb ein indirektes Korrekturverfahren entworfen hat, das in einer für jedermann nachvollziehbaren Weise, also mittels semantischer Regeln und logischer Schlussketten, die Funktion der Anschauung ergänzt und ersetzt. Es ist eine Optik sozusagen mit „Zeitraffer," und nur eingegliedert in diese logisch abstrahierte Gesamtheit der Folgerung hätte eine Anschauungsevidenz ihre *objektive* Geltung.

Wie ist aber diese offensichtliche Benachteiligung einer Einstellung zu verstehen, welche Husserl einerseits *qua* wissenschaftliche Praxis ans Ressort des natürlichen Lebens verweist, andererseits aber *qua* wissenschaftlichen Objektivismus aus der Gemeinschaft des Welt konstituierenden Lebens verbannt? Wenn schon im natürlichen Weltleben untergründig eine konstitutive Leistung vor sich gehen soll, so wäre aus ähnlichen Motiven einzugestehen, dass auch im höherstufigen Bewusstseinsleben, dessen Korrelat die wissenschaftliche Objektivität ist, eine entsprechend modifizierte Konstitutionsleistung stattfinden mag. Aber Husserl sieht eine entscheidende Zäsur zwischen dem wissenschaftlichen Objektivismus und dem transzendentalen Subjektivismus. Er ist nicht willens, aus der von ihm so ausdrücklich geforderten Zurückführung der objektiven Wissenschaft auf das umfassende Leben, worin einzelne Wissenschaftler die Wissenschaft als ihre Lebenspraxis betreiben, die nötige Konsequenz zu ziehen und nicht nur das Subjektiv-Relative, sondern auch das Objektive mit dem Absolut-Subjektiven zu vermitteln. Solche Vermittlung wäre aber nur dialektisch durchführbar, während Husserl, ein im Grunde an den wissenschaftlichen Objektivismus glaubender Positivist, selbst beim provisorischen Entwurf einer neuen, lebensweltlichen Wissenschaft nicht umhin konnte, diese wiederum am Massstab der „Objektivität" zu messen. Wenn er auch selber nicht mehr beantworten konnte, warum er sich auf die „gefährliche Bahn der doppelten Wahrheit" begeben musste und wie diese neue, „rein methodisch zueignende notwendige Gültigkeit" der lebensweltlichen Wissenschaft sich bewähren soll,[12] so

[12] Vgl. dazu *Krisis*, S. 179 bzw. 136.

war ihm schon vornherein ausser Zweifel, dass Philosophie, gleichgültig, in welch ungewohntes Feld sie sich hineinwagt, immer Wissenschaft zu sein hat. Damit stünde ihm nur noch eine undialektische, positivistisch verfahrende Methode der objektiven Wissenschaft zur Verfügung, freilich eine solche, die eigentümlich zweigleisig, d.h. reflektierend auf die sinnleistende Funktion der Subjektivität, fortfährt. Aber auf alle Fälle ist dem Begriff des Positivismus die Unterscheidung wesentlich, die zwischen dem unmittelbar wahrnehmungsmässig Gegebenen und aller anderen Weise der ,,vermittelten,'' auch ,,logisch'' vermittelten Gegebenheit besteht.[13]

So sieht man in Husserl eine seltsam ambivalente Haltung gegenüber der objektiven Gestalt der positivistischen Wissenschaften. Er ist an ihrem Ideal hängen geblieben und darum gesteht er eher offen seine Ausweglosigkeit, bei dieser neuen phänomenologischen Aufgabe, die das Leben *als* Leben zum Thema hat, eine neue Form der Objektivität allererst begründen zu müssen und dennoch dazu nicht im Stande zu sein, als dass er etwa mit der ,,Pluralität der Wahrheitsbegriffe'' vorlieb nimmt. Lag ihm der Gedanke des Relativismus der historischen Weltbilder (Dilthey) ursprünglich deshalb fern, weil er seine transzendentale Subjektivität aus ihrer weltlosen Immanenz nicht ohne prinzipientheoretische Komplikation herausführen konnte, so musste er andererseits auch bei der gängigen Methode der Beschreibung des Innenlebens allzu deutliche Mängel wahrnehmen. Gegen den positivistischen Wahrheitsbegriff ganz andere, *subjektive* Formen der Wahrheit, etwa eine ,,existentielle'' (appellierende), psychologisch ,,verstehende'' oder gar ,,dichterische'' und andere Geltungsmodi als die bereits etablierte wissenschaftliche Objektivität auszuspielen und vollends den auf Positivität und Exaktheit ausgerichteten Wissenschaftsbegriff aus den Angeln zu heben, hätte er wohl nicht einmal erträumt. Es gilt daher Husserl gegen Husserl zu präzisieren, da sonst seine oft passionierten Beteuerungen höchst irreführen würden, wenn er z.B. die ,,Wiedergeburt Europas aus dem Geiste der Philosophie'' von der

---

[13] Wörtlich lautet das Zitat: ,,Sagt 'Positivismus' soviel wie absolut vorurteilsfreie Gründung aller Wissenschaften auf das 'Positive' d.i. originär zu Erfassende, dann sind *wir* die echten Positivisten.''
Siehe *Ideen zu einer reinen Phänomenologie und phänomenologischen Philosophie, Husserliana IV*, den Haag 1950, S. 46.

„endgültigen Überwindung des Naturalismus (Objektivismus)
abhängig macht.[14] Wogegen er sich auflehnt, müsste eigentlich
dieselbe Form des Objektivismus im Gewande der *Philosophie*
selbst sein, mit ihrer vermeintlichen Selbstverständlichkeit, bereits über einen objektiv daseienden Geltungsaufbau zu verfügen
und daher niemals hinter die „logisch ersten Aussagen" nach
wahrhaft ursprünglichen Evidenzen zurückfragen zu müssen.
In dem Masse freilich, in dem sich die Denkweise des wissenschaftlichen Objektivismus auch für die Philosophie durchgesetzt hat
und vielerorts für die allein verbindliche Form des Philosophierens
gehalten worden ist, hätte Husserl den Vorwand, Philosophie von
den objektiven Wissenschaften bedroht zu sehen und mittels einer
bei ihm bisher ungewohnten Rhetorik das Gefälle anzudeuten, das
zwischen einer höheren, d.h. transzendentalen und einer niedrige-
ren, d.h. objektiven Reflexionsstufe besteht.

Damit sei Husserls Nähe zum positivistischen Wissenschafts-
ideal reichlich unterstrichen. Wenn wir trotzdem nicht dabei
stehen bleiben und aus grösserer Entfernung seinen Standort
erneut bestimmen wollen, so dass er perspektivistisch nunmehr
ein bedeutendes Stück in der entgegengesetzten Richtung verlegt
erscheint, so mag das zunächst wie ein willkürliches Spiel erscheinen. Um aber der Befremdung gleich die Spitze zu nehmen, darf
eine ganz allgemeine Bemerkung vorangeschickt werden, dass wer
unter den deutschen Philosophen bislang dem positivistischen
Geist das Wort geredet hat, sich damit keineswegs den vollen
Titel zum Positivismus erworben hat. Das waren gewiss Mach
und Avenarius voll und ganz, aber auch Feuerbach und Nietzsche
waren es zum Teil, und, auf ihre eigene Weise, sogar Hegel und
Schelling. In den nüchternen Augen der angelsächsischen Positivisten scheint aber der Positivismus als Philosophie nur echt,
wenn er nicht historisch ist, und eine Philosophie ist nicht mehr
streng wissenschaftlich, wenn sie „geisteswissenschaftlich" ist.
Diese Exklusivität der Definition birgt selbst ein bedenkliches
Vorurteil und die dadurch bedingte, diskriminierende Methode
wird den faktischen Vollzugsweisen der menschlichen Erfahrung
nicht gerecht. Aber die Frage ist hier vorläufig nur, welcher
deutsche Philosoph es leichthin zulassen würde, dass sein Begriff
der Philosophie in eine solche Zwangsjacke hineingezwängt wird.

[14] *Krisis*, S. 347 f.

Es ist selbstverständlich eine allzu gewagte Verallgemeinerung, dass die Mehrheit der deutschen Philosophen Philosophie grundsätzlich als Geisteswissenschaft versteht, doch es ist viel schwieriger, das Gegenteil zu beweisen. Uns geht es hier um eine ganz einfache Anzeige der Typik, und damit haben wir schon erreicht, in schwarz und weiss zu malen, wie es mit Husserls Philosophie, mit seiner klar bezeugten Geschichtszugewandtheit steht.

Sein Interesse für historische Fragen war am Anfang gering. Das Problem der ,,Ursprungsanalyse" hätte zwar stets die Möglichkeit in sich getragen, die Frage nach historischem Ursprung und Entstehen der Evidenzen mit derjenigen nach logischem Grunde oder der Begründung zusammenzuwerfen, aber Husserl schlug zunächst die Richtung einer systematischen Untersuchung ein. Er schaltete alle Versuche zur Erklärung sowohl in psychologischer als auch in historischer Hinsicht aus. Der junge Husserl war Logiker, und er hätte sich auch für einen Positivisten ausgeben können, nach Massgabe seiner philosophischen Praxis. Doch bereits in der *Ersten Philosophie* findet man, dass hier die Suche nach einer die Philosophiegeschichte als Ganzes umspannenden Zweckidee eingeleitet wurde.[15] Was dort noch in einer sprunghaften Hinwendung zu den einzelnen Gestalten der Philosophiegeschichte (Locke, Hume, Kant) geschah, wurde später in der *Krisis* unter einem neuen Gesichtspunkt zusammengefasst. Nunmehr gehört zum ,,Gesamtsinn" der transzendentalen Phänomenologie das ,,Ineinander von *historischer* und durch sie motivierter systematischer Untersuchung."[16] Der systematische Weg der Untersuchung, der früher ohne den historischen Rückblick gegangen wurde und auch oft im Gegensatz zu diesem gedacht wurde, hat nun eine untergeordnete Bedeutung. Er ist historisch motiviert und dadurch bedingt. Nicht nur sieht er also Philosophie als Philosophiegeschichte unter dem Lichte der die Vernunftmenschheit leitenden ,,Teleologie," sondern er grenzt

[15] Vgl. dazu D. Henrich, ,,Über die Grundlagen von Husserls Kritik der philosophischen Tradition," in *Philosophische Rundschau*, 6. Jahrgang (1958), Heft 1/2, S. 1 ff.

[16] *Krisis*, S. 364. Kurs. v. Vf. Noch viel emphatischer heisst es etwas später (S. 379): ,,Das herrschende Dogma von der prinzipiellen Trennung von erkenntnistheoretischer Aufklärung und historischer, auch geisteswissenschaftlich-psychologischer Erklärung, von erkenntnistheoretischem und genetischem Ursprung ist, sofern man die Begriffe 'Historie' und 'historische Erklärung' und 'Genesis' nicht in der üblichen Weise unzulässig beschränkt, grundverkehrt."

auch sich selbst ab als „Philosophen meiner Zeit," als Gegenwarts-philosophen gegen diejenigen, die ihm vorausgegangen sind und nachfolgen werden, im vollen Bewusstsein der „Endlichkeit der Gegenwart." Dann wendet er sich gegen die *unhistorischen* Wissenschaften, gegen die fraglose Selbstverständlichkeit der „strengen" Wissenschaften, die nicht ahnen, dass hinter dieser Verweigerung der historischen Reflexion ein „Pferdefuss" steht. Die strenge Wissenschaft würde nie einsehen können, warum Philosophie, die sich eine „allwissenschaftliche" Aufgabe stellt und selbst Wissenschaft sein will, einer Philosophiegeschichte bedarf, wo sich doch der „Gesamterwerb" der Wissenschaftsmacht in der *Gegenwart* vollzieht, ohne dass es nötig wäre, die Wissenschafts-geschichte wieder aufzunehmen.[17] Man kann sich hierbei eines ge-wissen Ironiegefühls nicht erwehren, denn wer war es eigentlich gewesen, der erst vor einem Viertel Jahrhundert vor der *Krisis*, ob-schon mit einem historischen Blick auf die Leitidee der griechischen Anfänge, mit der Losung hervortrat, Philosophie solle streng wissenschaftlich sein?

Wie er auch immer bei der Wendung seiner Phänomenologie zur Geschichte selber entwicklungsgeschichtlich motiviert sein mag,[18] seine früh in Angriff genommene Untersuchung über die Zeitprobleme weckt in uns die Frage, wieweit seine Struktur-analyse des inneren Zeitbewusstseins, insbesondere des Moments der Retention als auf *Vergangenheit* bezogen, zur Vorzeichen-deutung herangezogen werden darf, um seine soweit unvermutete Nähe zu Hegel dem Geschichtsphilosophen dennoch mit einem Schein von sachlicher Not begreiflich zu machen. Wir sind nicht verlegen, Beweismaterial vorzuweisen, das zeigt, dass Husserl ein mit seinem wesensschauenden Blick nicht nur nach innen, sondern auch nach rückwärts gewandter Philosoph war. Man hat ihn schon in dieser Hinsicht mit Hegel in eine Reihe gestellt,[19] aber das letzte Wort sei ihm selber gegeben: „Welt ist für uns immer schon eine solche, in der bereits Erkenntnis in der mannig-fachsten Weise ihr Werk *getan* hat."[20]

---

[17] Siehe dazu *Krisis*, S. 492–495.

[18] Siehe dazu die eingehende Darstellung von E. Tugendhat, *Der Wahrheitsbegriff bei Husserl und Heidegger*, Berlin 1967, besonders S. 245 ff., S. 251 ff.

[19] „Nur im vergehenden Behalten (in der Retention) und vermöge der dadurch be-dingten *Erinnerung* hat das Künftige nach Husserl wie Hegel Wahrheit." Vgl. L. Eley, *Metakritik der Formalen Logik*, den Haag 1969, S. 309.

[20] *Erfahrung und Urteil*, S. 26, Kurs. v. Vf.

WELTBEZUG UND SEINSVERSTÄNDNIS

Eugen Fink (Freiburg i. B.)

Mit dem Titel „Seinsverständnis" meinen wir den Inbegriff von klaren und von unscharfen Begriffen, aber auch von allgemeinen Vorstellungen, von Gedankenbildern und ontologischen Modellen, in denen wir beim Vollzug unserer Erfahrungen bereits Strukturen der Dinge, den Bau der Erkenntnisgegenstände, das Einzeln- und Allgemeinsein des Seienden in der Welt, das Verhältnis von „Wesen" und „Tatsache," von Wesen und Erscheinung, die Differenzen von Daß-Wahr-sein, von Zufällig-, Wirklich-, Möglich- und Notwendig-sein voraussetzen. Die alte Streitfrage, ob das Arsenal dieser Begriffe und Vorstellungen eine apriorische Ausstattung des menschlichen Geistes oder ein im Gange der kollektiven und kommunikativen menschheitlichen Erfahrung erst ausgeformtes Gedankeninstrument zur Bewältigung einer zunächst amorph scheinenden Umwelt darstellt, lassen wir beiseite. Die Jahrhunderte der europäischen Denkgeschichte haben an diesem Arsenal gearbeitet und es zu systematisieren versucht. Leer-formale Begriffe der Idealwissenschaften, aber auch die material-ontologischen Begriffe von den Dingbereichen, die Art- und Gattungsbegriffe, die Reflexionsbegriffe der Identität, Verschiedenheit, des Andersseins und des Grundseins, aber auch die „transcendentalen" Begriffe wie ens, unum, verum, bonum, die Begriffe von Maß, Grenze, von Raum und Zeit, schließlich der Universalbegriff der Welt – all dies gehört in das explizite und artikulierte Seinsverständnis, welches die Philosophie immer wieder neu auszuprägen versucht. Dabei denkt sie aus, was die Menschen vorgängig und unreflektiert in allen Dimensionen ihres Daseins „verstehen." Zum Prozeß der menschlichen Selbstverständigung gehört mehr als nur die thematische Erkenntniszuwendung auf das Erkenntnissubjekt. Der Mensch kann „sich" nur fassen, wenn er zugleich „alles, was ist" in den Blick nimmt, er ist das Lebewesen, das die Welt verstehend bewohnt. Es wäre absurd, einen „Humanismus" ohne die Weltoffenheit des Menschentums formulieren zu wollen. Zum Selbstverständnis des Menschen gehört der Versuch, die Bezüge zur „Natur", d.h. zum leblosen Stoff der Weltmaterie, ferner zum „Leben" in Gewächs und Getier, das uns verwandt und fremd zugleich umgibt, ferner zum Mitdasein der Mitmenschen geistig zu erhellen und zuletzt auch den ungeheuren Gedanken zu ertragen und auszutragen, der als die All-Einheit des Universums den Menschengeist verstört, aber auch befeuert, ihm eine „Transcendenz" ins Über-Endliche gibt. Mag man den Welt-Gedanken als eine regulative Idee der Vernunft – wie Kant oder wie Hegel als das unendliche Leben der absoluten Vernunft begreifen wollen, so liegen den philosophischen Thesen doch ursprünglichere Weltbezüge der menschlichen Existenz voraus. Welcher Art sind die Weltentwürfe, die Horizonte des Welt-Verständnisses, die die ausdrücklichen ontologischen Auslegungen vorbereiten und fundieren? Dies ist die Frage, die wir stellen wollen.

Die grundsätzliche Orientierung der platonisch-aristotelischen Seins-These am Weltphänomen des Lichtes und am Weltverhältnis des otiosen, schauenden Menschen, des der werktätigen Selbstherstellung entfremdeten Menschen, läßt vor allem die Gliederung des Seienden aufscheinen nach bestimmtem Umriß und Gesicht, ferner nach art- und gattungshaften Allgemeinbezügen, nach Ansprechbarkeit in Modalvorstellungen – und bildet über viele Jahrhunderte hinweg den führenden Grundzug des philosophisch reflektierten Seinsverständnisses. Das Licht läßt aufscheinen und leuchten, bringt Klarheit und Helle, hebt hervor und stellt Gestalten, Anblicke, Figuren im scharfen Schnitt ihres Gepräges heraus, akzentuiert die Grenzen der Einzeldinge, verleiht ihnen umrissenen, fixen Selbstand. Das Licht erhellt aber auch die Zusammenhänge der Dinge, die Dingfelder und Dingwandlungen, – es setzt auseinander und versammelt zugleich das scharf und klar Getrennte in seiner umfangenden Helle. Das ist natürlich keine physikalische Aussage über das Licht, wohl aber die Kennzeichnung einer phänomenalen Situation, in der wir verstehende Menschen leben und worin wir anschauen, erkennen und begreifen. Weil das Licht auseinanderstellt und zusammenstellt, die Dinge als einzelne und als bestimmte vorlegt, können wir sie „bestimmen," mit Namen ansprechen und auch ihre Verhältnisse nennen, überhaupt das Seiende in vielfacher Weise sagen. Im Lichte leuchten nicht bloß die Dinge selbst, auch ihre Ähnlichkeiten und Verschiedenheiten, die Grade ihrer Verwandtschaft, die wir mit Art- und Gattungsnamen fixieren. Und im Lichte vernehmen wir die vielgestaltigen Bewegungsformen der Dinge, Ruhe und Veränderung, Entstehen und Vergehen, Zunehmen, Schwinden, Ortswechsel. Der im Licht aufglänzende Sichtbereich liefert auch die Strukturen, denen gemäß wir das Sein, das Werden, das Scheinen der Dinge verstehen und in Begriffsverhältnissen ausdrücken, – im Lichtkreis treten „Subjekt" und „Objekt" auseinander und aufeinander zu in intentionaler Verspannung. Die Lichtung bildet die phänomenale Basis für die Denkmodelle, mit denen die platonische Spekulation das Feld der erscheinenden Dinge auf die „seinsstärkeren" Ideen hin zu übersteigen sucht. Die platonische Vision der Welt aber, weil sie die Gegenmacht des Lichtes, die verschlossene Erde unterbestimmt läßt, überbetont und übersteigert das Lichtmoment – und gewinnt im Stufengefälle vom Sonnenlicht herab über Sternenlicht und Licht des „Höhlenfeuers" bis zu den schwachen, ungenauen und minderrangigen Schattenrissen, welche die „Eingeschlossenen" als das Wahre und Wirkliche vermeinen, die entscheidenden ontologischen Distinktionen. Die spekulative Gleichung von Licht und Sein, erfahren aus der Perspektive des otiosen Welt-Betrachters, führt zu einer Vernunftansicht von Welt und Leben. Doch innerhalb der Weltsicht in der Optik des „Lichtes" gebraucht schon die Metaphysik bei ihrem Beginn technische, erotische und polemische Modelle im Rückgriff auf wesenhafte Existenzphänomene des Menschen, um den Bau des Universums und die Struktur der Dinge zu verstehen. Analog wie ein Technit ein Werkstück verfertigt, bringt in überhöhter Weise der NOUS, der Weltgeist, den Bau des Kosmos zustande, eben als eine übergewaltige Fügung, welche der ruinösen Macht der Zeit widersteht und alle endlichen, kleinen Menschenwerke ungeheuer an Schönheit und Dauer übertrifft.

Die denkerische Basis der europäischen Überlieferung ist jedoch noch lange nicht in Frage gestellt, geschweige denn erschüttert, wenn man die an Licht und Sprache orientierte Seinsauslegung zu

,,ergänzen" sucht durch ,,irrationale" Weisen des Verstehens und durch einen Gebrauch von Modellen, welche nicht der ,,vita contemplativa," sondern der Tatwelt, der Liebesdimension oder gar dem Verhältnis zu den Toten entstammen. Aber eine gewisse Verschärfung nimmt das Seinsproblem und unser Weltverhältnis an, wenn wir nicht mehr ,,apriori" voraussetzen, das Wirkliche sei vernünftig und das Universum sei eine Architektur, die von niederen Schichten aufsteige in eine höchstrangige, gleichsam ,,diamantene Spitze," die alles zusammenhält und überhöhend in eins faßt, – nicht mehr voraussetzen, das am meisten Seiende verhalte sich zu den Seins-Treppen unter ihm wie die strahlende Sonne zu minder-hellen Leuchten am Himmel oder zu den nur angestrahlten, beleuchteten Erdendingen, die in einer verschatteten Sichtbarkeit sich aufhalten – oder zur dunklen, lichtlosen Erde selber. Ein operativer Umgang mit Ding- und Welt-Modellen aus den Sphären von Arbeit, Kampf oder von Liebe und Tod oder gar des Spiels könnte an Grenzen des bisherigen, eingefahrenen, begrifflich reich-strukturierten Seinsverständnisses führen. Denkt der Mensch, so könnte man fragen, nicht nur mit Begriffen, auch mit Symbolen und welthaltigen Bildern? Der denkende Menschenkopf ist der Zeuge der werktätig wirkenden Menschenhand, des waffenführenden Arms, der spielerisch gelösten Glieder und der phallischen Funktion. Das führt nicht bloß dazu, daß der Mensch über sich nachdenkt, sich als Vernunft-, als Freiheitswesen, als Arbeiter, Kämpfer, Spieler, Liebender und als Sterblicher zu erkennen sucht, – sein Seinsverständnis von Welt und Dingen wird zu einer Verstehens- und Denkweise, wie ein Arbeiter, ein Kämpfer, ein Liebender und Todgeweihter und ein Spieler die Welt erlebt. Solche Grundphänomene sind nicht bloß Themen von hoher anthropologischer Relevanz, sie sind ursprünglicher Vollzugsweisen und Bahnen des Verstehens. Das wird zumeist verdeckt durch die beherrschende Rolle der Sprache, welche je schon die Welt ausgelegt hat, das Seiende angesprochen, die Dinge genannt, in Namen verwahrt und festgemacht hat. In der Sprache findet sich jeder schon vor, – sie hat längst vor-gedacht, ehe ein Einzelner selbst und selbständig zu denken beginnt. Im Horizont des als Sprache lebendigen Seinsverständnisses beginnen und enden die Sprachhandlungen des Alltags und nicht weniger die der Mythologie, der Poesie, der Philosophie und der Wissenschaften. Alles

hervorgebrachte Verständnis fließt wieder in die allgemeine
Sprache zurück. Das Denken gehört der Sprache, kann nur in
ihrem Sinnraum sich entfalten. Das bedeutet jedoch nicht, daß es
nur nachsagen kann, was die Sprache schon vorgesagt hat, – nicht
daß also der kritische Geist des Einzelnen dem objektiven Ge-
meingeist der Überlieferung unterworfen sei. Es ist auch ein
Denken möglich in der Sprache gegen die Sprache, wo die Anstrengung des Begriffs hart an den Rand der Sagbarkeit führt.
Gegenüber der Vernutztheit der alltäglichen Umgangssprache
mag es einen tiefen Sinn haben, auf die geheimeren Klänge zu
hören, auf welttiefere und seinsmächtigere Wortweisungen. Doch
wenn das ursprungsnahe Wort mitunter der Pythia gleicht, die
über dem Erdrauch träumend weissagt, so kann es uns noch mehr
in die Irre schicken als der Herr des delphischen Orakels. Die
unentrinnbare Sprachgebundenheit, ja Sprachgefangenschaft des
menschlichen Denkens hat die Einsicht verdrängt, wie sehr unser
Verstehen, auch das philosophierende Denken, geführt wird durch
Verstehensbahnen, die den co-existenziellen Grundphänomenen
entsprechen. Das Sein ist nicht bloß ein betrachtetes und ausge-
sprochenes Sein, es ist auch ein in Kampf, Arbeit, Spiel, Todes-
verhältnis und Liebe erfahrenes Sein. Allerdings kommt alles
darauf an, einen ungezügelten Gebrauch der spekulativen Phantasie zu verhindern und die Weltentwürfe kritisch zu bedenken.
Der Krieg gilt als ein seinserhellendes Weltmodell, das Sein als das
Rasen des kosmischen ,,Willens zur Macht,'' als die ,,ungeheure
Macht des Negativen,'' das Bestehen auf den Gegensätzen und als
die Vernichtungskraft, die sich im Niederschlagen des Gegen-
stehenden erhält. Der Menschenkrieg, den man wegen seiner
Härte gerade den ,,un-menschlichen'' nennt, ist ein Grundphäno-
men, das unser Seinsverstehen durchstimmt und ihm eigentüm-
liche Ausdrucksmöglichkeiten gibt. Der Polemos im Menschen-
land kann zum kosmischen Gleichnis aufgesteigert werden: die
Bewegtheit der Dinge, ihr Steigen und Sinken, Hervorkommen
und Vergehen, ihr Zunehmen und Schwinden, die unablässige
Verteidigung, welche jedes Ding an seinen Grenzen gegen den
Angriff anderer Dinge führt, das Selbstsein einer Substanz in der
Aus- und Abgrenzung gegen andere Substanzen, diese unruhige
Bewegtheit des binnenweltlich Seienden kann gedacht werden im
Gedankenbild des Krieges. ,,Der Krieg ist aller Dinge Vater, aller

Dinge König. Die einen erweist er als Götter, die anderen als Menschen, – die einen macht er zu Sklaven, die anderen zu Freien" (Fr. 53 Heraklit). Der Krieg wird so verstanden als die scheidende Macht, die auseinandersetzt, in die Gegensätze hinaustreibt, das Einzeln-Seiende auf die gefährdete Bahn der Selbstbehauptung setzt, wird verstanden als die reißende und nichtigende Spaltungskraft im Sein.

Ein anderes, vielleicht ebenso welthaltiges Coexistenzphänomen ist die Arbeit. Arbeitend richtet sich der Mensch auf aus dem Instinktgeleit der Natur, beginnt sein Leben zu produzieren, indem er alle Lebensmittel produziert, er verändert werktätig die naturhafte Wildnis und entreißt ihr die Stoffe, die er zum Erbauen des Hauses, zur Herstellung der Kleidung, zur Verfertigung von Gerät aller Art, von Werkzeug, Waffe, Schmuck und Zierat braucht. Der Arbeiter vollbringt die Humanisierung der Natur und die Vernatürlichung des Menschen. Die Arbeitsperspektive auf Sein und Welt hat ihre großen philosophischen Reflexionen gefunden und ist noch ein leidenschaftliches, den Erdball bewegendes Streitgespräch. Daß auch die Existenzmacht des Eros eine weltdeutende Symbolik gewinnen kann, hat schon Platons „Symposion" aufgezeigt. Und auch das Spiel als Weltsymbol ist eine Denkart, die untergründig die Philosophie durchzieht von Heraklit bis Nietzsche. Nicht nur als der adamitische Sprecher der Sprache legt der Mensch die Welt aus, auch als der Krieger und Arbeiter, auch als der Sterbliche, der Liebende und der Spieler. Daß solches Verstehen sich dann wieder in der Sprache „formuliert" und dieser damit neue Sinngehalte zuführt, soweit sie säglich werden oder in ihrer Unsäglichkeit gesagt werden, kompliziert die Sachlage. Wenn ein Weltverständnis aufblitzt, welches das Ganze des Seienden als Krieg sieht, in der Blickbahn des Menschenkriegs den Welt-Krieg schaut, oder aus dem Sinnhorizont der menschlichen Arbeit die Welt als Werk, aus dem Sinnhorizont der Liebe die Welt als Einung des Entzweiten vorstellt, wie Empedokles von PHILIA KAI NEIKOS spricht, so ist dies mehr als eine halbmythische, halb-poetische Metaphernsprache, falls sich solche Weltmodelle in der konkreten Aufschlüsselung von Dingen und Seinszusammenhängen bewähren. Dann handelt es sich um Bahnen des Seins- und Weltverständnisses, um operative Modelle, womit und wodurch wir denken, ohne daß es uns immer gelingt, diese Bahnen und Weltgleichnisse selbst klar zu denken.

Aber ist dies nicht ein wildwuchernder Anthropomorphismus, wenn die Welt in die Deutungsperspektiven von Arbeit und Kampf gerät, als Werkstück eines übermenschlichen Techniten oder als hin- und herwogender Streit der Gegensätze ausgelegt wird? Vermenschlicht das Denken in Existenzkategorien die Welt unzulässig und naiv? Die Frage ist nur, ob mit der Vokabel ,,Anthropomorphismus'' irgendetwas wirklich erklärt wird. Oder ob damit nicht eher Verständnishorizonte verschüttet werden in einer billigen Plausibilität, die sich für ,,Aufklärung'' hält. Hat der Mensch denn zuerst ein Bild nur von sich, um es dann verfälschend den Dingen überzuwerfen, oder hat er sein Selbstverständnis in unlösbarer Verknüpfung mit einem Verständnis von Dingen, Dingfeldern und Welt? Mit dem gleichen Rechte, wie man von ,,Anthropomorphismus'' spricht, könnte man von einem Ontomorphismus oder Kosmomorphismus sprechen. Ein hin und hergehendes Räsonnieren könnte bald der einen oder der anderen Seite den Vorrang geben. Unser Problem besteht nicht darin zu prüfen, ob der Mensch menschliche Verhältnisse auf die Dinge und das Weltganze überträgt, ob und inwieweit solche Übertragungen legitim sind oder nicht, sondern es geht darum, ob das humane Seins- und Weltverständnis durch Sinnhorizonte mitbestimmt wird, welche die genannten Existenzphänomene mit sich führen. Die Ausmünzung solcher Sinnhorizonte in fixierte Denkweisen und praktikable Modelle bleibt immer das Thema einer kritischen und mißtrauischen Besinnung. Aber dieses Geschäft, bei welchem die Philosophie immer wieder den Ast absägt, worauf sie sitzt, ist die ihr selbst eigentümliche Negativität.

Der Mensch sieht sich im Rückblick aus den Dingen, er ortet sich im Raume, nimmt sich Zeit, er bestimmt seine Stellung im Kosmos, im Bereich des Lebendigen, er erhebt sich über Pflanze und Tier, verfügt in seinem Handeln über alles, was er brauchen und nutzen kann, ordnet sich ein in Institutionen, regelt sein Leben, bewegt sich in Rollen, überschaut das Vorhandene, schaut aus nach Künftigem und Möglichem, bewahrt das Gewesene im Gedächtnis des Einzelnen und der Völker, kommt aus Traditionen in das freie Feld der Entscheidungen, wo er sich wählt mit allem, was er auswählt, geht in Projekten und Entwürfen vorwärts, ge-

staltet arbeitend, kämpfend, liebend und spielend sein Dasein, er
„richtet sich ein" inmitten des Seienden. Auf dem Boden der
Natur erbaut er das Haus seines Weltaufenthaltes, siedelt sich an
unter den Dingen als das sich selbstwissende und alle anderen
Dinge wissende Ding, das in seinem Selbstbewußtsein keinen
ruhigen Besitz, vielmehr einen Stachel der Unruhe hat, ein ver-
störendes Element, welches das jeweils verstehende, weltkennende,
befriedete, geordnete, rollenfeste Dasein heraustreibt aus seinem
gekonnten Verstehen und seiner Weltkenntnis, herauswirft aus
Frieden, Ordnung und institutionalen Rollen, aufjagt aus allen
vermeintlichen Sicherheiten – und es mit der Frage nach dem
Wahren vor den Kopf stößt. Menschenwahrheit ist in sich fried-
los, – unser Geist, unsere Vernunft ist kein mild leuchtendes Licht,
das unseren Pfad erhellt, eher gleichen sie einer Fackel in der
Weltnacht, einer Fackel, die sich selbst verzehrt. Ein Zug des
Negativen begleitet alles, was menschlich ist. Der Grundvorgang
unseres Daseins, den wir die „Einrichtung" nennen können, bedeutet die Selbstansiedlung des seinsverstehenden Menschen inmitten des verstandenen Seienden, er bestimmt unser Weltverhältnis, unseren Umgang mit uns selbst und allen begegnenden
Dingen. Die Einrichtung der menschlichen Existenz in der Welt
vollzieht sich in vielen Dimensionen, sie kann an Phänomenen
erscheinen von verschiedenartiger Struktur. Die Art, wie der
Mensch die Wildnis der Erde angreift, Sitz nimmt und Besitz von
Dingen, wie er seßhaft wird, sich einwurzelt in den Boden, ist uns
als elementares Kulturphänomen vertraut, vertraut als die Einrichtung des Menschengeschlechts auf dem Naturboden, als die
Ansiedlung, in welcher die Grundphänomene der Co-Existenz
zusammenschießen: die Arbeit gründet und richtet ein, erbaut
Haus, Herd und Heimstatt, beschafft Ausstattung, Geräte,
Werkzeuge, Maschinen, Lebensmittel, – der Krieg gründet Staaten
und erhält sie, – die Liebenden gründen den Lebensbund, das
Hauswesen, die Familie, – das Spiel feiert, verschönt Fest und
Alltag. Die „Einrichtung" ist ebenfalls ein Modell des Welt-
verständnisses geworden. Die antike Philosophie operiert mit dem
Gedanken der DIAKOSMESIS, der Welteinrichtung, der Ordnung des Ganzen alles Seienden in einer Fügung, die schön und
vernünftig ist. KOSMOS im Sinne von Weltall trägt auch etwas
vom Wortglanz, wonach Kosmos Schmuck bedeutet. Im Gesamt-

phänomen der kulturellen Einrichtung des Menschen finden sich alle die Phänomene, die von der Tradition für eine Verständlichmachung des Seienden angesetzt worden sind: das Verfertigen als Techne, das Erzeugen, die Genesis, der Krieg, der zum PATER PANTON aufgehöhte Kampf der Unterschiede, die Lichtung, die prometheische Feuerzündung des Menschen, welche die Sonne und den Blitz nachahmt. Die Einrichtung wird aber zu kurz und zu oberflächlich gedacht, wenn wir sie nur als eine Sammlung menschlicher Tätigkeiten ansehen, die eben die Anschauung der Welt schon voraussetzen. Der Mensch ist nicht ein zuerst schauendes und dann erst tätiges Wesen, er existiert in einer Einheit von Schau und Tat, in einer Einheit von Seinsverstehen und Seinsverwirklichung. Niemals sind wir ein Subjekt, das die Welt im ganzen zum ,,Gegenstande'' hätte, wir können sie auf keine Weise ,,beseitigen,'' sie nicht auf eine Seite setzen und uns davor, als ob wir die außer-weltlichen Zuschauer der Welt wären. Das ,,Welt-Theater'' hat kein Publikum, das von den Spielern verschieden wäre, – hier spielen alle mit. In der Welt kommen wir zur Welt und in der Welt gehen wir aus der Welt. Nur in der umfangenden Gegend der Welt begegnen uns Gegenstände, stehen wir als Subjekte den Objekten gegenüber. Wir sind die ,,Eingeschlossenen,'' physisch und geistig, – existieren in mannigfachen Weltbezügen und verstehen uns kosmisch und den Kosmos menschlich. Vielleicht sogar ,,allzumenschlich,'' wenn wir mit verbissener Einseitigkeit an bestimmten Weltfiguren des Seinsverständnisses festhalten, dem arbeitsfernen Geist der antiken THEORIA oder dem modernen Arbeitertum einen ausschließlichen Vorrang geben zu müssen glauben. TO ON LEGETAI POLLACHOS, das Seiende wird vielfach gesagt, dieser Satz des Aristoteles meint eine ontologische Vielfalt gemäß den zehn Kategorien, gemäß Dynamis und Energeia, gemäß auch dem Zufälligen und gemäß dem Wahren. Darüber hinaus wird aber Seiendes auch im Welthorizont erlebt in Verstehensbahnen, welche die ,,Sprache'' darstellen von Krieg, Spiel, Totenkult, Liebe und Arbeit.

ON THE SYSTEMATIC UNITY OF THE SCIENCES

Aron Gurwitsch (New York)

I. TRADITIONAL SYSTEMATIZATIONS OF THE SCIENCES

Modern philosophy of science, like modern philosophy in general, has developed under the impact of the growing prestige of the natural sciences, especially physics. This prestige is not based exclusively and, historically speaking, not even in the first place, upon the technical applications which modern science has made possible. It must be remembered that the systematic connection between science and technology, that is to say the technological utilization of scientific discoveries and results did not begin before the later part of the XIXth century along with the development of the electrical and chemical industries. The prestige which has accrued to the natural sciences is due to their undeniable theoretical accomplishments, their success in rationalizing and systematizing in a unifying manner a wide range of most diverse and heterogeneous phenomena. As one of the most striking examples of such a unifying systematization, the theory of radiant energy, as developed in XIXth century physics (H. Hertz) may be mentioned.

Because of the theoretical prestige of the physical sciences, the general method employed in them has come to be considered as the paradigm of all scientific method, as *the* scientific method itself, that is to say the only method legitimately to be admitted in all scientific and, quite in general, all cognitive endeavors. This view is advocated by a trend in contemporary philosophy of science which has very appropriately chosen for itself the name "Unity of Science Movement." What is considered as *the* scientific method is to be applied beyond the realm of the physical sciences to biology, psychology, and the humane or social sciences as well. Furthermore, following the example of physics, the aim of scien-

tific activities is seen to be making possible predictions which are
to be verified by ascertaining facts, events, and occurrences which
are said to be "public," that is to say accessible to any observer
whomever. In other words, the only kind of verification admitted
as legitimate is by means of mere sense-perception.[1] If the
method in question is applied to the psychological and social
sciences, it is only overt behaviour which may be taken into
consideration. Accordingly, those sciences are nowadays often
designated as "behavioral sciences." Moreover, since only such
facts and events as are public in the afore-mentioned sense are
considered to be the legitimate subject matter of scientific study,
whatever sense and meaning those facts and events have for the
actors involved is to be left out of account. What is of decisive and
crucial importance is not the question as to whether the existence
of consciousness is conceded or denied, but rather that, even if its
existence is conceded, consciousness and whatever pertains to it
is considered as "private" and for that reason must on principle
not be allowed for within the context of scientific investigations.
Rather than deriving the methods to be used in the psychological
and humane sciences from the specific nature of the reality to be
investigated and adjusting them to that reality, it is, on the
contrary, a special method (which on account of the theoretical
success it has yielded in the circumscribed field of the physical
sciences has come to be regarded as *The Scientific Method*) that
decides as to which aspects of psychological and social reality
may legitimately lend themselves to scientific treatment.

On the grounds thus far discussed, the unity of the sciences
rests upon the unity or, more correctly, the unicity of the method.
There is no question of a hierarchical or systematic order among
the sciences. Still the idea of a hierarchical organization of the
sciences, some of them being founded on others, is also advocated
in some trends of contemporary philosophy of science. As far as
we can see, Comte was the first to have formulated that idea. In
the present context we are concerned with the general tendency
and outline of his classification of the sciences, rather than the

---

[1] P. Schwarzburg has critically discussed this view of verification in his doctoral
dissertation "On Meaning and Relevance in Primordial Experience" (submitted in
1971 to the Graduate Faculty of Political and Social Science) which, it is to be hoped,
will be published in a not too distant future.

specific features of his positivism by which his classification is colored.[2] According to Comte, there are six sciences, the most fundamental one being mathematics as dealing with quantity at large, regardless of the specific nature of what is quantified. Next in order is astronomy, the study of masses as subject to central forces (Newton's Law of universal gravitation), a discipline which would more properly be designated as mechanics. Since electric and magnetic phenomena, but also heat and light are, according to Comte, irreducible to gravitation, they are the subject matter of a special science which he calls physics. Chemistry, in turn, concerns itself with qualitative differences in matter, while biology, next in order, deals with organized matter. Finally, the new science of sociology is conceived of as a study of the cohesive forces and factors of society which do not depend on the biological organization of its members. If one reads that enumeration of the sciences in the reverse order, one proceeds in the sense of increasing generality and decreasing specificity. Reading it in the ascending order, one moves in the direction of increasing complexity. That is to say, with regard to a given science, the factors which play a role in the preceding ones remain in play and a new factor, specific to the science in question, is superadded to the former. This scheme suggests reductionistic tendencies, i.e. the attempt at conceiving phenomena pertaining to a "higher" science as resulting from the combination and interplay of "simpler" phenomena. Comte has rejected such reductionistic tendencies as e.g., the explanation of chemical affinity in terms of electrical forces, such that chemistry would become part of physics, because chemical phenomena would appear as special, namely especially complex physical phenomena. Reductionism and explanation are rejected by Comte as implying or, at least bordering on, metaphysics. It is his strictly legalistic, in contradistinction to explanatory, conception of the task of science, that has led him to leaving intact the specific nature of the factors involved in the phenomena which are the subject matter of the several sciences.

Since the time of Comte the situation has drastically changed. Not only have all sciences relinquished Comte's phenomenalistic-

[2] For a succinct exposition of the ideas of Comte we refer to E. Bréhier, *Histoire de la Philosophie* II, 3 chap. XV, II.

legalistic orientation and are admitting explanatory hypotheses, but also reductionism has come to be accepted and advocated as both a postulate in contemporary philosophy of science and a methodological principle guiding concrete scientific research and explanation. In the latter respect, the first step to be taken consists in ascertaining the "simplest" phenomena which occur in a given field of study as, e.g., the reflex in biology. All other facts are to be reduced to those simple phenomena, that is to say they are to be explained by the interaction of the latter which may reinforce as well as inhibit and counteract one another. "Reducing to" has the sense of "resolving into." Any fact, which is not a simple phenomenon itself, is considered as satisfactorily explained if it can be presented as the resultant of elementary phenomena. In the final analysis, the fact to be explained proves to be nothing other than the sum total of simple or elementary phenomena which enter as components into the fact under consideration and bring it about by interacting with one another in multifarious ways.[3] Whereas increasing complexity means with Comte the superaddition of specific factors and forces, each of them having a nature of its own and, therefore, being irreducible to any other, in contemporary reductionism increasing complexity has the sense of an increasing number of facts and phenomena coming into play which, however, are, all of them, on principle, of the same specific nature. In other words, increasing complexity means, strictly speaking, increasing complication. For this reason reductionism can be generalized from a methodological principle of concrete research into a universal postulate for all scientific explanation. According to that postulate, all phenomena, at least of nature, including biological and psychological ones (the latter

---

[3] The application of this methodological procedure in psychology has been rejected by W. James (*The Principles of Psychology*, chap. VI) who emphatically denies that mental states are capable of "self-compounding." Its application to biological phenomena has been thoroughly criticized by K. Goldstein, *Der Aufbau des Organismus* (Haag 1934) chap. II and V; we also refer to our two reports on that work: „Le fonctionnement de l'organisme d'après K. Goldstein," *Journal de Psychologie Normale et Pathologique* XXXVI (1939) and "La science biologique d'après K. Goldstein," *Revue Philosophique de la France et de l'Étranger* CXXIX. 1940 (in English translation "Goldstein's conception of biological science," *Studies in Phenomenology and Psychology*, Evanston 1966). For a discussion of the methodological procedure in question as applied to Economics see A. Lowe, *On Economic Knowledge* (New York and Evanston 1965) Part II, 4 and "Towards a science of political economies" and A. Gurwitsch, "Social science and natural science," both essays in *Economic Means and Social Ends* (ed. by R. L. Heilbroner, Englewood Cliffs, N.J. 1969).

because of their relation to physiological processes in the nervous system) are to be reduced to, i.e. resolved into, facts and occurences studied in the science of physics; the latter, of course, being understood in the generally accepted modern sense, not in that of Comte. Obviously, the postulate in question does not render the actual state of scientific knowledge concerning nature. Rather it defines a direction for scientific research, a goal to be reached in progressive approximation. By this very token, the postulate under discussion implies an ontological view of nature: all natural phenomena are on principle conceived to be vast complications of physical phenomena combining and interacting with one another; the task of scientific research consisting in the specification of that general conception, specification of both the physical facts involved in a particular case and the laws of their combination and interaction. On these grounds, the systematic unity of the sciences purports not only unicity of method but, as far as nature is concerned, the mentioned ontological view as well. Physics passes for the fundamental and even only science, the latter in the sense that all other natural sciences are to resolve into it.

For the sake of completeness, we finally mention Piaget's conception of the system of the sciences which significantly departs from that of Comte.[4] Within Piaget's system, there is a place for the science of psychology which Comte had excluded. Moreover, it is to psychology that Piaget assigns the task of accounting for the formal sciences: logic and mathematics. Because of their use of the axiomatic method, the formal sciences give at first the appearance of autonomy, of standing on their own feet, and of having no presuppositions outside themselves. Axioms, however, are, according to Piaget, the results of axiomatization. They are conceptual expressions and fixations of intellectual operations which are the subject matter of psychology. Since Piaget gives to psychology a genetic turn, he refers psychological operations to biological processes, conceiving of mental assimilation and accomodation, the functional invariants of all intellectual operations, as continuing biological assimilation

---

[4] J. Piaget, *Introduction à l'Epistémologie Génétique* (Paris 1950) vol. I Introduction § 6.

and accomodation.[5] Biological processes have to be explained in terms of physics and chemistry, sciences which, in turn, make use of, and rely upon, mathematics, so that we are referred to psychology as the study of the mind and its laws. Comte's linear arrangement is here replaced by a circular one. Because of the role which Piaget assigns to psychology with regard to the formal disciplines and, more generally, because he sees in the sciences, all of them, mental elaborations and constructions due to intellectual operations, both his genetic epistemology and developmental psychology lend themselves to a reinterpretation in terms of Husserlian phenomenology and can be fruitfully utilized for the advancement of some phenomenological problems. On the other hand, Piaget conceives of psychology, i.e. the approach to, and the study of, the mind within a naturalistic setting, a conception which expresses an irreducible difference between his orientation and that of Husserlian phenomenology.

II. ROOTEDNESS OF THE SCIENCES IN THE LIFE-WORLD

Throughout all of his writings Husserl has endeavored to extricate the study of the mind from a naturalistic setting and expressed doubts concerning the monopolistic claim to universal validity and applicability of the methods successfully employed in the natural sciences.[6] At the end of his life, he has explicitly challenged the theoretical prestige of modern physics on account of which it has come to be considered as the paradigm, in the several senses which have just been mentioned, for all scientific endeavor. Most closely related hereto is Husserl's refusal to endorse the view that mathematics provides the ideal and the norm of genuine knowledge in the sense of ἐπιστήμη as opposed to δόξα. To avoid misunderstandings, it must be emphasized that Husserl's analysis is not to be misconstrued as an expression of hostility to modern science. While in no way challenging the legitimacy of scientific pursuits nor the intrinsic validity and fruitfulness of the results already obtained and to be expected

---

[5] Id., *La Naissance de l'Intelligence chez l'Enfant* (Neuchatel and Paris 1936) Introduction.

[6] Cf. the casual ironic phrase: "frommer Glaube an die Allmacht der induktiven Methode" (*Ideen zu einer reinen Phänomenologie und phänomenologischen Philosophie* I (henceforth referred to as *Ideen* I) p. 153.

in the future, Husserl raises the question as to the very sense of those pursuits, as to the goals in whose service scientific activities are carried on, goals to be reached or, perhaps, to be approximated asymptotically only. Differently expressed, all sciences rest on presuppositions by which their sense is essentially determined. Those presuppositions tend to be overlooked and, in the course of the development of modern science and under the impact of its theoretical (and also technological) successes, they have fallen into oblivion.[7] Hereby the very sense of the sciences, more correctly the sense of scientific activity as such and at large (rather than of particular results and theories, e.g. the theory of relativity) has become obfuscated. For a philosophical understanding of the sciences, as distinguished from the consistent and correct application of methodological procedures and also the invention of new such methods, in other words for their radical understanding, it is imperative to disclose the sense-foundations in which the sciences are rooted, that is to say to uncover and to make explicit the presuppositions upon which they rest and by which they are made possible.

In all scientific elaboration and interpretation, intellectual operations, more precisely conceptualizations are involved. This holds for both the natural sciences and the sciences of the mind, the historical and social, briefly the humane sciences. As far as the sciences of nature are concerned, it holds for modern science of Galilean style as well as for pre-Galilean science of Aristotelian provenience. For those reasons, it must be left open, at least to begin with, whether conceptualization is always of the same kind or admits of differentiation. At any event, the mental processes of conceptualization require materials upon which to operate and those materials must, in turn, be of such a nature as to lend themselves to being conceptualized. The materials in question are none other than the things, beings, events, occurrences, and so on in what Husserl calls the life-world or the world of pre-scientific, pre-theoretical, pre-predicative encounter ("vorwissen-schaftliche Erfahrungswelt").[8] All sciences, without any ex-

---

[7] Id., *Die Krisis der Europäischen Wissenschaften und die Transzendentale Phäno-menologie* (Husserliana VI, Haag 1954, henceforth referred to as *Krisis*)§ 9 f, g, h and Beilage III.

[8] Following the suggestion by R. Sokolowski, *The Formation of Husserl's Concept of Constitution* (The Hague 1964) p. 4f we render ,,Erfahrung" by "encounter," while "experience" is to denote ,,Erlebnis."

ception, originate in the life-world on the basis of the findings encountered in it. Excepting those sciences which, like mathematics
and logic, concern themselves thematically with pure idealities,
the sciences find the subject matter of their study in the life-
world, their purpose and sense being to provide a theoretical
account of the latter. More correctly expressed, each of the several
sciences singles out, and focusses upon a certain segment or aspect
of the life-world. However, those segments or aspects are not given
beforehand in neat demarcation from one another. Rather their
delimitation and, along with it, the very constitution of the several
sciences, is the outcome of theoretical work guided by theoretical
interests.[9] *The first presupposition of the sciences proves to be the
life-world itself which is our paramount and even only reality.
Whatever unity obtains among the sciences derives from their
common rootedness in the life-world*, in which all of them originate
and to which most of them explicitly relate as their theme. As
here understood, the life-world and whatever it contains must be
taken as it presents itself in primordial, pre-theoretical, and pre-
predicative encounter, that is to say not yet seen under the perspective of, or with reference to, an ideal order, e.g. under the
perspective of possible mathematization, nor even affected by
conceptualization of any kind. On the other hand, the life-world
does lend itself to conceptualization, idealization, and mathematization: it is of such a nature as to motivate theoretical interests
and, along with them, the demarcation of the fields of study of the
several sciences. In other words, in its very pre-theoretical and
pre-conceptual appearance, the life-world exhibits a certain specific logicality of its own, a logicality – it must be stressed – which
is not the Logos in its fully developed form, but merely the germ
out of which the latter is made to grow by means of specific
mental operations. With reference to modern mathematical
physics but in a way admitting of generalization, Husserl[10] makes
the distinction between "lebensweltliches Apriori" and the mathematical or any other "objektives Apriori" and speaks of a
certain idealizing operation ("Leistung") which leads from the
former to the latter. It, therefore, seems most appropriate to

[9] Husserl, *Phänomenologische Psychologie* (*Husserliana* IX, Haag 1962) § 6.
[10] Id., *Krisis* p. 142 ff.

denote as "proto-logic" the specific logicality prevailing in the life-world.[11]

That proto-logic manifests itself most strikingly in the typicality pervading and permeating all encounter in the life-world. Whatever is encountered presents itself as somehow familiar, that is to say it appears in the light of a certain pre-acquaintanceship, of knowledge previously acquired which is brought to bear on the present encounter.[12] Reference may be made to Schutz's notion of the "stock of knowledge at hand" which is available to the actor and guides him in his interpretation of situations he encounters and in his actions.[13] Obviously, the knowledge here in question is familiarity with a type: what is at present encountered appears to be of a familiar kind. According to circumstances, the type may be more or less vague and unspecified, delineated merely along highly schematic lines, but even in the case of a maximum of vagueness it is never completely devoid of all determinateness.[14] Two questions arise in this connection: 1. how is the impact of acquired knowledge upon future encounter to be accounted for?; 2, in which way is typification as a pervasive feature of conscious life rooted in the very nature of consciousness? While we have endeavored elsewhere to provide an answer to the first question,[15] the second can only be mentioned here. Without inquiring into the grounds of typification, we confine ourselves to accepting it as a fundamental fact of conscious life and proceed to illustrating it on a few examples.

In the life-world we encounter fellow human beings, i.e. beings of a certain kind and type and of the same type of which we likewise are ourselves. A first differentiation according to type is that between men, women, and children. Moreover, we encounter our fellow men in a further differentiation as strangers in the street, fellow passengers on a train or airplane, postmen and policemen (recognizable by their uniforms), business associates, students, teachers, physicians, patients, and so on. Our fellow men appear

[11] The term "proto-logic" has been coined by L. Embree in one of our seminars.
[12] Husserl, *Erfahrung und Urteil* (Prag 1939 and Hamburg 1948) § 8.
[13] A. Schutz, "Some structures of the life-world", *Collected Papers* III (Haag 1966).
[14] A. Gurwitsch, *The Field of Consciousness* (Pittsburgh 1964) Part IV chap. II, 3 and 4.
[15] Id., *ibid.* Part I chap. II, 3 d and Part II, 3 b.

to us as typified in terms of their social role and function. Following Husserl, Schutz has brought out and emphasized typicality and typification as, far from being confined to the social realm, pervading all encounter in the life-World.[16] In fact, we encounter, as we may say, another dog, another tree, another car, another residential building, and the like, that is to say beings and objects of a certain kind rather than individuals whose properties are given in complete determinateness. Corporeal things exhibit spatial shapes which have to be distinguished from geometrical forms and figures in the proper sense.[17] Trees, e.g., have cylindrical shapes, plates circular ones. "Cylindrical" and "circular" are here not to be understood as denoting ideal geometrical figures in the strict sense, any more than as approximations to the latter. To conceive of them as approximations requires their being referred to ideal geometrical entities and, consequently, presupposes the latter entities as already constituted. This constitution, although originating within the life-world and on the basis of occurrences encountered in it, leads beyond the life-world, namely to an ideal realm which may be called "transcendent" with regard to the life-world. Terms like "cubiform," "circular," "pyramidical," "cylindrical," and the like, when applied to objects as encountered in the life-world, rather denote physiognomic types admitting of a latitude for variations and vacillations, the latter being confined within certain more or less vaguely circumscribed limits which are determined by the special type in question. Correspondingly the same holds for the regularity of the changes observed in the life-world. Things – as Husserl expresses it – have their "habits" of behaving in typically similar ways under typically similar circumstances.[18] They undergo certain typical changes along with those occurring in other things and, generally speaking, in their environment. The regularities here in question must also be understood in the sense of typicality which admits of vacillations, and not in that of mathematically expressible functional dependencies, but the typical regularities underlie the functional dependencies which arise on their basis by means of

[16] The topic has been dealt with by Schutz in a great many of his writings, so that we may refer to the entries under the headings "type," "typicality," "typification," and "self-typification" in the Indices to the three volumes of his *Collected Papers*.
[17] Husserl, *Krisis* § 9a.
[18] Id., *ibid.* p. 28 ff.

idealizing operations. Quite in general, the life-world as a whole exhibits an invariant typical total style, whereby inductions and predictions, again in the sense of a more or less vague typicality, are made possible. It belongs to the typical total style of the life-world that, although the harmonious development and coherence of encountering it is occasionally broken by the occurrence of discrepancies, conflicts, and incompatibilities, such discrepancies have thus far been resolved in the course of perceptual processes, later encounters, i.e. encounters under more "favorable" conditions correcting the yieldings of previous encounter. Idealizing extrapolation leads to the idea or – as Husserl[19] puts it – the presumption of the world as it is in itself, that is to say the true condition of the world which may be discovered in the course of a, perhaps infinite, process of encounter and exploration, a process at the end of which, ideally conceived as accomplished, no further corrections nor revisions will be necessitated any longer.

In one of his last writings, Schutz[20] has called attention to Husserl's using the notion of typicality in at least two different senses. Whereas in *Erfahrung und Urteil* typicality is defined in terms of indeterminacies affecting the "inner horizon" and the "open possibilities" contained in it, in *Krisis* the emphasis is on the margin of latitude for variations and vacillations. In the present context we cannot enter into a discussion of the question as to whether or not, the mentioned difference between them notwithstanding, the two sense of typicality exhibit sufficient kinship for them to be subsumed under a common notion.

III. PRELIMINARY IDEAS TOWARDS
A PHENOMENOLOGICAL THEORY OF THE SCIENCES

From the point of view of Husserlian phenomenology, the elaboration of the theory of the sciences proves to be tantamount to accounting for the transition from proto-logic, i.e. the specific logicality which pertains to the life-world and manifests itself in the typicality prevailing in the latter, to the conceptual and logic-

---

[19] Id., *Phänomenologische Psychologie* § 19.
[20] Schutz, "Type and eidos in Husserl's late philosophy" I and IV, *Collected Papers* III.

al realm in the strict and proper sense. In other words, *the first task of a phenomenological theory of the sciences is a phenomenological theory of conceptualization,* that is to say *a phenomenological account of the transition from type to concept and εἶδος.* Conceptualization is possible along two different lines of direction which Husserl has distinguished from one another under the headings of "generalization" and "formalization."[21] In the present context we must confine ourselves to pointing out the theory of conceptualization, generalization, formalization, and algebraization, as one of the most urgent tasks with which phenomenological research finds itself confronted at the present stage of its development. To be sure, especially in *Erfahrung und Urteil* whose sub-title is "Untersuchungen zur Genealogie der Logik," Husserl has tackled, among other problems, that of conceptualization from a genetic point of view, "genetic" understood in the specific phenomenological sense.[22] Still the problem in question is far from being exhausted. Not only is there ample room for further investigation, but some of Husserl's results – we submit – require revisions and modifications. Even a superficial consideration of those matters would lead us beyond the scope of the present discussions.

If all sciences originate in the life-world and arise on the basis of encounters within it, is there a systematic, i.e. logical order concerning their constitution?

Elsewhere we have argued that the life-world is essentially a socio-historical, that is to say a cultural world.[23] In the life-world, we do not encounter, at least not in the first place, mere corporeal objects, pure perceptual things which can be exhaustively described in terms of what traditionally are called "primary" and "secondary" qualities. What we encounter are rather cultural objects, objects of value, e.g., works of art, buildings which serve specific purposes, as, e.g., abodes, places for work, schools, libraries, churches, and so on. Objects pertaining to the life-world present themselves as tools, instruments, and utensils related to human needs and desires; they have to be handled and used in

[21] Husserl, *Philosophie der Arithmetik* chap. IV; *Logische Untersuchungen* I §§ 67 and 70, II 1 pp. 284 f; *Ideen* I §§ 10 ff; *Formale und transzendentale Logik* §§ 24, 27ff, 87; *Krisis* § 9 f.

[22] Id., *Erfahrung und Urteil* Abschn. III Kap. I and II.

[23] A. Gurwitsch, "Problems of the life-world" III, *Phenomenology and Social Reality* (ed. by M. Natanson, The Hague 1970).

appropriate ways so as to satisfy those needs and to yield desired results.[24] It is the specific sense of their instrumentality which essentially defines those objects and makes them to be what they are, that is to say what they mean to the members of the socio-historical group to whose life-world they belong. By the social character of the life-world more is meant than the presence of persons who perform typical roles and functions in whose terms they are defined and determined. Among the members of a social group, there is a consensus concerning the ways of doing things and the typical behavior to be displayed under typical conditions. It is not necessary that the consensus be explicitly formalized, sanctioned, and enforced. Besides the legal order, there are in every society usages, habits, and mores which, all of them, with-out being rendered explicit and explicitly formulated, are silently accepted as matters of course and taken for granted as the "natural" ways of behaving under typical circumstances. Finally, every society entertains views, comprehensions, beliefs and inter-pretations as to their "world" as well as themselves within their "world." By present Western societies, e.g., the world is taken as amenable to technological manipulation and control. These be-liefs and interpretations, which must no be understood in a strictly conceptual sense and are hardly coherently systematized, vary from one society to the other, they also vary for a given society in the course of its history. Obviously, the same holds for the afore-mentioned consensus as to usages and mores. *In starting from the notion of the life-world, taken in full concreteness, we find ourselves confronted with a plurality of life-worlds. Consequently, the first sciences to emerge are those as concern themselves with the several life-worlds, both past and present,* that is to say which endeavor to reconstruct a life-world of the past or to lay bare and render explicit the particular nature of a present one. In contrast to the traditional view of the stratification of the sciences, the historical and social, briefly the humane sciences appear to precede the natural sciences in the logical order of constitution.

Abiding by the plurality of life-worlds entails endorsing a socio-

---

[24] Cf. M. Heidegger, *Sein und Zeit* § 15 as to "Zeug" in contradistinction to "Ding" and "Zuhandenheit" as distinguished from "Vorhandenheit." On entirely different grounds, the connection between perception and action had been emphasized by Bergson, *Matière et Mémoire* chap. I.

historical relativism. For that relativism to be overcome, the question may, and must, be raised as to whether there is a world common to all human beings and all socio-historical groups, a world invariantly the same over and against the diversities of the multiple life-worlds and in that sense "beyond" the latter. To attain at that world, an abstractive procedure is required. Starting from any concrete life-world, one disregards the specific interpretation and comprehension it receives in the corresponding socio-historical group and retains only the remainder which is left after the abstraction has been performed. By this very token, the objects encountered in the life-world are stripped of their cultural senses and values; they lose their instrumental characteristics and become mere corporeal things to be accounted for in terms of both primary and secondary qualities, but in those terms only. In other words, the life-world which is a cultural world undergoes a transformation into a mere thing-world. This distinction is reminiscent of that established in early Greek philosophy between θέσει and φύσει, by "convention" and by "nature," between what is and what is not man-made.

Husserl's treatment of cultural objects and the cultural world is beset by an ambiguity. On the one hand, he insists upon the cultural sense, e.g., a specific instrumentality being a property which the object in question possesses in its own right; the cultural sense is "impressed" upon, and incorporated in the object ("eingedrückt" and "eingeschmolzen") and must not be misconstrued as a psychological occurrence accompanying the perception of a mere thing and being merely extrinsically associated with it.[25] Accordingly, the transition from the cultural world to the thing-world requires an abstractive procedure. On the other hand, Husserl conceives of the thing-world attained at by means of the abstractive procedure as having precedence and priority with respect to the cultural world.[26] In other words, the thing-world is interpreted by Husserl as being common to all diverse life-worlds in that sense that the latter include and contain the former as a common invariant substratum underlying all of

---

[25] Husserl, *Ideen* I p. 50 and 244; still more explicitly *Phänomenologische Psychologie* § 16.

[26] Id., *Phänomenologische Psychologie* p. 118 f: „Offenbar ist diese Dingwelt gegenüber der Kulturwelt das an sich Frühere."

them. It seems to us to be more in conformity with the spirit of phenomenology to define priority in terms of priority of access. For that reason we maintain the priority of the cultural world over the thing-world. Because it is arrived at by a process of abstraction operating upon the cultural world, the thing-world proves to be of a "higher" order with respect to the cultural world rather than being an underlying and supporting substratum of the latter. Differently expressed, we locate the thing-world "beyond" rather than – as Husserl does – "beneath" the cultural world. It is to the thing-world as thus understood that Husserl's idea of what he calls "Apriori der Lebenswelt" or "Ontologie der Lebenswelt"[27] has to be referred.

Along with utensils and cultural objects in general being transformed into things, the persons encountered lose their typical characteristics deriving from their social roles and functions and present themselves as living organisms endowed with mental life.[28] On this level is the place of psychology as a positive science abiding by the *natural attitude*, although not conceived in a *naturalistic setting*. Correspondingly the same holds for those natural sciences which may be called descriptive in the sense of accounting for the subject matter of their studies in its own terms, that is to say without reference to an ideal (mathematical) order. If with regard to man allowance is made (as it must) for the fact that men live in a society, *any* society, there arises the idea, delineated by Schutz,[29] of a philosophical anthropology setting forth the universal invariant structures of human existence, including its social dimension. The problem of the relation of philosophical anthropology in the sense of Schutz to Husserl's "Ontologie der Lebenswelt" cannot be tackled in the present context.

A further step leads from the thing-world as heretofore described to the scientific universe in the specific modern sense, that is to say nature as mathematized. For the sake of brevity we confine ourselves to referring to Husserl's analyses of the genesis of sense and the presuppositions of Galilean science, i.e. science of

[27] Id., *Krisis* §§ 36 and 51.
[28] Cf. Id., *Phänomenologische Psychologie* p. 119, but with no reference to social roles and the abstraction from them.
[29] Schutz, "Equality and the meaning structure of the social world" p. 229 ff, *Collected Papers* II (The Hague 1964).

Galilean style and to what others, following Husserl, have written on the subject.[30] Rather we propose to deal with a paradoxical situation which, according to Husserl, arises in this connexion.[31] He endeavors to show that the scientific universe, that is to say the theoretical constructs in terms of which nature is mathematized, are, in the final analysis, founded upon the "Evidenz der Lebenswelt." The latter provides the ground upon which the edifice of the scientific universe is built. Still, the edifice must be distinguished from the ground on which it stands. Scientific theories and the entities in terms of which they are conceived and constructed are not encountered in, nor belong to the life-world, like trees, houses, and stones. On the other hand, scientific theories are elaborated through mental activities and operations and, therefore, refer to the scientists who produce them and who as human beings live within, and belong to the life-world understood as a cultural world. Not only are scientific activities carried on in the cultural world, and not only is their purpose to provide a systematic rationalization and explanation in mathematical terms of occurrences in the life-world (more correctly in the thing-world to which the cultural world must first be reduced), but Husserl goes as far as maintaining that because of their validity for the life-world (whether understood as a cultural world or a thing-world) the theoretical results and accomplishments of the sciences are inserted and integrated into the life-world. The paradox consists in the scientific universe being constructed by means of special mental operations on the basis of the life-world as specifically different from the latter, and yet at the same time apparently proving to be part and parcel of it.

Two distinctions might serve to resolve that paradox. In the first place, theoretical science in the proper sense must be distinguished from the technological use to which it lends itself or, to express it more properly, which may be derived from it. Only the technological derivatives of theoretical science, but not the

---

[30] Husserl, *Krisis* § 9; A. Gurwitsch, "Galilean physics in the light of Husserl's phenomenology," *Galileo, Man of Science* (ed. by E. McMullin, New York and London 1967); "Comment on the paper by H. Marcuse" (on science and phenomenology), *Boston Studies in the Philosophy of Science* II (New York 1965); J. J. Kockelmans, "The mathematization of nature in Husserl's last publication, Krisis," *Phenomenology and the Natural Sciences* (ed. by J. J. Kockelmans and Th. J. Kisiel, Evanston 1970).

[31] For the following see Husserl, *Krisis* § 34b and e.

latter itself, come to be incorporated into the life-world in the form of rules for handling things and acting upon them in order to obtain certain results. Such rules are adhered to because, and as long as, they yield the desired results.[32] The second distinction is more subtle in nature. One might be tempted to argue that, while the scientists undoubtedly are members of their cultural world and their mental activities belong to that world, because they take place in it, this does not apply to the products and results of those activities, namely the scientific theories which have an autonomous status of their own over and against the mental activities through which they are arrived at. Legitimate and even necessary though the distinction is between mental activities, on the one hand, and, on the other hand, their results and products as their intentional or noematic correlates, yet the complete divorce of the former from the latter is at variance with the intentionality of consciousness, especially when intentionality is defined as noetico-noematic correlation.[33] In fact, the historian studying a certain period, who must take into consideration the scientific work done during that period, cannot avoid making allowance for the results of that work, the scientific views and theories advanced. The distinction which we have in mind is rather a difference in attitude towards the sciences and their "epistemic claims."[34] The scientist being involved in his work is concerned with the validity of epistemic claims and has to debate on them. He either accepts a certain claim or rejects it or else modalizes it by, e.g., ascribing to it a higher or lesser degree of likelihood. Briefly, he takes a stand with regard to epistemic claims. No such stand is taken by the historian who may as well be assumed to study the period in which he lives himself. The

[32] On the predominance of the pragmatic motive in the world of daily life, cf. Schutz "On multiple realities" p. 208 f, *Collected Papers* I (The Hague 1962) and *Reflections on the Problem of Relevance* (ed. by R. M. Zaner, New Haven and London 1970) p. 5 ff.

[33] Along Husserlian lines, but going beyond Husserl's formulations, we have endeavored to develop the conception of intentionality as noetico-noematic correlation in our articles "On the intentionality of consciousness," *Studies in Phenomenology and Psychology;* "Husserl's theory of the intentionality of consciousness in historical perspective" II, *Phenomenology and Existentialism* (ed. by N. Lee and M. Mandelbaum, Baltimore 1967); "Towards a theory of intentionality," *Philosophy and Phenomenological Research* XXX (1970).

[34] We borrow this very fortunate, because telling, term from R. M. Zaner, *The Way of Phenomenology* (New York 1970) and "The phenomenology of epistemic claims," *Phenomenology and Social Reality.*

historian neither accepts nor rejects nor modalizes any epistemic claims. To be sure, in dealing with the sciences of the period he studies, he has to take notice of, and to allow for, their epistemic claims. However, while he has to recognize those claims as such, his position in their regard must be that of neutrality and abstention from involvement. In one word, the historian takes the sciences merely as cultural facts among other such facts.[35] If they are approached in this attitude, the sciences, all of them including the mathematical sciences of nature find their place within the cultural world. For that reason, according to Husserl,[36] the cultural sciences ("Geisteswissenschaften") prove to be all-encompassing, since they also comprise the natural sciences; nature as conceived of and constructed in modern natural science, i.e. mathematized nature, being itself a mental accomplishment, that is to say a cultural phenomenon. The converse, however, is not true. The cultural sciences cannot be given a place among the natural sciences, any more than the cultural world can be attained at in starting from mathematized nature nor, for that matter, from the thing-world, while, as we have seen, in taking one's departure from the cultural world it is possible to arrive at the thing-world and the mathematized universe by means of abstraction, idealization, and formalization. Quite in general, there is a possible transition from the concrete to the abstract, but not in the reverse direction.

SUMMARY

Our discussion has led to the result that the unity of the sciences consists in their common rootedness in the life-world which exhibits a logicality of its own. The first task which presents itself to a phenomenological theory of the sciences is giving an account of the transition from that logicality – proto-logic – to logic proper, that is to say the development of a theory of conceptualization, both generalization and formalization. Furthermore, the sciences appear in a certain order which is directed in the sense of a pro-

---

[35] As to the attitude of neutrality with regard to the sciences, cf. Husserl, *Cartesianische Meditationen* (Husserliana I, Haag 1963) p. 49 f.
[36] Id., *Krisis* p. 298.

gressive remoteness from the life-world taken in its full concreteness. However, there is no systematic order among the sciences in
the traditional sense of stratification, the "higher" sciences rely-
ing upon the "lower," i.e. more fundamental, ones and availing
themselves of the results of the latter. Differently expressed, the
domains of reality dealt with by the "higher" sciences cannot
be accounted for in terms of increasing complexity. Finally, the
fact that a certain method has proved theoretically fruitful in
modern physics in no way justifies considering it as the only
scientific method, as the Scientific Method par excellence.

ZUR ÄLTESTEN SYSTEMATIK
DER SEELENLEHRE

M. Jan Patocka (Praha)

Die Psychologie ist bekanntlich ein Titel aus den Anfängen der Neuzeit und der Antike ist es nie eingefallen in ihren wissenschaftstheoretischen Erwägungen, die wir als sehr streng und tiefgehend kennen und schätzen, die Lehren von der Seele als eine besondere Wissenschaft wie Mathematik, Physik usw. zu konzipieren. Aristoteles betrachtet die Lehre von der Seele ganz natürlich als einen Teil der Physik und denkt gar nicht daran, für sie einen eigenen Namen zu haben. Descartes, welcher für den vor einiger Zeit massgebenden Begriff der Psychologie als Wissenschaft von den Bewusstseinstatsachen massgebend war, hat den einen Teil davon in der Metaphysik abgehandelt und die grösstenteils naturwissenschaftlich aufgefasste Lehre von den leidenden Seelenzuständen davon abgesondert. Es gibt wohl keine ernst zu nehmende Disziplin, der es wie der Psychologie an Kontinuität in der Auffassung ihres Gegenstandes fehlen würde. Die vermeintlichen Gegenstände, wovon sie handeln sollte und deren Existenz sogar von ganzen Epochen als fraglos gegeben angesehen wurde, schwinden entweder gänzlich aus der wissenschaftlichen Diskussion oder räumen wenigstens die zentrale Stelle. So ist es mit dem Begriff der Seele selbst, so ist es mit dem ,,Bewusstsein.'' Ob sie, als Lehre vom Verhalten nicht die Prätention, eine selbständige Grunddisziplin darzustellen, einbüssen muss, um sie teils an die Biologie, teils an die Soziologie abzutreten, ist für die Psychologie gewiss kein nebensächliches, sondern ein Schicksalsproblem. Gibt es oder gibt es nicht eine wirklich wissenschaftliche Behandlung von etwas, was man als das geistig-individuelle Zentrum des Menschen ansprechen könnte oder nicht? Was bedeutet Psychologie als Persönlichkeitslehre, falls rein objektivnaturwissenschaftlich oder soziologisch behandelt? Es ist aber merkwürdig, dass auch die Philosophie, welche vom Wesen her das Geistige im Menschen zu einer ihrer Zentralangelegenheiten macht und machen muss, der Psychologie keine rechte Stelle anzuweisen vermag. Das sieht man schön an den Versuchen der Phänomenologie, der Psychologie einen systematischen Ort anzuweisen, die alle wohl als gescheitert bezeichnet werden können.

In Krisenzuständen scheint es oft geboten, eine geschichtliche Besinnung zu pflegen. Sie kann die Situation beleuchten, in welcher gegenwärtige Probleme entstanden sind. Das Grundproblem scheint uns zu lauten: Das ,,Seelische,'' "Psychische,'' "Geistige" scheint im Weltzusammenhang etwas Selbständiges, Grundlegendes zu bedeuten; ist aber die Psychologie, als objektive Naturwissenschaft gefasst, überhaupt fähig dies Grundlegende als solches zu formulieren, es zu umreissen und zu fassen? Es mag in der Beziehung lehrreich sein, sich auf den ersten Versuch zu erinnern, eine systematische Seelenlehre zu entwickeln und auf den ihm beschiedenen Erfolg. Der scheint mir in nuce die ganze spätere, sich immer wiederholende Prätention auf eine Psychologie als Grundwissenschaft und auf den Ausgang zu enthalten. Wir können freilich auf diesem begrenzten Raum nur einige Hauptpunkte berühren.

Die Seelenvorstellung der Tradition, aus welcher die griechische Philosophie ihn übernimmt, ist eine höchst vage und uneinheitliche. Sie entstammt einem vorreflexiven Stadium, wo Funktionen, Bilder, Eigenschaften leicht zu selbständigen Wesen werden, wenn es gilt, eine unheimliche Lücke des Verständnisses zu überbrücken. Sie war im Grunde die realisierte Kontradiktion der Todeserfahrung: das Leben kann nicht einfach verschwunden sein, wenigstens ist sein Verschwinden absolut unverständlich, aber was übrig bleibt, ist erst recht im eigentlichen Sinne tot, hohl, unwirksam, schattenhaft. Die moralische Stütze, welche der Mensch angesichts der ihm ganz anders als übrigen Lebewesen bedrohlichen Vernichtung braucht, kann ihm von einer solchen Vorstellung nicht kommen. Sie war auch in der Tat anderer Natur – es war die Bindung an die Gemeinde, wo er Billigung oder Verwerfung und vor allem das [von H. Arendt so überzeugend als höchster Wert der archaischen Zeit dargestellte] kleos aenaon thneton als das dem Menschen erreichbare Ueberdauern zu erhalten hoffen konnte. Nun kamen in extatischen Religionsbewegungen, im Mysterienkult, bei Wundermännern des 6. Jahrhunderts, im Orfismus und im pythagoreischen Sektenwesen Versuche auf, den Menschen der Gottheit anzunähern, welche insgesamt mit der Seelenvorstellung operierten und sie in ihrem Sinne modifizierten. Ideen von Lebensfortdauer und Seelenwanderung verbreiten sich, die Urphilosophie versetzte sie mit ihren Motiven.

Alle diese Motive und Elemente waren für eine grundsätzliche philosophische Selbstbesinnung nur indirekt und nach einer tiefen Überarbeitung brauchbar. In der griechischen Aufklärungszeit vollzog sich eine weitgehende Lockerung der Bindung an die Polisgemeinschaft, was psychologisch betrachtet neuen Seelenvorstellungen wahrscheinlich einen Aufschwung gab. Das machte sie jedoch alle nicht fähig, als systematische, erfahrungsdeutende Lehre aufzutreten, welche den Anforderungen eines an der beginnenden wissenschaftlichen Beweisstrenge und in der Schärfe der dialektischen Diskussion geschulten Denkens gerecht werden konnte. Die Umrisse, Bestandteile, das Wesen dessen, was als Seele bezeichnet wurde, blieb wie früher unbestimmt. Die Vorstellungen vom Überleben blieben dem Gattungserneuerungsdenken und Kreislaufanschauungen verhaftet.

Man muss sich dies vor Augen halten, um die Leistung der Seelendoktrin in der Linie Sokrates -Plato würdigen zu können. Sie benützt alte Namen für vollständig andere Dinge, spricht wie Orphiker von Verbindung von Leib und Seele, welche für die letztere verhängnisvoll ist usw. Es sind aber hinter diesen Redensarten konkrete Phänomene aufweisbar, und erst dieser Zusammenhang von Phänomenen zeigt, dass sie eine philosophisch ernst zu nehmende Lehre und keine ,,dichterische'' Phantasie ist. Es ist zwar richtig, dass die Doktrin schliesslich an der Grenze des phänomenal Ausweisbaren landet – aber auch dafür leistet sie selber die Handhabe und macht uns begreiflich, warum. Wir müssen uns freilich im Folgenden an das Grundsätzliche beschränken und gewisse Probleme, wie z.B. der platonische Timäus sie bietet, ganz beiseite lassen.

Für unseren Zweck lohnt es sich, von den Betrachtungen des 5. Buches der Politeia über den Unterschied von Gnosis oder Episteme einerseits, der Doxa andererseits, auszugehen. Die Entdeckung der Doxa ist korrelativ zur Episteme mit ihrem

Objekt, der Idee. Sie gehört also zu der grössten platonischen Entdeckung und ist allererst fähig, ihre Bedeutung deutlich hervortreten zu lassen. Es ist das Gebiet des Unbestimmten oder des nicht zu Ende Bestimmten. In ihm findet man, können wir sagen, die Gegenstände der gewöhnlichen Wahrnehmung, von welchen noch Husserl sagt, dass sie das Feld des schwankend-unbestimmten Typischen sind. Das Schwankend-Unbestimmte „ist" aber tatsächlich so, dass man nicht mit Genauigkeit sagen kann, es sei so oder so, und in diesem Sinne charakterisiert auch Plato das Doxa-Objekt als sich zwischen Sein und Nichtsein befindend. Man kann also die Doxa in keinem Sinne als Wissen bezeichnen, gleichwie hat sie ein ihr zugehöriges Gegenüber, eben die natürliche Wahrnehmungswelt. Nun ist aber zwar vor allem charakteristisch für die Doxa ihre Unbestimmtheit, aber auch, dass sie sich ihrer nicht bewusst ist und ihr Gegenüber für das Sein hält; deshalb sagt Plato von ihr, der in ihr Begriffene sei ein Träumer, der ein Aehnliches, eine Erscheinung, für die Sache selbst nimmt. Die Doxa hält das Dazwischen für das Seiende, weil sie das „Dahinter," das Unvermischt-Reine nicht entdecken kann. Nicht einfach die merkwürdige Zusammengesetztheit, das wesenhaft Viele des natürlichen Dinges, sondern gerade das Schwankend-Unbestimmte ist Grund dessen, dass die vielen Dinge, die man nur benennen kann, weil es für das Viele ein Eines gibt, dessen „Fälle" sie sind, nie reine Charakteristiken haben, nie rein schön, gross sind, so und so viel betragen; und auch das bemerkt man erst, wenn wir auch das Reine und Unvermischte entdeckt haben, welches erst das Mass ist, welches zu vergleichen, zu messen und zu urteilen erlaubt.

Denn was heisst hier eigentlich messen? Die Betrachtung des 6. Buchs über das Verhältnis einzelner Sachbereiche sagt es. Wenn wir bei einem Spiegelbild bestimmen wollen, was es „bedeutet," müssen wir anderes im Sinne haben als es selber ist. Ohne an das Abgebildete selbst zu blicken müssen wir es präsent haben, erst dadurch sind wir fähig, das Spiegelbild als Abbild zu erkennen; allerdings können wir dann gelegentlich das Bild benutzen, um das Original zu betrachten. Auf dieselbe Weise benutzt man Realgebilde bei geometrischen Erwägungen und Beweisen; man muss bei ihrer Betrachtung ganz anderes präsent haben. Was man da im Sinne hat, ist Genaues, Reines. Erst dadurch erfährt

man, was das benutzte Gebilde eigentlich bedeuten „will." Man
könnte vielleicht sagen: was man als empirische Geometrie
bezeichnet, als Reissen von Gestalten und deren Messen, ist
nichts als dies Nebenbeibetrachten von reinen, einzigen und
nichtschwankenden Gebilden.

Das gewöhnliche Reissen, Zeichnen, Ausmessen und Vermessen
weiss jedoch gar nichts davon, das seine Tätigkeit einer Spiegel-
bildbetrachtung entspricht, dass dasjenige, was Messen und
Konstruieren ermöglicht, gar nicht vor ihm in der sichtbaren
Welt liegt, sondern Grenzgebilde ohne Breite und Körperlichkeit
betrifft, unter denen es erst so etwas wie wirkliche Gleichheit,
eine exakte, geben kann. Dieses Geometrisieren in der Wahrnehmungswelt gleicht einer Betrachtung des Originals im Spiegel.
Das bedeutet aber: das Messen, Zeichnen, Rechnen in der Welt
der Doxa ist nur dadurch möglich, dass es die Welt des Reinen
gibt, von welcher sie keine Ahnung hat.

Das Gebiet der Doxa erstreckt sich aber nicht nur auf Um-
gebungsdinge, die man messen und nach Grössenverhältnissen
abschätzen kann. Auch im Menschlichen gilt, dass hier der Schein
dem Sein vorausgeht und mit ihm verwechselt wird. Wir sehen
uns selbst und die anderen als handelnd, werkend und erzeugend,
und das heisst immer als etwas, eine Leistung vermögend. Die
Leistungen dienen insgesamt auf irgendeine Weise der Erhaltung
und Gestaltung des Lebens, und sie können ihr Ziel verfehlen oder
erreichen, und zwar mit verschiedener Vollkommenheit. Dazu
gehört freilich vor allem, dass man sich über das Ziel im klaren ist.
Wer über das Vermögen der trefflichen Leistungen verfügt, der
„kann" etwas, vermag die Leistung zu sichern, ist selber trefflich
– er hat in irgendeiner Beziehung eine Vortrefflichkeit erlangt, die
Arete. Da das menschliche Leben sich immer in dieser klaren,
kontrollierbaren, kritisierbaren Vermöglichkeitssphäre abspielt,
könnte man in diesem ganz natürlichen Sinne sagen, die Arete sei
ein „Wissen" – wenn man sich da eben nicht in der Sphäre der
Doxa bewegen würde. Die Erwägungen über die Trefflichkeit,
welche wir ganz spontan pflegen, sind ein Analogon des Messens
im Dinglichen. Gleichwie gibt es aber keine Geometrie der Men-
schensphäre, des „Moralischen," wie wir es zu nennen gewöhnt
sind. Nicht dass es hier keine zwingenden Gedankengänge gäbe,
wie die geometrischen Beweise es sind. Es gibt hier aber keine so

bequemen und einsichtigen, positiven Ausgangspunkte, wie in der Geometrie. Allerdings sind diese Ausgangspunkte der Geometrie so, dass sie von dem Wichtigsten, woraus da alles hervorfliesst, keine Rechenschaft geben. Deshalb ist der Weg des Aufweisens des Reinen im Menschlichen umgekehrt: man kann von keinem Wissen ausgehen, selbst hypothetischen, sondern muss vom Aufweisen des Nichtwissens seinen Ausgang nehmen. Der Grund dessen ist, dass man im Menschlichen von Anfang an auf etwas stösst, was einem Bestimmen von einem anderen her sich grundsätzlich widersetzt.

Alles menschliche Tun und Wirken geschieht um eines Guten willen. Wir tun es, weil wir uns davon ein Gutes versprechen, das direkt oder indirekt uns betrifft. Das Gebiet der Arete kann noch zu einer Ausnutzung des Scheins Anlass geben, man kann sich mit falschen Trefflichkeiten schmücken wollen, zeigt damit an, dass es hier einen Schein und ein Sein gibt; doch was das Gute betrifft, begnügt sich niemand mit dem scheinbaren, sondern verlangt nach dem echten Guten. Das Gute gibt sich so als dasjenige, was zwar nicht erkannt zu werden braucht [obwohl es immer in gewisser Weise bekannt ist], aber in allem Tun und Trachten das wahrhaft Erwünschte ist. Es ist das in diesem Sinne Unverfälschbare. Es ist dasjenige, was in allem zu etwas Guten präsent ist und es dazu bestimmt. So ist es in den allerverschiedensten Bezügen eins. Das hat es freilich mit allem Reinen gemeinsam. Es gibt aber etwas, was noch über das Reine selbst erhebt. Denn das Gute ist nicht nur die hinter dem begegnenden Vielen stehende, von ihm abgespiegelte Einheit, sondern es ist das Verschiedenes Einigende. Es einigt das Vermögende mit dem Seienden, indem es das Seiende gut für etwas macht, zu etwas also, was für ein Vermögendes Sinn hat. Deshalb greift es aber über alles und jedes Seiende und über alle Bereiche dessen, was uns begegnen und gegenwärtig werden kann. Es macht auch das Reine zu demjenigen, was für das Einsehen der Vernunft und für das reine Bewegen in Beweisen gut und geeignet ist.

Das Gute ist also wie die Sonne, welche das um uns Befindliche erst sichtbar macht. Aus diesem Grunde wird es bei Plato mit der Sonne verglichen. Der Vergleich ist notwendig, denn mehr als durch ein Gleichnis, im Spiegel gleichsam, vermögen wir Menschen das Gute nicht zu erfassen. Selbst das Reine der höchsten Stufe, das man durch die reine Vernunft erfasst, ist in diesem Erfassen nur ein Spiegeln dieses Höchsten.

Das Gute ist also die Bedingung, unter welcher alles Begegnende steht, um unserem Vermögen entgegenzutreten, andererseits auch die Bedingung dafür, dass das Vermögende selber die Begegnung vollzieht. Für diesen Vollzug muss es aber in uns eine Entsprechung geben, welche geradeso wie das Gute eine emanative Natur hat. Macht das Gute Dinge zugänglich, dann muss auf der anderen Seite ein Zugehen stattfinden. Im Lichte des Guten muss ein auf die Dinge selbst Zugehen erfolgen. Das Zugehen auf die Dinge, auf die Sachen selbst, welches sie in gehöriger Weise uns zuwenden und in unserem Leben als das, was es braucht, aufgehen lässt, muss daher eine Bewegung sein. Dem ermöglichenden, emanativen Guten muss eine Bewegung entsprechen, die das Vermögende, in Möglichkeiten Lebende, nicht aus fremdem Impuls, sondern aus dieser inneren Beziehung, der Entsprechung zur sonnenhaften Natur des Guten vollzieht. Dies, innerlich durch das Verständnis des für sich Guten in Bewegung gesetzte Vermögende, welches in seiner Bewegung dem an sich Guten entspricht, um sich selbst entsprechend zu gestalten, ist die Seele. Die Seelenbewegung geht auf das im Lichte des Guten zugänglich Gewordene ausserhalb des Menschen, also aus ihm selber hinaus, durch die verständnisvolle Leistung oder Tat in sich selber zurück, die Seele selbst qualifizierend. Die Seele und ihre Bewegung sind wesentlich eins, nicht voneinander zu trennen. Jedenfalls ist sie keine Bewegung oder Veränderung, die an etwas wie einem Substrat sich vollzieht. Das Verhältnis der Seele zur Seelenbewegung scheint uns auf das Verhältnis, welches Husserl zwischen den ursprünglichen Aktivitäten und in ihnen entspringenden Habitualitäten der Monade statuiert, zu gemahnen. So sind die Seele und die im Lichte des Guten vollzogene Bewegung aus sich heraus und zu sich zurück, eins und dasselbe. Die Seele ist im grunde Selbstbewegung. Am reinsten vollzieht sich diese in sich kreisende Bewegung in der Ideensphäre des Reinen, wo die Beschäftigung mit dem reinen die Seele in dem edelsten, was sie vermag, der Vernunft, kräftigt, indem sie ihre Einsicht vertieft in das, wo sie selber hingehört.

So wäre also die Seele als Selbstbewegung anderes als die dem durch das Gute begreiflich Gewordenen zugeordnete Entsprechung des begreifenden Tuns. Man braucht nicht zu fragen, wie sie tätig werden kann, da sie ja Tätigkeit, und zwar eine wie auch immer irregeführt einsichtige ist. Auf den ersten Blick kann man also „das sich selbst in Bewegung Setzende" als eine Reprise der älteren Bestimmung Alkmaions zu bewerten versucht sein; die nähere Betrachtung zeigt einen phänomenalen Zusammenhang, von welchem bei Alkmaion keine Spur vorliegt. Eine Konsequenz allerdings gemahnt noch an den Genannten. Als Grundbewegung des Menschen, des in Vermöglichkeit seienden, ist sie die Tätigkeit des Lebens, und das bedeutet des Belebens. Das ist der Sinn ihres Zusammenseins mit dem Leibe. Und als das Belebende und als wesentliche Bewegung ist sie wesentlich etwas dem Toten Entgegengesetztes und mit ihm Unverträgliches. Sie kann nicht anders als in Bewegung und bewegend und belebend gedacht werden und da sie eine Entsprechung des Reinen und Verbindenden ist und dieses ewig in dem Sinne ist, dass das gewöhnliche Inderzeitsein dafür keinen Sinn hat, ist die Seele wesentlich fähig und dazu berufen, das zunächst als allein wirklich Scheinende in Frage zu stellen. Das ist aber der ganz neue Sinn ihrer Unsterblichkeit. Es ist keine „naturhafte" Immerzeitigkeit mehr, wie in den alten, überkommenen Ueberlebensvorstellungen, sondern eine Unsterblichkeit durch den Tod hindurch. Deshalb sagt auch Sokrates in der Apologie, selbst im Falle, wenn der Tod etwas wie ein Auslöschen im ewigen Schlaf wäre, wäre der Umstand, die ganze Zeit wie im Schlafe nur eine Nacht hinter sich gelassen zu haben, ein grundsätzlicher Gewinn.

Eine solche Auffassung von der Doxa und dem Reinen lässt es als dringlich erscheinen, dass man für das menschliche Leben nach dem Analogen sucht, was die Geometer für den dinglichen Bereich leisten – nach dem Reinen, welches in ihm vorausgesetzt wird ohne erreicht zu werden. Das Suchen des Reinen im Bereich des Menschenlebens ist schliesslich auf das Gute aus. Das Gute ist ja dasjenige, weswegen jede Seele alles tut, was sie tut, der Masstab des Tuns, seines Gelingens und unseres Könnens und Vermögens. Deshalb ist die Suche nach dem Masstab, nach dem, was das Gelingen bedeutet, und nach der Arete verbunden. Das Suchen nach dem Masstab erzeugt eine besondere menschliche Möglichkeit, die analog der Möglichkeit des Geometrisierens verläuft. Wie der Geometer uns erst durch sein Denken der reinen Grenzgebilde die Ungenauigkeit, das Ungenügende aller empirisch-realen Masstäbe entdecken lässt, so lässt auch der die den Menschen betreffende Weisheit Suchende den Doxa-Charakter der natürlich-unreflektierten Lebensbezüge entdecken. Im Unterschied zum Geometer aber, der ruhig bei seinen Grenzgebilden als Hypothesen verbleiben kann, ist der Weisheitsucher verpflichtet, in das Reich des Anhypotheton vorzudringen, und das zwingt ihn dazu, indirekt vorzugehen, denn nur eine Hypothese kann man haben und bestimmen, das Anhypotheton nicht, und trotzdem muss es als es selbst da sein, und das ist bei uns Menschen nur durch ständige Prüfung aller gängigen Masstäbe und in standhaftem Ausharren dabei möglich. Das Gute ist dann so zwar negativ, aber im Original gegenwärtig, die Klärung selbst erwirkend. In dieser Weise ist der Weisheitsucher doch vom Geometer unterschieden; der Geometer hat zwar eine Wissenschaft, die auf einem uns Gegenüberstehenden beruht und durch dessen Gegenwart überzeugt, der Weisheitsucher muss zwar auf dem Wege verbleiben, aber was ihn dabei dirigiert, ist das Anhypotheton selbst. Mit anderen Worten, Geometrie kann man wissen, weisheitsuchend muss man sein.

Aus dem Vorhergehenden ist aber auch begreiflich, warum die Weisheitssuche als die Sorge für die Seele bezeichnet werden kann. Die sorgende Pflege von etwas schafft das Notwendige herbei, dass sein Leben nicht ausgeht oder in Schwierigkeiten gerät. Die Sorge für die Seele ist darauf aus, was sie zur guten, erfolgreichen, wirklich zu leisten vermögenden Seele macht, dass also die sie zur Seele machende Beziehung zum Guten möglichst nicht verstellt wird, dass die Verbindung nicht verbaut wird und auf Irrwege gerät. Denn die Seelenbewegung ist zwar einig, aber nicht einfach, sie spielt sich notwendig in verschiedenen Bereichen ab; das lehrt schon der Ausgangspunkt bei der Doxa. Die Weisheitsuche ist also kein Wissensbesitz, sondern selbst eine Bewegung und äusserste Anstrengung der Seele, wo sie aus dem Bereich des Verschwommenen dem Bereich des Reinen zustrebt; die Seelenbewegung ist nur im extremen Grenzfall eine reine Kreisbewegung, wie es oben geschildert wurde, von sich aus zum Reinen, das durch das Gute beleuchtet wird, und von dort zu sich selbst als selber gereinigter zurück. Ihre gewöhnliche Bahn ist viel komplizierter. Sie bewegt sich ja, solange sie sich nicht aus-

schliesslich dem Reinen zuwenden kann, im Doxa-bereich. Da
jedoch ihr Wesen Selbstbewegung ist, muss sie dasjenige, was sie
vom Reinen abwendet und ihre Bahn durch das Unbestimmte
nehmen lässt, in ihr selber haben. Daher die Lehre von den ,,See-
lenteilen,'' welche auf den ersten Blick im Widerspruch zum einheitlichen Wesen der Seele zu stehen scheint, in Wirklichkeit die
Entwicklung dieses einheitlichen Wesens zu Einzelfunktionen
darstellt. Die Seele ist zwar einheitlich in dem Sinne, dass sie
immer aus sich heraus ihre Bewegung vollzieht, immer aus ihrer
Bindung an das Gute Äusseres als für sie gut sich zuwinkend
oder als Übel abweisend, aber es geschieht in verschiedenen
Bereichen, dem Reinen oder Gemischten, sie hat also grund-
verschiedene Weisen sich zu bewegen und zu sein, die aber
gleicherweise zu ihr gehören. Ausser der Bewegung aus sich heraus
und von dort zu sich hin gibt es noch eine andere, die man mit dem
Mythus des Phädrus die Bewegung nach oben oder unten bezeichnen möchte, und welche die Ansiedlung der ersteren Bewegung in je einem Bereiche bewirkt. Es gibt also in der Seele
selbst etwas, was sie an den niederen Bereich bindet, dasselbe im
Grunde, was sie zur belebenden Macht des Leibes bestimmt, was
sie dann für den Leib, mit und aus ihm leben lässt, was sie dazu
anhält, die von ihm gebotenen unmittelbaren Lüste und Genüsse,
das durchweg Vereinzelte also, für das einzig echte Gute zu
halten. Und so wie das Bestimmende der in sich kreisenden Bewegung in der Seele liegt, in ihrer sonnenhaften Sehkraft, liegt
auch das Bestimmende der Abwärtsbewegung in der Begehrlich-
keit, die verdunkelt und die Vergessenheit des Reinen nach sich
zieht.

Könnte man der ersten, der Grundbewegung der Seele, den
Namen der reflexiven geben, wäre vielleicht auch gestattet die
andere in der Richtung nach unten als die der Selbstentfremdung
anzusprechen, da ja die reine Kreisbewegung im Bereich des
Reinen unter der Führung des Anhypotheton das eigentliche
Wesen der Seele, ihr Selbstsein darstellt. Das Selbstsein ist nichts
Substrathaftes, gerade die reflexive Bewegung zeigt, wie auch der
,,Bestand'' der Seele von ihrer Ernährung durch das Reine, also
der Bewegung selbst, abhängt. Und im ähnlichen Sinn muss man
auch die Faktoren dieser anderen Seelenbewegungen nicht von
ihr selbst als vielleicht kausale Agentien abtrennen; sie sind die

Bewegung des Verfalls selbst in ihrer Dominanz, in der Selbstverblendung durch das Nächste und Bestrickendste und in ihrer
zwar edlen, aber noch nicht durchsichtigen Abwehr. Dass hier
keine fremden, ausserhalb ihrer Bewegung liegenden Kräfte gemeint sind, zeigt u.a. die Tatsache, dass sie für ihren jeweiligen
Zustand Verantwortung trägt. Der Seelenverfall ist durch die
der Seele selbst einwohnende Bewegung zur Belebung des Unbelebten und zur Sorge dafür bedingt, wird allerdings erst durch
Vergessenheit des eigentlichen Selbst und des Reinen vollendet.
Die Erhebung des wesenhaft Untergeordneten zum Allbeherr-
schenden in der Seelenbewegung nach unten ist erst der Verfall.
So muss man den Verfall als die unruhig-stürmische Phase der
Seelenbewegung betrachten, die Seele im Verfall als wesentlich
innerlich entzweit, selbstgeblendet und trotzdem kämpfend betrachten; die selbstvergessene, selbstgeblendete Seele liefert sich
zwar selbst der Epithymia aus, ihre Bewegung wird zur Epithy-
mia-Bewegung; es ist allerdings sofort eine Instanz da, die über
dies als eine Selbstniederlage erzürnt, ohne sich noch klar Rechenschaft ablegen zu können, weshalb eigentlich, aber die es dem Verfall trotzdem sauer, am Ende ihn zu einer leidensvollen Bewegung
macht. Die Instanzen der Bewegung der Selbstentfremdung,
epithymia und thymos, zeigen sie als eine Revolte, als eine Stasis
an, und verweisen an die Möglichkeit ihrer Zügelung in der Unter-
werfung unter das rechtmässig herrschende Einsichtige. So hat
der Gedanke der Seelenbewegung zugleich zu einer ersten Syste-
matisierung dessen geführt, was man Seelenvermögen nennen
könnte und was man keineswegs im naturwissenschaftlichen Sinn
als Kräfte in dritter Person sich denken darf, sondern was aus der
prinzipiell „vermöglichen" Natur des Seelischen zu begreifen ist.
Erst in diesem Zusammenhang kann dann weiter eine Klärung
von solchen Qualifikationen wie Lust und Unlust, Freude und
Leid erreicht werden, die nichts Selbständiges darstellen, sondern
erst im Bewegungszusammenhang ihre Bedeutung erhalten.

Von hier betrachtet, ist der platonische Eros nichts anderes als
das Rückgängigmachen der Entfremdung, die am Wege nach
unten durch Vergessenheit und Selbstverblendung vollzogen wird,
derselbe Weg in umgekehrter Richtung. Der Eros ist also mit der
ersten Grundbewegung, der kreisförmigen, mit der Bewegung
innerhalb der Seinsbereiche, nicht zu verwechseln. Er ist nicht die

Bewegung im Reinen [die dialektische Bewegung] und auch nicht das gewöhnliche Tun und Wirken im Bereich des Ungenauen, die sich zwar ohne Wissen, aber auch im Hinblick auf das Gute und kreisförmig vollzieht. Er ist die Bewegung im Unreinen auf das Reine hin. Auch der Eros ist ein Kampf und obwohl positiv, auf Sein und Selbstsein gerichtet, gar nicht schmerzlos, sondern in Zerreissung und Selbstüberwindung, mit der Bildung einer merkwürdigen Zwischenbewegung, des Anteros, der Gegenseitigkeit, verbunden, einer Etappe, die also wieder im Kreise verläuft. Als Gegenbewegung gegen die Selbstentfremdung ist der Eros Erinnerung. Auf jeder Stufe, selbst der niedrigsten hat er es mit dem Ewigen zu tun. Die Lebensewigkeit, das Überdauern der Art im Zeugen und Gebären zeigt sich aber in Verbundenheit mit der Epithymia als etwas der wirklichen Unsterblichkeit Fernes und Untergeordnetes.

Die platonische Seelenlehre, diese Wesensbetrachtung des Seelischen als des im Wahrheitsfelde sich abspielenden menschlichen Lebens, hat sich aus Wesensgründen als eine Bewegungslehre ausgebildet. Die Seelenbewegung ist eine Entsprechung der Idee des Guten und führt deshalb über die Grenze des in gemeiner Wahrnehmungswelt und Menschenerfahrung gegebenen hinaus. Der sie verfolgende Philosoph, welcher sie in ihrem ganzen Sinn, in ihren Strukturen, Richtungen und Windungen verfolgt, kann nicht umhin, sie nicht nur auf dem Wege zu Dingen und Mitmenschen zu verfolgen, sondern zugleich auf der Leiter, der Skala der Seinsbereiche. Dabei trifft er nicht nur auf die Verbindung mit dem Leibe in ihrem ursprünglichen Sinn, sondern auch auf die Todeserfahrung, und kann sein eigenes Wirken und Tun im Hinblick auf den Tod definieren. Die Seelenbewegung auf dem Wege quer durch die Seinsbereiche verhilft ihm dazu, den Alleinseinsanspruch der Doxa, der natürlichen Umwelt, fraglich zu machen und zu erschüttern.

Das ist der neue Sinn der platonischen Unsterblichkeitslehre: nicht durch Weihen oder Enthusiasmus im geläufigen Sinne tritt der Mensch mit dem Göttlichen in Berührung, sondern durch Vollzug der Lebensbewegung im philosophisch geklärten Wissen um diese Erschütterung und den in ihr erfolgenden Durchbruch zum Ewigen, welches diesmal nicht einfach immerzeitlich ist. Wie ersichtlich, ist da der Seele eine Rolle im Universum zugeteilt, welche sie zu einem fundamentalen, autonomen Sein, mit anderem unvergleichbar, stempelt. Diese Seelenlehre ist zugleich mit den höchsten Interessen des Menschen verknüpft, gibt ihm, ohne seinen Halt im Staatswesen aufzuheben, einen noch viel höheren Rang in der Nähe des Göttlichen und eine tiefere Wurzel in der Überzeitlichkeit. Den Geist der traditionellen Polis lässt sie höchstens den Rang des Thymos erreichen, aber dadurch zeigt sie eben, dass ihre Absicht ist, sie nicht aufzuheben, sondern zu vollenden.

Diesen Rang der Psyche und diese Fundamentalität der Seelenlehre vermag allerdings Plato nur durch eine merkwürdige Konsequenz zu etablieren: indem er nämlich die Psyche auch zum Anfang eines physikalischen Systems macht. Der platonische Durchbruch, welcher sich so tiefsinnig in den Mythen an der Grenze des Wissbaren ausspricht, ist in grossen Grundstücken dieser Mythen mit einer astronomischen Allegorie verknüpft, und auch der sonstige Gehalt der Mythen fusst auf der physikalischen Bedeutung der Psyche. Die Seelenbewegung wird nämlich von Plato als die Ursprungsquelle auch aller sonstigen, der innerweltlichen Bewegungen des Belebten und Unbelebten. Denn die Seele allein besitzt den Ursprung der Bewegung in sich selber, alles Sonstige bewegt sich, von einem anderen getrieben, und das sichert der Seele eine grossartige Unabhängigkeit und Ursprünglichkeit. Als Quelle aller Bewegung ist sie denn auch ursprünglich am Himmel angesiedelt, dessen Bewegung wieder alles Lebendige wachsen und gedeihen, Elemente sich im irdischen Kreislauf aufwiegen lässt. Die scheinbar phantastischen Züge der Seelenerzählungen vom Schicksal nach dem Tode, vom Aufstieg und Niederstieg der Seelen, sind zum guten Teil durch diese physikalische Seite der Doktrin bedingt.

Die Ausmündung der platonischen Seelenlehre in eine phantastische Physik ist aber keine zufällige. Plato musste die Seelenbewegung in diese allesbeherrschende Stellung erheben, denn es war die einfachste und radikalste Art, ihr auch kausal eine Unabhängigkeit zu sichern, ohne welche die Seelenbewegung zu etwas werden muss, was sich in und an einem Anderen abspielt, wodurch dann schwer lösbare, höchst komplizierte Probleme entstehen. Dies Andere, was nicht die Seinsstruktur der Psyche hat, wie ist es dann zur Psyche in ein durchsichtiges Verhältnis zu bringen? Wird da die Psyche nicht all dasjenige einbüssen, was die platonische Phänomenologie der Seelenbewegung erfragt und erforscht hatte? Wird dann der Seelenbetrachtung nicht immer wieder etwas ganz und gar Sinnfremdes vorschweben müssen, womit sie sich abfinden, es mit ihren eigenen Einsichten erst in Einklang bringen müsste?

Die platonische Seelenlehre hat sich uns also als eine Phänomenologie gezeigt, gepaart mit einer phantastischen Physik. Durch diese Verbindung hat sie zwar ihrer Phänomenologie eine metaphysische Bedeutung zugesprochen, aber sich zugleich in Abhängigkeit von der Möglichkeit ihres physikalischen Weltentwurfs gebracht. Aristoteles fand den platonischen Bewegungsbegriff, den des sich selbst in Bewegung Versetzenden, physikalisch unmöglichen, da er von der Betrachtung der dinglichen Veränderung als dem fundamentalen und elementaren Bewegungsmuster ausging und auf das Phänomenale des platonischen Bewegungsbegriffs nicht achtete. Die aristotelische Physik ist bei allem ,,qualitativen'' Charakter eine anti-Seelen-Physik. Es gehört zu ihren Fundamenten, dass es kein im eigentlichen Sinne sich selbst Bewegendes geben kann und dass Bewegendes und Bewegtes immer verschieden sind. Die Konsequenz für die Seelenlehre war, dass die Seele gar nicht mehr von Seiten der Bewegung aufgefasst wurde, sondern als eine von ihren Ursachen und etwas zwar Wesentliches, aber doch an einem Zusammengesetzten und Dinglichen. Es gibt keine einheitliche Seelenbewegung. Einen Weg der Seele quer durch alle Seinsbereiche hindurch gab es nicht mehr, sondern verschiedene Seelen, die ihre Einheit von Aussen bekommen, vom Leibe. Die Seele des Philosophen macht nicht mehr das gegebene Universum fraglich, sondern erwirkt sich ihre Gottähnlichkeit gerade in der begreifenden Betrachtung des Gegebenen. Die Phänomenologie ist also zwar bei Aristoteles nicht einfach beiseite geworfen, aber sie ist in Abhängigkeit gebracht von einem Seinsmuster, das der Seele fremd ist.

Viel komplizierter wird die Lage in der Neuzeit, wo auch der aristotelische Bewegungs- und der mit ihm zusammengehörende Physis-begriff unverständlich wird und eine mechanistische Naturbetrachtung sich zu einer überzeugenden, zwingenden Wissenschaftlichkeit ausbildet. Der Bewegungsbegriff wird dann vollständig der objektiven res extensa, der materiellen Natur im modernen Sinne, die jeder Innerlichkeit entbehrt, zugesprochen und das Psychische wird nur auf dem Umweg über das Physische bewegt. Da sie gar nicht mehr in Bewegung gesehen wird, kann sie aber auch nicht mehr aus sich heraus, sie wird zu einem in sich selber abgeschlossenen Gebiet. Schon darin macht sich ihre von den Charakteren des objektiven Seins entliehene Neufassung geltend. Sie ist sich dann zwar noch immer ihres Zugangs zur Wahrheit absolut sicher, aber nur in Gestalt der Selbstgewissheit, alles übrige ist ihr zum Problem geworden, sie ist zu einer „geschlossenen Seele" geworden. Noch schwieriger steht es auf kausalem Gebiet; allmählich wird sie aus dem Gebiet des Wirkenden hinausgedrängt. Die lange sowohl philosophisch als naturwissenschaftlich als allein möglich angesehene Alternative des Idealismus in seinen verschiedenen mehr oder weniger radikalen Versionen und des Materialismus zeichnet sich ab. Zwar scheint die neuere Naturauffassung die Strenge des Mechanismus gemildert und in der Lehre von der Emergenz scheinen sich materielle Kausalität und grundsätzlich freies Auftauchen des Neuen vereinigt zu haben; aber die objektive Seinsverfassung bleibt obligatorisch und man trägt dem am bequemsten dadurch Rechnung, dass man dem Seelenproblem in allen Gestalten aus dem Wege zu gehen versucht. Die Autonomie der Psychologie, ihre Stellung in der Grundreihe der durch die Eigenständigkeit ihres Gegenstandes bestimmten Wissenschaften ist dadurch freilich kompromittiert, was sie in ihrer Forschungspraxis nicht zu sehr zu beschäftigen braucht, aber sie natürlich um einen beträchtlichen Teil ihres allgemein-geistigen und philosophischen Gewichts bringen muss. Es kehrt dann in immer raffinierterer Form die Lage zurück, wie sie schon Auguste Comte gesehen hat trotz Bemühungen der Männer wie J. S. Mill und F. Brentano, wo es für die Psychologie keinen autonomen Platz im Orbis scientiarum gibt.

Wir glauben jedoch, dass eine Phänomenologie des menschlichen Verhaltens, eine philosophische Disziplin also, fähig sein könnte, dem Seelenbegriff im angeführten Sinne seine phänomenale Grundlage zurückzugeben, ihn von den physikalischen Prätentionen zu säubern, ohne einerseits der Eingliederung in Naturzusammenhänge vorzugreifen, andererseits den Suggestionen anderer Seinsbereiche zu unterliegen. Eine weit ausholende Inberührungsetzung antiker und moderner Philosopheme wäre dabei erforderlich, unter anderem eine Kritik der Phänomenologie selbst: ihre Säuberung vom Subjektivismus, ohne unmethodischen, unkontrollierbaren Konstruktionen zu verfallen. Ein Studium der platonischen Suggestionen scheint uns in dieser Beziehung noch immer, fruchtbar, ihre geistige Aneignung eine dringende Aufgabe. Solange dies aber nicht geschehen ist, kann die ,,Verwissenschaftlichung'' der Psychologie eine nur immer gründlichere Auflösung in andere Disziplinen bedeuten.

Eine philosophische Seelenlehre in dem angedeuteten Sinne ist aber keineswegs bloss Angelegenheit der Wissenschaftslehre, so wichtig dies auch an sich schon sei. Die platonischen Betrachtungen scheinen zu lehren, dass damit eine grundsätzliche Möglichkeit verbunden ist, für den heutigen Menschen, wie schon für den der Platozeit, jedoch in nötiger Abwandlung, den Sinn gewisser Ewigkeitsprobleme wiederzugewinnen, vor allem das Problem der Auseinandersetzung der Seele mit der Erfahrungswelt und der Erschütterung ihres Alleingeltungsanspruchs.

DAS ETHOS DER DEMOKRATIE
(THUKYDIDES: DIE GRABREDE DES PERIKLES)

K.-H. Volkmann-Schluck (Köln)

Man hört immer wieder die Meinung, und sie ist inzwischen geläufig geworden, dass die Demokratie nicht aus sich selbst, sondern nur durch ein Prinzip der Entgegensetzung, also nur negativ bestimmbar sei, so dass die heute immer wieder erhobenen Forderungen nach „Demokratisierung" nichts besagende, leere Redensarten seien. Inwiefern es sich in Wahrheit anders verhält, inwiefern die Demokratie durch ein eigenes und nur ihr eigenes Ethos ausgezeichnet ist, aus welchem sich auch das Verhältnis von „Macht" und „Humanität" bestimmen lässt, zeigt bündig und klar der geschichtlich erste Wesensentwurf der Demokratie, den wir dem griechischen Historiker und Geschichtsdenker, Thukydides, verdanken. In der berühmten Grabrede des Perikles, gehalten bei der Totenfeier des ersten Kriegsjahres 431, von Thukydides jedoch zugleich der gesamten Jugend Athens zugedacht, die in diesem Würgekrieg, dem sog. Peloponnesischen Krieg, dahingeopfert wurde, entfaltet Thukydides dasjenige politische Ethos, aus dem die griechische Klassik hervorging und in dessen Dienst Perikles und seine Freunde die Machtpolitik als ein Instrument seiner Bewahrung gehandhabt hatten.

Die Darstellung des politischen Ethos erfolgt nach drei Gesichtspunkten: der staatlich-gesellschaftlichen Verfassung (πολιτεία) der Grundrichtung des Strebens (ἐπιτήδευσις), der menschlichen Wesensart (τρόποι).

Die staatlich-gesellschaftliche Verfassung ist durch mehrere Grundzüge bestimmt: Der Staat ist nicht die Sache weniger, deren Privileg die Lenkung der politischen Geschicke wäre, sondern er ist auf alle gestellt, die das Bürgerrecht haben. Die Gesetze sind das für alle Gemeinsame, und jeder ist mit jedem vor dem Gesetz gleich; jeder hat am staatlichen Leben den gleichen

Anteil. Ansehen und Geltung (ἀξίωσις) des Einzelnen hängen nicht von der Zugehörigkeit zu einem Geschlecht oder Stand oder Verband ab, sondern gründen allein in seiner Tüchtigkeit und seinem Verdienst für das Gemeinwesen.

Das öffentliche sowohl wie das private Leben ist durch die Freiheit (ἐλευθερία) bestimmt. Das politische Ethos hat zu seinem Lebenselement einzig und allein die Freiheit in der Vielfalt ihrer Dimensionen. Es gilt daher, die Freiheit in ihrer Mehrdimensionalität zu entfalten und sie dann auf den Wesensgrund ihrer Einheit zurückzubringen.

Athens Bürger leben im Staat ein freies Leben, d.h. mit Aufstiegsmöglichkeiten, die nicht durch Familien- und Gruppenzugehörigkeit bedingt und auch nicht durch die ökonomische Lage behindert sind, so dass die ökonomischen Unterschiede keine Herrschaftsformen bilden. Das private Leben ist bestimmt durch die Freizügigkeit des gegenseitigen Gelten- und Gewährenlassens. Es gibt keine gegenseitige Aufpasserei, keine Entrüstung im entliehenen Anschein der Moral, keinen Ausschuss für den Kampf gegen „antiathenische Umtriebe," keine gesellschaftliche Diffamierung und deshalb auch keinen gesellschaftlichen Konformismus. An dieser Stelle der Rede stossen wir auf eine immer wiederkehrende Struktur: Jedesmal sieht es so aus, als habe ein Vorzug deshalb etwas Bedenkliches an sich, weil er etwas anderes, das auch wesentlich und notwendig ist, auszuschliessen scheint. Führt dieses freie Gewährenlassen nicht zur Anarchie, diesem Bürgerschreck aller Zeiten? Die Rede macht darauf aufmerksam, dass das freizügige Leben die Befolgung der Gesetze und die Achtung vor den Mitbürgern, denen durch Wahl die Leitung des Gemeinwesens anvertraut ist, einschliesst, vor allem die strengste Befolgung der Gesetze, die vor Unrecht schützen. Die Rede spricht elementar den Bezug von Freiheit und Recht aus, den später Kant ein für alle mal dahin geklärt hat, dass das Recht unmittelbar aus der Idee der Freiheit entspringt. Die gleiche Freiheit für alle kann aber nur als gesetzliche Freiheit Bestand haben, sie wird allein durch effektive Gesetze bewahrt, die, weil und insofern sie Freiheitsgesetze sind, die strengste Befolgung verlangen. Eine freizügige, ungebundene Lebensweise und die Strenge in der Befolgung der Freiheitsgesetze widerstreiten einander nicht, sie sind ein und dasselbe. Dazu gehört auch die Achtung vor den ungeschriebenen Gesetzen, die keine gesellschaftlichen Tabus sind, sondern die das Menschliche hüten.

Dem freizügigen politischen und gesellschaftlichen Lebensstil im Innern entspricht die Freiheit nach aussen: die Weltoffenheit Athens. Nicht nur, dass zutolge ihrer vielfältigen Handelsbeziehungen alle Güter aus aller Welt in die Stadt gelangen, Athen gewährt auch jedermann den freien Zutritt. Anders als andere Städte wie das konservative Sparta, das aus Misstrauen von Zeit zu Zeit die Ausweisung von Fremden beschliesst, ist Athen jederzeit jedem geöffnet. Es gibt hier keine Überwachung der Fremden, keine Geheimbezirke, deren Betreten verboten wäre, sondern die Stadt liegt mit allem, was zu ihr gehört, jedem Betrachter frei und offen. Perikles erklärt: ,,Wir bauen nicht so sehr auf Rüstungen und deren Geheimhaltung, sondern mehr auf unseren eigenen entschlossenen Mut zur Tat.''

Der Wagemut der Athener, von den Zeitgenossen ebensosehr argwöhnisch bewundert wie gefürchtet und gehasst, entspringt einer eigenen Sorglosigkeit, die nicht ängstlich besorgt unentwegt an kommende Gefahren denkt, wohl aber im rechten Augenblick, wenn die Situation es verlangt, sich mit einem Schlag in die Energie der Tat verwandelt, eine Sorglosigkeit also, die in sich die verborgene Entschlossenheit zur Tat und darum das Unberechenbare an sich selbst ist. Aus diesem Wagemut entspringen die höchsten Vollzüge eines freien Lebens. Er gewährt dem Menschen die Überlegenheit über sich selbst und macht ihn frei für ein ganz in die Gegenwart aufgehendes und erfülltes Dasein. Das Vermögen, in einer ungeteilten Gegenwart dasein zu können, ist die Liebe zur Schönheit und zum Wissen. ,,Wir lieben das Schöne und bleiben einfach, wir lieben das Wissen und werden nicht kraftlos.'' Diese Sätze sprechen den Ursprung aus, in dem die griechische Klassik entsprang und in den sie einbehalten blieb.

Das Schöne ist das durch seine Anwesenheit dem in seinem Umkreis Weilenden die Erfüllung Gewährende, durch seine Anwesenheit selbst und allein, nicht durch irgendeine Form der Verwendbarkeit. Und bei dem Wissen, von dem hier die Rede ist, geht es allein um die in ihm sich ereignende Auflichtung der Welt, die dem Menschen ein durchsichtiges Weltverhältnis verbürgt. Wie Kant uns gelehrt hat, ist das Verhältnis zum Schönen eine freie gegenseitige Gunst. Dem ganz dem Werk zugewandten Schaffen-

den und dem vor dem Werk zurücktretenden Beschauer erweist
das Schöne eine Gunst: Es lässt die Welt in ihrer Schönheit beim
Menschen anwesend sein. Und der Mensch erweist dem Schönen
eine Gunst: Er lässt es inmitten des schon Vorhandenen als das
Schöne erst erscheinen. In diesem Verhältnis gibt es keine gegenseitig zu verrechnenden Ansprüche, sondern es waltet ein ganz und
gar freier wechselseitiger Austausch. Aber die Liebe zum Schönen
ist wie alles Freie auf ihre Weise bedroht: durch den prunkvollen
Aufwand der Mittel, durch den falschen Selbstgenuss eines sich
selbst in Prachtentfaltung geniessenden und bespiegelnden
Lebens, durch die geschmäcklerische Kennerschaft im Formalen,
durch blosse Schau und Darstellung. Im wahren Verhalten zum
Schönen waltet eine verborgene Strenge in der Bemessung und
Begrenzung der für die Erstellung des Werks erforderlichen
Mittel – verborgen, weil sie sich in das Scheinen des Schönen ent-
zieht.

,,Wir lieben das Wissen und werden nicht kraftlos." Wenn das
erstrebte Wissen den Blick ganz und gar auf sich zieht, kann die
Liebe zu ihm den Ursprung vergessen, aus dem es stammt und
lebt: den freien Wagemut, die verborgene Entschiedenheit zur
Tat. Aber das Wissen ist nur so lange wesentliches Wissen, als es
die menschliche Verfassung im Blick behält, in der es beruht.
Indem das freie Welterkennen seinen eigenen Ursprung selbst ins
Licht des Wissens hebt, bedürfen die nach Wissen Strebenden
nicht erst der Mahnung an das ,,politische Engagement," sondern
das Wissen selbst wird ihnen zum Antrieb, die freien Lebensver-
hältnisse zu bewahren und durch die Tat für sie einzutreten, überhaupt die Stätte des freien Lebens zu verteidigen, ohne die eine
im Wissen gegründete Welt nicht bestehen kann. Wenn die um
Welterkenntnis Bemühten den in der freien Existenz beruhenden
Ursprung des Wissens selbst ins Wissen heben, dann wird ihnen
das Wissen niemals zur blossen Theorie, die in sich selbst aufgeht
und deren Vertreter, um ungestört in ihr weilen zu können, am
politischen Dasein nur so weit Interesse nehmen, als ihnen Ruhe,
Sicherheit und Ordnung verbürgt werden.

Und schliesslich erfordert die Rettung eines freien Gemeinwesens die ständige Bereitschaft und Fähigkeit der Bürger, von
der Vielfalt der Beschäftigungen und Interessen, in die sie tagtäg-
lich verwickelt sind, absehen zu können und für die Besorgung der

gemeinsamen Dinge offen zu bleiben. In Athen nannte man jemanden, der am politischen Geschehen nicht teilnahm, nicht einen unpolitischen, sondern einen untauglichen Menschen, weil er zum Gemeinwesens nichts beiträgt, das doch Grund und Boden für das freie Leben ist, dessen er sich erfreut. Die politischen Entscheidungen werden in öffentlich gemeinsamen Beratungen gefällt. Denn im Öffentlichen nicht weniger als im Privaten ist es der wissende Mut, der die Möglichkeiten und Gefahren eines Vorhabens zuvor erwogen und durchdacht hat. Bei vielen besteht freilich – auch heute noch – die Meinung, das gemeinsame Bereden und Beraten hemme das Tun, es ziehe ein Zaudern und Zögern nach sich. In Wahrheit redet diese Meinung dem verwegenen Draufgängertum, der Tollkühnheit und der blinden Aktion das Wort. ,,Für die innerlich Stärksten wird man mit Recht diejenigen erkennen, die aus klarer Erkenntnis vor den Schrecken und Freuden nicht zurückweichen.''

Überblickt man dieses in der Rede entfaltete politische Ethos im Ganzen, so könnte man meinen, hier werde vielleicht zum erstenmal ein humanistisches Bildungsideal aufgestellt, das dem Menschen die allseitige Ausbildung seiner Vermögen und Kräfte zum Ziel setze. Man kann dann diese Bildungsidee noch näher dahin bestimmen, dass sie in einer die Gegensätze umgreifenden Synthese bestehe und so das volle Menschsein uneingeschränkt zur Darstellung bringe. In der Tat hat die deutsche Klassik vor allem das Athen des Perikleischen Zeitalters so gesehen. Die Kritik an solcher Auffassung hat dann vor allem geltend gemacht, dass es eine Rede auf die Gefallenen sei, dass der politische Bezug dominiere und der Opfertod für die Polis gefeiert werde. Der politische Humanismus der zwanziger Jahre in Deutschland hat die politische Seite der Rede gegenüber dem Ideal zeitlos gültigen Menschentums besonders hervorgehoben. Aber es will uns scheinen, als ob *diese* Betonung des Politischen, weil sie reaktiv auf die klassisch-humanistische Auffassung bezogen bleibt, ebenfalls nicht dem Grundgedanken der Rede voll zu entsprechen vermag.

Wenn wir uns streng an das halten, was die Rede zur Sprache bringt, dann zeigt sich bald, dass es hier nicht um die Verwirklichung einer allseitigen Menschennatur geht. Zwar treten immer wieder paarweise einander entgegengesetzte Verhaltungen auf, die sich gegenseitig auszuschliessen scheinen und die dennoch

zusammengehen, jedoch nicht dadurch, dass sie in der übergreifenden Einheit vereinigt sind, und auch nicht und erst recht
nicht durch Milderung und Mässigung von Extremen zu einer
Harmonie. Im Licht ihrer eigenen Gedanken stellt sich vielmehr
die Grundabsicht der Rede so dar: Jeder Vorzug, jede Auszeich-
nung ist zugleich etwas Fragwürdiges, Bedrohliches, etwas den
Menschen im öffentlichen und privaten Dasein Gefährdendes, weil
es etwas Anderes, ebenfalls Notwendiges auszuschliessen scheint.
Alles den Menschen Auszeichnende gefährdet ihn zugleich, wenn
nicht das Eine mit seinem Gegenteil zusammengeht. Was aber ist
das, was das Zusammengehen des Einen mit dem Anderen möglich
macht? Man möge die Probe auf die folgende These machen: Sie
gehen zusammen, sofern sie freie Verhaltungen sind, d.h. sofern
sich der Mensch zu ihnen frei verhält. Die Freiheit ist es, die ihn,
indem er sich in das Eine verlegt, zugleich offen und frei sein lässt
für das gegenteilige Andere, wenn dieses zu vollbringen die Stunde
verlangt. Nur wenn die dem Menschen abverlangten einander
widerstreitenden Verhaltungen Dimensionen der Freiheit sind,
vermag der Mensch sich in ihnen zu halten und die aus seinem
eigenen Dasein kommenden Gefährdungen je und je zu bestehen.

Man erprobe diese These an den Hauptgegensatzpaaren:
Würden die Bürger in die privaten Interessen und Verrichtungen
aufgehen, ohne sich zugleich für die Besorgung des Gemeinsamen
offen zu halten, dann wäre es um die politische Freiheit bald geschehen. Würde sich ihre freie Lebensweise nicht streng an die
Gesetze des Rechts binden, dann würde sich das Gemeinwesen in
ein Gegen – und Durcheinander auflösen. Lebten sie, von der
Sorge um die Zukunft gefesselt, in ständiger Bereitschaft, kommenden Gefahren zu begegnen, dann vermöchten sie nicht die
Schönheit und nicht das Welt aufschliessende Wissen. Umgekehrt: Wäre die Liebe zur Schönheit und zum Wissen nicht von
einer Entschiedenheit zur Tat getragen, dann würde die Stätte
dieser freiesten Lebensvollzüge selbst in Verlust geraten. Diese
Beispiele zeigen: Allein im Element der Freiheit können sich die
Wesensmöglichkeiten des Menschen gegenwendig entfalten. Das
Eine jeweils sein im freien Verhalten zu ihm und deshalb für das
Andere zugleich geöffnet und frei bleiben, dieses also ebenfalls der
Möglichkeit nach sein – aus dieser Wesensverfassung bestimmt
sich die Art, gemäss welcher der Mensch sein Dasein bestehen

kann, das ihm entgegengesetzte Verhaltungen abverlangt. Alle Verhaltungen aber sind politisch bezogen, weil nicht schon der Bereich der Natur, sondern allererst die eigens zu gründende Polis die Stätte eines freiheitlichen Lebens sein kann. Und das die Polis rettende politische Verhalten ist nur dann seinerseits durch die Freiheit bestimmt, wenn die Staatsbürger in verantwortlichem Mitbeteiligtsein aus der Zuwendung zum eigenen Glücks- und Erfolgsstreben jederzeit in die Sorge um das nach innen und nach aussen freiheitliche Gemeinwesen zurückkehren können.

Diesem Entwurf des politischen Ethos der attischen Demokratie fügt Perikles den Satz an: ,,Und dass dieses nicht ein blosser Prunk mit Worten für einen feierlichen Augenblick ist, sondern die wahre Wirklichkeit, das beweist die Macht unserer Stadt selbst, die wir uns durch diese Wesensart errungen haben.'' Der Realitätsbeweis für das Dargelegte ist die politische Machtstellung Athens selbst. Denn was Athen zu dem gemacht hat, was es ist, diese starke Stadt an der Spitze des attischen Seebundes, ist eben jenes, was dargelegt wurde: das Vollbringen des Einen im Freibleiben für das Andere oder die freie Existenz.

Bekanntlich war das Zeitalter des Perikles zugleich die Zeit eines offen ins Erscheinen hervorgetretenen machtpolitischen Prozesses, und der Peloponnesische Krieg, den Thukydides dargestellt hat, war der erste europäische Krieg, der alle Wesenszüge eines spezifisch politischen Krieges trug. Thukydides hat als erster das Machtproblem allseitig durchdacht und einer Lösung entgegengeführt. Die Macht ist durch und durch selbstbezüglich, sie erstrebt daher aus ihrem eigenen Wesen nur sich selbst, d.h. ihr eigenes Mehr und immer Mehr. Deshalb ist sie von sich her nicht fähig, sich eine Grenze zu setzen, sondern sie bedarf eines Anderen, das sie bindet und begrenzt. Dieses die Macht Bindende und Begrenzende können nicht die moralischen Gesetze sein, die immer nur an den Einzelnen als Einzelnen ergehen und deshalb überfordert werden, wenn man von ihnen eine Begrenzung der Machtausübung erwartet, sondern allein das politische Ethos. Deshalb ist auch die Macht nicht als solche schon das Unmenschliche, Verderbliche oder sogar ,,Böse,'' sondern sie wird es erst dann, wenn das politische Ethos zerfällt, in dessen Dienst sie gehandhabt wird. Das in der Perikles-Rede entworfene Ethos, Realität und Aufgabe zugleich, war es, was im Zeitalter der Machtpolitik

der Machtausübung Grenze, Mass und Ziel anwies. Und es war
der Zerfall dieses Ethos in der Zeit nach Perikles' Tod, der Schritt
für Schritt die sich selbst erstrebende Macht freisetzte, zuerst in
der Gestalt eines allein noch auf Machtsicherung bedachten
politischen Denkens, das, weil es zur blossen Funktion der Machtsicherung geworden war, der Macht kein Ziel mehr zu setzen im-
stande war, und dann in folgerichtiger Entartung als imperialis-
tische Machtentfaltung, die mit der entfesselten Selbstsucht des
Einzelnen zusammenging. Dass Athen nach der Katastrophe in
Sizilien gleichwohl den bereits verlorenen Krieg noch so lange
durchstehen konnte, war einerseits seinem Improvisationstalent
zu danken, andererseits der Langsamkeit und Schwerfälligkeit
der peloponnesischen ,,Alliierten.''

Das Werk des Thukydides will den einzigen Nachweis erbringen,
dass Athen den Peloponnesischen Krieg nicht verlor, weil sein
grösster Staatsmann die Kräfte falsch eingeschätzt oder weil die
demokratische Verfassung Athens sich der oligarchischen Staats-
form Spartas als unterlegen erwiesen hätte. Verloren ging der
Krieg zufolge des politisch-sittlichen Versagens der Nachfolger
des Perikles und in ihrem Gefolge der athenischen Bürgerschaft
überhaupt, also durch den Verlust des politischen Ethos. Das ist
die einfache Lehre, die Thukydides, für seine Zeit ohne Hoffnung,
den kommenden Geschlechtern je und je hinterlassen wollte
(κτῆμα ἐς ἀεί). Es scheint aber, als seien seine Gedanken uns vor
allem zugedacht, die wir im Zeitalter der globalen Machtpolitik
leben und denen daher das politische Ethos eine Sache höchster
Anstrengungen des Denkens und des Handelns in eins und zumal
zu sein hat, wenn wir in unserem Zeitalter nicht nur leben und
überleben, sondern menschlich leben wollen.

ZUR MYTHOLOGISCHEN RATIONALITÄT DER PRAXIS*

GERD BRAND (BERLIN)

MOTIVATION ALS GRUNDGESETZ DER PERSONALEN WELT

Das Grundverhältnis der naturalen und naturalistischen Welt ist das der Kausalität, die dadurch gekennzeichnet ist, daß zwischen Ursache und Wirkung eine Äquivalenz besteht oder herstellbar ist; die naturalistische Kausalität ist beherrscht vom Begriff der Identität. Die personale Welt ist gekennzeichnet durch Komprehension und Kommunikation. Erst in ihnen ist überhaupt die gemeinsame Welt gegeben, in der wir leben. Was aber ist deren Grundverhältnis, was ist das Grundgesetz der wechselseitigen Bestimmung? Es ist das der Motivation.

Obwohl Husserl der Motivation einen grundlegenden Rang einräumt, finden wir bei ihm praktisch keine Analysen über sie. Sie ist als fundamentales Phänomen gesehen, aber nicht entfaltet. Selbst das wenige, das wir bei ihm darüber finden, streift die Motivation nur am Rand und thematisiert sie nicht direkt.

Motivation ist keine Kausalität, denn sie wird als solche erlebt, und zwar in ihrem Motivieren, in ihrem Gut-sein, Schön-sein, Wert-sein, das mich an-zieht, hin-zieht, ab-stößt usw. Das Weil-so der Naturkausalität ist etwas Gesehenes, Erkanntes, Erfaßtes, eventuell Substruiertes. Das Weil-so der Motivation ist im Gegensatz dazu personal Erlebtes. „Das Weil-so der Motivation hat einen ganz anderen Sinn als Kausation im Sinne der Natur." (Id. II, S. 229)

* Der Text stammt aus einer größeren Abhandlung, die folgendermaßen gegliedert ist: I. Objektivistische Rationalität der Wissenschaften nach Husserl II. Die personale Einstellung und die Motivation als deren Grundgesetz. III. Der motivationale Zusammenhang: Magie, Geschichte Mythos. Der hier abgedruckte Text und die Abhandlung sind eine Skizze zu einer stark umgearbeiteteten und erweiterten Arbeit, die im Sommer 1972 bei W. Kohlhammer unter dem Titel „Gesellschaft und persönliche Geschichte. Die mythologische Sinngebung sozialer Prozesse" erschien. Unter anderem werden die hier aufgeworfenen Fragen dort beantwortet.

In der Motivation erlebt das Subjekt motivierende Charakteristika, es erlebt sich selbst als motiviert, und es erlebt die Anderen als es motivierend und von ihm motiviert. Gerade in der Motivation, im wechselseitigen Motivieren, ist der andere für mich unmittelbar da. In der Motivation haben wir die ursprünglichste, unmittelbarste Erfahrung des Anderen.

„Das Grundverhältnis in dieser Lebenswelt, das den Gesichtspunkt der Methode vorzeichnet, ist nicht das der Kausalität, sondern das der Motivation. Motiviert kann das Subjekt nur durch das werden, was es ,erlebt,' was ihm in seinem Leben bewußt ist, was sich ihm subjektiv als wirklich, als gewiß, als vermutlich, wert, schön, gut gibt. Diese Charaktere treten auf als motiviert, sowie sie andererseits motivierend sind. Das Motivationssubjekt setzt sich selbst als solches in originaler Selbsterfahrung und setzt Andere in Einfühlungserfahrung. Einfühlung ist nicht ein mittelbares Erfahren in dem Sinn, daß der Andere als psychophysisch Abhängiges von seinen Leibkörper erfahren würde, sondern eine unmittelbare Erfahrung vom Anderen. Ähnliches gilt von der Erfahrung der Kommunikation mit Anderen, des Wechselverkehrs mit ihnen. Sehen wir einander in die Augen, so tritt Subjekt mit Subjekt in eine unmittelbare Berührung. Ich spreche zu ihm, er spricht zu mir, ich befehle ihm, er gehorcht. Das sind unmittelbar erfahrene personale Verhältnisse, obschon in dieser Erfahrung von Anderen und von der Kommunikation mit ihnen eigenartige Vergegenwärtigungen im Spiel sind, und ich nur von meinem Subjektiven originale wahrnehmungsmäßige Erfahrung habe. Die Mittelbarkeit des Ausdrucks ist nicht Mittelbarkeit eines Erfahrungsschlusses. Wir ,sehen' den Anderen und nicht bloß den Leib des Anderen, er ist für uns nicht nur leiblich sondern geistig selbstgegenwärtig, ,in eigener Person'." (Id. II, S. 375)

MOTIVATIONALER ZUSAMMENHANG DER WELT

Das Wesentliche der personalen Welt ist ihr motivationaler Charakter. Die Dinge und Personen meiner Umwelt sind ständig Ausgangspunkte von mehr oder weniger starken Tendenzen auf mich. (Vgl. Id. II, S. 189)
Motiviert-sein heißt affiziert-sein, passiv etwas erleiden im

Angegangen-werden von etwas, sich als passiv erleben und zugleich aktiv als darauf reagierend. Motiviert-sein ist Erleiden, passiv durch etwas bestimmt sein, aktiv darauf reagieren und zu einem Tun übergehen ineins (vgl. Id. II, S. 217). So findet sich in der Motivation eine Einheit von Passivität und Aktivität, Einheit, die als solche Übergang zum Tun ist.

Analyse der personalen Welt ist also Analyse der Welt, die mich, die uns motiviert, und zwar in ihrem Wie der Motivation. Dieses fundamentale, allem anderen unterliegende Weltleben ist in seiner Einheit herauszustellen. Der Motivationszusammenhang muß als Zusammenhang erhellt werden. ,,Denn das Leben wie des Einzelnen, so der Gemeinschaft ist eine Einheit der Motivation.'' (E. Ph. II, S. 237)

Wir haben gesehen, daß das Motiv Erlebtes ist. Es ist für mich. Es motiviert mich, und ich erfasse mich dabei als von ihm motiviert. Als für mich und mich in meiner Subjektivität Berührendes ist das mich Motivierende ein Subjektives. Da die personale Einstellung vom Grundgesetz der Motivation bestimmt wird, ist die personale Welt subjektiv in dem Sinn, daß das in ihr Wirkliche Wirkliches für ein Subjekt in seinem jeweiligen Motivationszusammenhang ist. Seine Wirklichkeit liegt in seiner Motivation selbst.

Damit haben wir auch eine Tieferlegung des Verständnisses des Für-sein der personalen Umwelt und der Umwelt der sozialen Subjektitäten, d.h. auch der übergreifenden geistigen Welt erreicht: sie ist immer schon einheitlich motivierte und motivierende Welt. So sind also auch die sozialen Objektitäten Einheiten der Motivation. (Vgl. E. Ph. II, S. 238 u. 257 und Id. II, S. 379)

An dieser Stelle wollen wir noch einmal zurückkommen auf die naturalistische Einstellung, weil der Kontrast nun noch sehr viel deutlicher wird. Wenn das Naturale nicht als noch zum Personalen zugehörig thematisiert wird, sondern wenn es in naturwissenschaftlicher, naturalistischer Einstellung untersucht wird, dann ist es von der personalen Einstellung aus gesehen prinzipiell unverständlich. (Vgl. E. Ph. II, S. 239–240)

Da die naturalistische Einstellung eine Einstellung in Ich-Fremdheit ist, muß sie, wenn sie auf das Personale angewandt wird, diese verfremden.

Der naturalistischen Kausalität und der Herrschaft des Begriffs der Identität steht gegenüber das Grundgesetz der Motivation als Grundgesetz der personalen Einstellung.

Diese Grundgesetzlichkeit ist von Husserl nur in wenigen Aspekten beleuchtet worden. Auf ihr beruht die Forderung der Analyse der Welt als Motivationszusammenhang. Dies ist eine Forderung; denn die Einheit der Motivation liegt nicht klar zutage. Das Gegenteil ist der Fall. Bei der geforderten Analyse handelt es sich nicht um eine Auseinanderlegung von vorliegenden Gründen, vielmehr entdeckt uns die Dimension der Motivation ihre eigene Dunkelheit, ihre Unter- und Hintergründigkeit. Die Motivation, das eigentlich Bewegende, der Beweg-Grund, ist zuerst und zunächst verborgen so sehr, daß die Motivation selbst uns allererst in der Frage enthüllt wird: Was hat uns eigentlich dazu gebracht?

Im Motivationszusammenhang ist das einzelne ,,im dunklen Untergrunde motiviert, hat seine ,seelischen Gründe,' nach denen man fragen kann: wie komme ich darauf, was hat mich dazu gebracht? Daß man so fragen kann, charakterisiert alle Motivation überhaupt.'' (Id. II, S. 222)

Hier enden Husserls Analysen. Husserl führt uns vor eine neue Dimension, aber nicht eigentlich in sie hinein. Das ,,Weil-so'' des motivalen Lebens wird in seiner Bedeutung hervorgehoben, doch in seinem Gehalt nicht dargelegt. Was das uns Bewegende im personalen Leben ist, wird über spärliche Andeutungen hinaus nicht enthüllt. Die formale Anzeige der Motivation als Grundgesetz des personalen Lebens muß in der Enthüllung seines materialen, seines konkreten Gehalts ihre Fortsetzung finden. Husserl hat die Einheit des Motivationszusammenhangs betont, sie aber nicht entfaltet. Um die Analyse weiterzuführen, müssen wir also zunächst die Frage beantworten, was denn diese Einheit ausmacht, und zwar sowohl im Leben des Einzelnen wie in dem der Gemeinschaften. (Vgl. E. Ph. II, S. 237).

Zum Motiv gehört wesentlich Absicht. Der Motivzusammenhang ist also ein Zusammenhang von Affizierungen und Absichten. Wir können feststellen, daß die personale Einstellung so umfassend und durchdringend ist, daß sie nicht nur im Bereich der Personen gilt, sondern die gesamte Lebenswert durchtönt, d.h. sie läßt sich auch im naturalen Bereich – nicht im naturalistischen– wiederfinden.

AUSGEFÜLLTSEIN DER WELT MIT ABSICHTEN

Wir erleben die Welt als an- und ausgefüllt mit Absichten. Um dies deutlich zu machen, wollen wir Bergsons Analyse des Zufalls heranziehen: ,,Ich verstehe wohl, daß Sie aus dem Zufall keine aktive Kraft machen. Wenn er aber für Sie ein reines Nichts wäre, würden Sie nicht davon sprechen. Sie würden das Wort für inexistent halten, so wie die Sprache. Das Wort aber besteht, und Sie gebrauchen es, und es repräsentiert für Sie etwas, wie übrigens für uns alle. Fragen wir uns, was es wohl repräsentieren kann: Ein Dachziegel, vom Winde abgerissen, fällt herunter und erschlägt einen Passanten. Wir sagen, daß dies ein Zufall ist. Würden wir es sagen, wenn der Ziegelstein lediglich auf dem Boden zerschellt wäre? Vielleicht, aber dann, weil wir vage an einen Menschen denken würden, der sich an dieser Stelle hätte befinden können, oder weil aus dem oder jenem Grunde diese spezielle Stelle des Trottoirs uns selbst interessierte, so daß es scheint, daß der Ziegelstein sie *gewählt* hat, um darauf niederzufallen. In beiden Fällen gibt es den Zufall nur, weil ein menschliches Interesse im Spiel ist und weil die Dinge sich so ereignet haben, als wenn der Mensch in Betracht gezogen worden wäre, sei es mit dem Ziel, ihm einen Dienst zu erweisen oder sei es vielmehr in der Absicht, ihm zu schaden. Denken sie lediglich an den Wind, der den Ziegel wegreißt, an den Ziegel, der auf das Trottoir fällt, an den Aufprall des Ziegels auf den Boden: sie sehen dann nur noch einen Mechanismus: der Zufall verflüchtigt sich. Weil die Wirkung eine menschliche Bedeutung hat, muß diese Bedeutung auf den Grund übergreifen und ihn sozusagen mit Menschlichkeit durchdringen, damit es überhaupt Zufall gibt. Der Zufall ist also der Mechanismus, der sich verhält, als wenn er eine Absicht hätte.'' (Henri Bergson: Les deux sources de la morale et de la religion, Paris 1970, S. 154–155. Wir zitieren: Deux sources).

Gewiß gebrauchen wir den Begriff Zufall nur, wenn sich etwas so ereignet hat, als ob eine Absicht dahinter gesteckt hätte. Das Element der ,,Wahl'' und der ,,Absicht'' ist ganz flüchtig; es verschwindet in dem Maße, in dem man es erfassen will. Wir können es immer mehr reduzieren; und doch, wenn es nicht da wäre, sprächen wir nicht von Zufall. ,,Der Zufall ist also eine Absicht, die sich ihres Inhalts entleert hat. Es ist nur noch ein Schatten;

aberd ie Form ist da, selbst wenn der Inhalt fehlt. (Deux sources, S. 155)

Das, was hier für den Zufall gezeigt ist, gilt das nicht auch für Phänomene wie Pech, Glück, Fortüne? Man sieht sogleich die Vielfalt analytischer Möglichkeiten, wenn wir diesen „frei in der Welt schwebenden Absichten'' unsere Aufmerksamkeit zuwenden.

Dabei müssen wir fragen: was hat es mit diesen freischwebenden Absichten auf sich, und wo liegt ihr Zusammenhang?

Diese Absichten sind vage Seiendheiten, aber keine Personen. Wir neigen jedoch dazu, sie zu personalisieren. Eine derartige – falsche – Extrapolation ist deswegen möglich, weil die Welt selbst schon quasi personalisiert ist, weil die Lebenswelt „aussieht,'' uns „anmutet,'' weil sie einen „Ausdruck'' hat. Einer der Grundaspekte der Lebenswelt ist eben das „Aussehen,'' das Ausdruckhaben. Das Aussehen der Welt verweist uns auf das UrPhänomen der Lebenswelt überhaupt, das Gesicht.

Die letzte und erste erfaßbare Gestalt der Lebenswelt, die in sich selbst ihren Sinn hat, der allem anderen Sinn gibt und selbst nicht ausgesagt werden kann, ist das Gesicht.

Das Gesicht des Anderen, in dem, was es ist und in seinem Ausdruck affiziert mich überhaupt. Diese Affizierung läßt sich entfalten in die Bedeutung und die Absicht.

Das Gesicht des Anderen bedeutet mich mir selbst. Die Bedeutung des Anderen liegt darin, daß er mich bedeutet im Mit-den-Anderen-sein. Das Gesicht des Vaters, der Mutter, des Bruders, des Freundes, der Frau bedeutet mir, wer ich selbst bin. Mein Selbst in seiner innersten Innerlichkeit ist affiziert *von den* Gesichtern der Anderen, es ist es selbst nur im Affiziert-Sein von den Anderen. Ich bin mein Selbst nur in einem Gewebe von Affiziert-Sein.

Das Gesicht hat seinen ursprünglichen Sinn in sich, es vermittelt sich in die Bedeutung, wie wir eben gesehen haben, und es vermittelt sich weiter in die Ab-sicht. Die Andern mit ihren Gesichtern erfahre ich so, daß sie etwas mit mir beabsichtigen.

PERSONALISIERUNG DER NATUR UND EBENE DER MAGIE

Weil das Gesicht diese Ur-Bedeutung hat, durchtönt es die ganze Lebenswelt. Diese hat gewissermaßen ein Gesicht. Man kann die Versachlichung und Verdinglichung der Welterfassung soweit treiben, wie man will, immer wieder dringt dieser Grundaspekt des Aussehens, und zwar als Ausdruck-Haben, als Bedeuten, als Beabsichtigen durch in dem Phänomen der Atmosphäre. Die Atmosphäre ist das Ursprüngliche, das in seiner Unmittelbarkeit Horizont bleiben muß, der als solcher das Gegebene sowohl umfaßt als auch erscheinen läßt. (Vgl. Pierre Kaufman: L'expérience émotionelle de l'espace, Paris 1967, S. 224.)

Wir können nun besser verstehen, warum wir dazu neigen, das Aussehen in Absichten zu vermitteln und Absichten in Absichtsträger, d.h. in Personen. So, wie wir über die Welt das Ideenkleid der naturalistischen Wissenschaft werfen können, so können wir auch über die Welt das Kleid personalistischer Absichten, d.h. der Magie und des Aberglaubens hängen. Dabei können die merkwürdigsten Synthesen zwischen Wissenschaft und Magie auftreten, was nicht so verwunderlich ist, wenn man bedenkt, daß der Ursprung beider in der Notwendigkeit der Bewältigung der Natur, in dem Bedürfnis liegen, sich die Welt dienlich zu machen, sie für menschliche Zwecksetzungen verfügbar zu machen und in Dienst zu nehmen.

Bei Bergson finden wir die Ansätze einer phänomenologischen Analyse der Magie.

Am Beispiel des Zufalls konnten wir unsere Neigung analysieren, die Natur quasi zu personalisieren, oder, um das Wort deutlicher, wenn auch hässlicher zu machen, zu quasi-personalisieren. Es ist diese Tendenz, die das Übergewicht gewinnt in der magischen Einstellung. Für Bergson wird die quasi-personalistische Einstellung ausgeweitet, um die Sicherheit des Lebens zu erhöhen, um paralysierende Angst zu überwinden. Der funktionale Hintergrund dieser Analyse, der gewiß kritisch phänomenologisch-genetisch durchleuchtet werden müßte, sei hier dahingestellt; er ändert letztendlich nichts an ihrem uns hier interessierenden phänomenologischen Gehalt.

„Auf der einen Seite steht das, was sicher ist, was wir beherrschen, was dem Auge und der Hand gehorcht. Dahinter steht eine wie immer implizite, mechanistisch-naturale Anschauung, eine erkennbare Verkettung von Ursachen und Wirkungen. Auf der anderen Seite finden wir den Teil des Universums, den der Homo

faber keineswegs beherrscht. Diesem Teil des Universums gegenüber verhalten wir uns nicht mechanistisch-natural, sondern
personalistisch, und zwar gerade, weil wir ihn nicht beherrschen.
Wenn wir keine Macht haben, brauchen wir Vertrauen. Damit wir
uns wohlfühlen können, muß das Ereignis, das vor unseren Augen
aus der Gesamtheit der Wirklichkeit hervortritt, erscheinen wie
von einer Absicht beseelt. Dies wird in der Tat unsere natürliche
und ursprüngliche Überzeugung sein. Wir werden uns aber daran
nicht halten. Es genügt uns nicht, nichts fürchten zu müssen, wir
möchten auch noch etwas zu hoffen haben. Wenn das Ereignis
nicht völlig unempfindlich ist, könnte es uns dann nicht gelingen,
es zu beeinflussen? Wird es sich nicht überzeugen oder zwingen
lassen? Dies wird schwierig sein, wenn es bleibt, was es ist,
Absicht, die vorübergeht, rudimentäre Seele; es hätte nicht genug
Persönlichkeit, um unsere Wünsche zu erhören und es hätte
zu viel, um uns zu Diensten zu stehen. Aber unser Geist wird es
leicht in die eine oder andere Richtung stoßen." (Deux sources,
S. 1971, 1972)
   Das Universum wird also von Kräften bevölkert, die nur eine
Eigenschaft haben, nämlich die, nicht mechanisch zu sein, sondern
unseren Wünschen nachzugeben und unserem Wollen zu gehor-
chen. Man sieht nun leicht ein, daß die Grundlage der Magie der
Glaube ist in „eine Kraft, die die ganze Natur durchdringt und an
der in verschiedenen Graden, wenn nicht alle, so doch gewisse
Dinge teilhaben." (Deux sources, S. 193) Das ist das „Mana" der
Melanesier, das „Orenda" der Irokesen, das „Wakonda" der
Sioux. Es handelt sich hier um eine Präsenz, und zwar um eine
wirksame. „Die Natur dieser Präsenz ist im übrigen unwichtig,
wesentlich ist ihre Wirksamkeit: in dem Augenblick, in dem man
sich mit uns beschäftigt, mag die Absicht vielleicht nicht immer
eine gute sein, aber wir zählen wenigstens im Universum." (Deux
sources, S. 187)
   Die ganze Magie beruht auf diesem Glauben. Das Mana steht
nicht neben der naturalen Welt, sondern durchdringt sie, ist ein
anderer Aspekt. Die Natur ist den mechanistischen Gesetzen
unterworfen, und sie ist personalistisch imprägniert mit einer
Kraft, die dem Menschen erlaubt, sie über das Mechanistische
hinaus seinen Zielen dienbar zu machen. Es ist, als ob „die
Materie magnetisiert wäre, sich von sich aus dem Menschen zu-

wendet, um von ihm Missionen zu empfangen, seinen Befehlen zu gehorchen." (Deux sources, S. 174)

Die verschiedenen Verfahren der Magie, die oft genug beschrieben wurden, und ihre Prinzipien, z.B. „Ähnliches beeinflußt Ähnliches," „der Teil steht für's Ganze," beruhen auf der Grundlage einer solchen All-Kraft.

Die Handlung, die der Zornige oder Wütende im „heißen" Zustand vollzieht, wenn er sich seinen abwesenden Feind in seinen Händen vorstellte und von der er überzeugt ist, daß sie von der Allkraft als seiner Komplizin vollendet würde, vollzieht er nun „kalt." „Die Handlung, die seine Wut vorzeichnete, als er glaubte, in seinen Händen einen Feind zu halten, den er erwürgte, wird er mit Hilfe einer bereits fertigen Zeichnung reproduzieren, einer Puppe, deren Konturen er nur noch einmal berühren muß. So wird er die Zauberei praktizieren (l'envoûtement). Die Puppe, derer er sich bedienen wird, braucht im übrigen dem Feind gar nicht ähnlich zu sehen, da ihre Rolle einzig dazu dient, dazu beizutragen, daß die Handlung sich selbst ähnlich ist." (Deux sources, S. 176, 177) Auf ähnliche Weise lassen sich alle magischen Handlungen erklären. Es handelt sich um – vielleicht durch Wiederholungen und Ausschmückungen sehr kompliziert gewordene – Praktiken, die sich aber immer, wenn man sie analysiert, zurückführen lassen auf eine Handlung, die der quasi halluzinatorischen Wahrnehmung ihre Wirksamkeit gegeben hat, wenn sie in der Exaltation vollzogen wurde.

Die Magie besteht also aus drei Elementen:

1. Das Verlangen, auf alles Einfluß auszuüben, selbst auf das, was man nicht erreichen kann;
2. der diesem Verlangen antwortende Glauben, daß es in der Natur eine quasi personale Kraft gibt, die beeinflußt oder gezwungen werden kann;
3. die Vollendung durch dieses quasi personale Fluidum derjenigen Handlungen, die der Mensch beginnt, aber nicht selbst vollenden kann.

(Vgl. Deux sources, S. 176, 178)

Diese Analyse läßt sich fortsetzen von der quasi Personalisierung „schwebender Absichten" zur Konstitution von Geistern. Das Wohltun der Frische spendenden Quelle entwickelt sich zum Geist, der die Quelle bewohnt. Die Geister sind an den Ort gebunden, an dem sie sich manifestieren; denn sie entsprechen den Absichten, die an diesem Ort herrschen. Schließlich werden Götter konstituiert, die Personen sind mit guten und schlechten Eigenschaften und einen Namen tragen. Diese Götter entsprechen nicht mehr lokal gebundenen Absichten, sondern allgemeinen Intentionen und damit Funktionen. (Fruchtbarkeit, Handel, Schiffahrt.) Man könnte bei näherer Prüfung wahrscheinlich eine seltsame Ähnlichkeit entdecken zwischen Göttern, die gewisse Funktionen ausüben und den sozialen Personalitäten höherer Stufe der personalen Einstellung Husserls.

HEXENGLAUBE,
SOZIALES SYSTEM UND EIGENTLICH PERSONALE WELT

Auf dem Boden der Magie wächst der Hexenglauben. Wenn die Magie den Grund dafür gibt, daß die Dinge für uns zum Guten zu wenden sind, gründet in ihr ebenso die Möglichkeit des Bösen und Schlechten. Der Hexenglaube ist die einfachste Art, mit dem Übel fertigzuwerden. Die bösen Absichten werden hier aber weniger in der Natur selbst, in der All-Kraft gesehen, als in gewissen Menschen. Diese haben Zugang zur All-Kraft und benutzen sie für ihre bösen Absichten: sie sind Hexen. Hier werden enge Beziehungen zum sozialen System deutlich, wie Mary Douglas zeigt. (Vgl. Mary Douglas, Natural Symbols, London 1970 S. 113–118).

Aufgrund solcher Analysen, die hier nicht dargelegt werden, ließen sich die magischen Aspekte so manchen Wissenschaftsverständnisses und so mancher Ideologie enthüllen. Mit der Analyse der Magie und des Hexenglaubens erhalten wir eine erste Antwort auf die Frage nach der Einheit des Motivationszusammenhanges. Mit ihnen wird eine erste Ebene enthüllt, auf der ein Absichtszusammenhang herrscht, der *quasi personal* ist und der eine simplistische und simplifizierende Einheit von Motivationszusammenhang ist. Dies ist die Ebene der Magie und des Hexenglaubens. Der Motivationszusammenhang auf dieser Ebene hat noch nicht den Charakter von Geschichte. Die merkwürdige Ungeschichtlichkeit der Magie hat insbesondere Marcel Mauss sehr klar herausgestellt.

Neben oder über der quasi-personalen Welt haben wir dann die eigentlich so zu nennende personale Welt. Diese müßte in ihrem konkreten Gehalt enthüllt werden, was Husserl, wie wir zeigten, nur in sparsamen Ansätzen getan hat. Doch ist hier nicht der Ort zu entfalten, wie die anderen und ich in einer gemeinsamen Welt mit-einander leben, wie die anderen mein Gegenüber sind und wie ich in meinem eigentlichen Selbst-sein von ihnen affiziert bin; wie das Gesicht in seiner Ur-Macht das Ur-Phänomen der Lebenswelt überhaupt ist; wie die Urbedeutung der anderen sich darstellt, ohne sich sagen zu lassen, wie die Darstellung und das Affizieren, das Mich-Berühren und Mich-Bewegen der anderen über die Sprache hinaus ist und eine Rede verlangt, die auf die Darstellung hinweist, sie in ihrer Unsagbarkeit beläßt und doch von ihrer Unsagbarkeit ihren Sinn erhält. Ich habe das an anderer Stelle ausführlich getan. (Vgl. Gerd Brand: *Die Lebenswelt – Eine Philosophie des konkreten Apriori*. Berlin, Walter de Gruyter, 1971) Die Frage, die sich hier stellt, ist die nach dem Begründungszusammenhang – Rationalität – derjenigen Darstellung, die die einzelnen auftretenden Darstellungen umfaßt.

GESCHICHTLICHKEIT

Das ist die von Husserl aufgeworfene Frage nach der Einheit meiner Geschichte, die immer schon Geschichte-mit-Anderen ist.

Wie gehen wir dieser Frage nach? Wir müssen Ausschau halten danach, ob es ein einheitliches Phänomen gibt, mit dem wir den Zusammenhang einer Geschichte erfassen können, in dem sich diese Einheit vorzüglich darstellt, einer Geschichte, deren Wesentliches die Motivation ist. Damit stellt sich die Frage: wie ist uns das Bewegen und Bewegtsein gegeben, welche Zusammenhänge gibt es, d.h. welcher Grundzusammenhang besteht hier?

Zuvor aber müssen wir fragen, worin hat meine Geschichte phänomenologisch gesehen ihren Sinn und dann erst, worin hat sie ihre Einheit und ihre Einheitlichkeit?

Was meiner Geschichte ihren Sinn gibt, das sind die Ereignisse und Gestalten, die in ihr auftreten, das ist ihr besonderer Verlauf und das ist die Atmosphäre (oder die ,,Atmosphären''), die sie durchtönen.

Gestalt und Ereignis fallen zusammen, wenn eine mich bestimmende Gestalt zum erstenmal in meiner Geschichte auftritt. Ein solcher Augenblick kann sinnhaft sein, das heißt graduell stärkstes gestaltenhaftes Ereignis.

Wir finden nicht auf einer Seite Gestalten, auf der anderen Seite mich, und dann Beziehungen, die sich zwischen beiden abspielen, deren Verlauf eben meine Geschichte wäre. Sondern die Gestalt des Anderen als Gestalt ist eben eine Konkretion meiner Geschichte; meine Geschichte hat auch darin ihren Sinn, daß bestimmte Gestalten in ihr auftauchen.

Der „Verlauf" ist der durch die Ereignisse und Gestalten sich vermittelnde konkrete Zusammenhang meiner Geschichte. Ereignis und Gestalt entfalten sich jeweils selbst nur als „eine" Geschichte. Diese ist die Konkretisierung meiner Affektion in einer „einzelnen Geschichte." Dabei hat jede Gestalt und jedes Ereignis wiederum ihre Geschichte. Die Artikulierung der darin gegebenen „Beziehungen" vollzieht sich selbst als Geschichte. Jede als Gestalt konkretisierte Affektion, die sich also auch als Beziehung vergegenständlichen läßt, unterscheide ich als einzelne Geschichte. Hier wird nebenbei bemerkt deutlich, daß meine Beziehungen zu anderen letzten Endes nicht „sachlich" dargelegt, sondern wiederum nur durch Geschichten, durch „erzählte" Geschichten, vermittelt werden können.

Die Atmosphäre schließlich ist die Stimmung, die Durch-Tönung, die den Ereignissen und Gestalten in ihrem Verlauf ihren eigenen affektiven Grundgehalt gibt. Wir müssen aber unterstreichen: meine Geschichte entwerfe ich nicht selbst. Die *Ereignisse* ereignen sich in ihr, die Gestalten treten in ihr auf, die *Atmosphäre* läßt erscheinen; ihr *Verlauf* ist nicht kausal bestimmt, er ist ein Motivationsverlauf. Zu diesen vier Elementen läßt sich noch eines hinzufügen. Es ist ein Aspekt, den wir im Unterscheiden abheben können, nämlich das „Wodurch," wodurch ein Ereignis ein Ereignis ist, eine Gestalt auftritt usw. Das „Wodurch" als fünftes Element ist die jeweils konkrete Instrumentalität der vier anderen.

In meiner Geschichte aber trete ich selbst auf als der – zumindest latente – Bezugspunkt der fünf genannten Sinnelemente. Die Geschichte hat ihre Einheit erst dadurch, daß sie Geschichte von einem ist. Indem die fünf Sinnelemente auf mich in meiner Geschichte bezogen sind, wird diese durchwaltet von einer dreifachen Spannung: der von passivem Erleiden und aktivem Tätigsein; von Zufall und Notwendigkeit; von Sinnfremdem, Sinn-Äußerlichem und Sinn-Aneignung. Wir finden uns vor in einer

Welt, der wir eingeordne und deren Ereignissen wir preisgegeben sind, auf eine gewisse Art sind wir auch uns selbst preisgegeben, und wir kämpfen an gegen dieses Preisgegebensein. Wir erleben Zufälle, die uns nachträglich als Notwendigkeit erscheinen. Wir leben aus uns heraus, in unserem Eigen-Sein, in unserer eigenen Lebens-Teleologie, und es gelingt uns doch nie, das dieser Teleologie Sinnfremde, Äußerliche ganz anzueignen: unsere Lebensgeschichte hat die Form des Schicksals. (Vgl. zum Phänomen des Schicksals die Schriften von Freud, Binswanger, Boss, Kunz, sowie Heidegger, besonders Sein und Zeit, S. 383ff.; Scheler: Wesen und Formen der Sympathie, S. 212ff. und Ordo amoris. In: Schriften aus dem Nachlaß, Bd. I, S. 347ff.; Georg Simmel: Brücke und Tür, Stuttgart 1957, S. 9ff.)

Meine Geschichte hat also einen schicksalhaften Zusammenhang, sie ist im Auftreten ihrer Gestalten und Ereignisse, in ihrem Verlauf und in ihrer Atmosphäre, in ihrem Wodurch, in Zufall und Notwendigkeit, in Erleiden und Kämpfen, in Sinn-Fremdheit und Sinn-Aneignung vermittelt und erhellt gerade darin sich selbst, hat darin ihren Sinn, der nie in „sachlicher" Richtigkeit oder Falschheit ausgedeutet werden kann und der doch seine eigene undeutliche Deutlichkeit hat, die allem Deuten zugrunde liegt. Sinn und Einheit aber gehören zusammen. Meine Geschichte hat ja nicht nur ihre Einheit darin, daß ich es bin, der sie erlebt, eine Einheit, die nur daraus herrührte, daß es sich um einen Haufen von Ereignissen etc. handelt, die einer identischen Person zustoßen, sondern sie hat als Geschichte einen Zusammenhang und damit einen gewissen Sinn. Damit sind wir bei der Grundfrage: Als was nun kann ich die sinnvolle Einheit eines schicksalhaften Zusammenhangs erfassen? Die Antwort lautet: als Mythos.

MYTHOS

Wir fassen hier Mythos nicht auf als eine unwahre, halbwahre oder auch als vorwissenschaftliche Erklärung für etwas, das später einem tieferen Verständnis auf andere Art zugänglich gemacht werden könnte. Vielmehr sehen wir Mythos als die Grundlage aller Deutung. Er ist in diesem Sinne eine Geschichte, und zwar eine „wahre" und erklärende. Seine Wahrheit und seine Erklärungen sind aber, und das ist wesentlich, in eins Rechtfertigung. Der Mythos erhellt nicht nur, wie die Dinge in Wirklichkeit geworden sind, sondern auch, warum sie so werden mußten. Im Mythos verbinden sich Erklärung, Wahrheit, Ursprung und Rechtfertigung. Aus diesem Grunde können wir unsere Geschichte einen *persönlichen Mythos* nennen. Wir müssen in aller Klarheit und Deutlichkeit herausstellen und unterstreichen, daß es sich hier nicht um ein auslegendes Verständnis von historischen Gebilden handelt, die uns als Mythen bekannt sind. Vielmehr handelt es sich um die Artikulierung einer fundamentalen Seinsweise unseres Weltlebens, einer unterscheidbaren, fundamentalen Hinsicht auf die Welt.

In einer Schrift über die Sprache hat W. F. Otto zwei verschiedene Ausdrücke für „Rede" bei den Griechen unterschieden: „Logos meint die bedachte, die *richtige* Rede. Die Richtigkeit ist immer nur in einem Zusammenhang und *unter bestimmten Voraussetzungen* richtig (...). Mit Mythos ist stattdessen ursprünglich (...) die *unbedingt* gültige Rede gemeint, die Rede ist von dem, *was* ist. Daher gilt Mythos hauptsächlich von den möglichen Dingen, die keines Beweises bedürfen, sondern unmittelbar gegeben und offenbart sind." (Walter F. Otto: Sprache als Mythos. In: Die Sprache, Vortragsreihe, München 1959, S. 121) Meiner Geschichte als persönlichem Mythos wohnt ein Wahrheitssinn inne, der wahrer ist als alles, was ich davon aussagen kann.

Mythos ist weder Allegorie noch Tautegorie. Was aber ist er dann, um die Elemente, die wir bloßgelegt haben, zu umfassen in einer sinnvollen Einheit? Wir hatten gefragt, gibt es ein Phänomen, das der sinnvollen Einheit einer motivalen Geschichte zugrunde liegt, und wir haben Mythos als dieses Phänomen enthüllt; hier zunächst der persönliche Mythos, weil es sich um die Geschichte von Personen handelt. Wir müssen nun weiterfragen: gibt es ein besonders Element, das den Mythos als Mythos ausmacht, das das Wesentliche des Mythos ist. Dieses Element ist das Symbol. Das Symbol, um uns den Mythos erfassen zu lassen, greifbar zu machen, muß selbst Mythos im Mythos sein.

Es gibt gegenwärtig eine große Anzahl von miteinander streitenden Auffassungen über das Symbol, die kaum in einer einheitlichen Konzeption zusammenzubringen sind. Im Zentrum der Kontroversen steht die Beziehung zwischen dem Symbol und dem Symbolisierten, dem Zeichen und dem Bezeichneten, der Bedeu-

tung und dem Bedeuteten. (Eine gute Übersicht über diese Dis-
kussion bietet Alfred Schutz: The Problem of Social Reality,
Collected Papers I, Den Haag 1962, S. 297ff. und Albert Wellek:
Allgemeine Probleme der Semantik und Symbolik. In: Wirklich-
keit der Mitte. Festgabe für August Vetter, Hsg. J. Tenzler,
S. 331ff. Ferner Joseph J. Kockelmanns: Signs and Symbols.-In:
Essays in Metaphysics, University Park, 1970, S. 181–212.)
Wesentlich für alle Auffassungen scheint die Nicht-Unmittelbar-
keit der Erfassung der Wirklichkeit durch das Symbol zu sein.
(Vgl. Paul Ricoeur: De L'Interprétation. Essai sur Freud, Paris
1965, S. 20)

SYMBOL

Dem müssen wir das *Symbol* gegenüberstellen, wie wir es im
persönlichen Mythos finden. Es hat im wesentlichen zwei Kennzeichen. Das Symbol hat erstens weniger eine Verweisungs- als
eine Verdichtungsfunktion. Was es aber verdichtet, ist eine Geschichte. Wollen wir das Symbol entfalten, so können wir das nur
durch andere Symbole, und zwar, indem wir seine Verdichtung
entfalten in einer Geschichte, die wiederum in Symbolen sich
darstellt. Die Entfaltung des Symbols ist selbst symbolisch. Das
Symbol ist also, wie wir schon gesagt hatten, Mythos im Mythos.
Mythos im Unterschied zur Allegorie ist zwar auch ein Offenes,
das auf ein Verdecktes hinweist, ein offener manifester Sinn, der
aber nicht offen dargestellt werden kann, sondern eben nur als und
im Symbol, Symbol, das vom Mythos ist, Mythos im Mythos.
(Vgl. Antoine Vergote: Le Symbole. In :Revue Philosophique de
Louvain, Bd. 57, S. 17ff.) Die dem Symbol innewohnende Ver-
weisung ist der Mythos.

Zweitens hat dadurch und darin das Symbol eine Funktion, die
schon die Griechen entdeckt hatten und die in den modernen Auffassungen vergessen scheint. Für die Griechen war ,,Symbol'' ein
Gegenstand – z.B. zwei Teile eines Ringes –, durch den Menschen
sich einer Gemeinschaft zugehörig erkannten, durch den sie also
mit ihrer Geschichte an einer sie umfassenden Geschichte teil-
nahmen. ,,Symballein'' heißt ,,aneignen,'' ,,verbinden''. Die Verbindung liegt hier aber nicht zwischen dem Symbol und seinem
Symbolisierten, sondern das Symbol verbindet mich unmittelbar

mit sich selbst, wobei es unmittelbar über sich hinaus ist. Vertiefen wir diese Einsicht und führen wie sie weiter, dann sehen wir, daß das zweite und vielleicht wichtigste Kennzeichen des Symbols ist, daß es mich teilnehmen läßt, unmittelbar, an einer mich umfassenden Geschichte, die Ursprung, Erklärung und Rechtfertigung ist. Das Symbol hat also eine Kraft, *ist* eine Kraft, die mich in meine eigene und meine mich umfassende Geschichte einbezieht.

Das Symbol ist verdichteter Mythos. Lassen wir es nicht einfach dahingestellt, dann breitet es sich aus zum symbolischen Thema, zum Mythem, der den einzelnen und den umfassenden Geschichten in ihrer Ereignishaftigkeit, Gestaltenhaftigkeit, in ihrem Verlauf und in ihrer Atmosphäre eine orchestrierte Einheit gibt wie ein leitendes Thema, ein Leit-Motiv als ein Grund-Bewegendes. Dabei können wir die Frage stellen, ob und inwieweit es nicht selbst das „Wodurch" ist.

Indem es immer wieder als Thema durchscheint und auftritt, wird es auch zum *agierten* Symbol, und das heißt, es wird zum Ritus. Auf diese Weise gibt jedes Mythem einer Geschichte und der Geschichte ihre eigene Spannung und Orientierung. Dabei ist zu beachten, daß die besondere Spannung vom Anfang auf das Ende geht. Hierzu können wir feststellen, obwohl Anfang und Ende und auch Erklärung und Rechtfertigung miteinander vermittelt sind, daß es mehr der Anfang ist, der erklärt und mehr das Ende, das rechtfertigt. Darum hat jeder Mythos und jedes Mythem eine Spannung, die wir Zielspannung nennen könnten, und darum hat der absolute Mythos eine eschatologische Spannung. Diese Spannung ist dem nicht unähnlich, was Dilthey eine universale Stimmung nennt.

Es gibt eine allgemein universal erkennbare, begrifflich aufhellbare Grundstruktur meines welterfahrenden Lebens, die sich jeweils nur im Mythos konkretisiert, die als konkrete Geschichte nicht begrifflich, sondern nur mytisch erfaßt werden kann. Das, was der Mythos mit seinen Mythemen konkret darstellt (erzählt), erklärt und rechtfertigt, ist meine Endlichkeit, mein Im-Mangel-sein. Der Mangel ist ein wesentlicher Modus des Zur-Welt-sein, des welterfahrenden Lebens. Die Welt vermittelt mich mit mir selbst, ich bin ganz Zur-Welt-sein, und doch falle ich mit der Welt nicht zusammen. Auch falle ich mit mir selbst nicht zusammen,

und doch bin ich nicht gespalten. Zwischen der Welt und mir und
mir und mir selbst bleibt ein uneinholbares Zwischen, das mein
Selbst-sein ausmacht, in dem mir die Welt mangelt und ich mir
selbst, ohne daß die Welt oder ich selbst mir wie eine Ergänzung
fehlten. Das Fehlen selbst ist nur ein konkreter Modus des Mangel,
der sich immer wieder vielfältig konkret vermittelt. Erst aufgrund des Mangels gibt es Gerichtetsein, Streben, Wollen, Tun,
gibt es Sprache, Affektion, Zeit. (Besonders bei der Zeit läßt sich
erfassen, daß sie in sich selbst flüchtig ist, sich selbst mangelt.)
Aufgrund des Mangels hat das welterfahrende Leben die Struktur
einer ständigen Mangelbewältigung. Dies alles kann hier nur rohe
Andeutung sein. Durch eine ausführliche Analyse muß gezeigt
werden, wie der Mangel als Grundstruktur sich immer wieder und
immer weiter anders konkretisiert. (Vgl. Lebenswelt, S. 263ff.
und passim)

Der Mangel ist die Ermöglichung und damit der Grund meines
Erleidens und Handelns, meines Bewegtseins und Wollens,
meines Selbst, das nicht mit sich selbst zusammenfällt, das nur
in der Zeit ist und tut. Ricoeur deutet die grundlegende Vermittlung des Mangels im Mythos an. ,,Noch fundamentaler gesehen,
will der Mythos zum Rätsel der menschlichen Existenz gelangen,
nämlich den Zwiespalt zwischen der Grund-Wirklichkeit des
Menschen – Zustand der Unschuld, Status des Geschöpfes, wesentliches Sein – und seiner aktuellen Modalität als Befleckter, Sünder,
Schuldiger. Der Mythos gibt Rechenschaft über diesen Übergang
durch das Mittel der Erzählung. Aber es ist eine Erzählung genau
deswegen, weil es sich nicht um eine Deduktion, um eine logische
Transition handelt zwischen der Grund-Wirklichkeit des Menschen und seiner aktuellen Existenz, zwischen seinem ontologischen Status als gutes Geschöpf, das für das Glück bestimmt ist
und seinem existentiellen oder historischen Zustand, der unter
dem Zeichen der Entfremdung gelebt wird. Der Mythos hat somit
eine ontologische Tragweite: Er geht auf den Bezug – d.h. sowohl
auf den Sprung und den Übergang, den Schnitt und das Ver-
schmelzen – zwischen dem wesentlichen Sein des Menschen und
seiner historischen Existenz." (Paul Ricoeur: Finitude et Culpa-
bilité, Band II, Paris 1960, S. 155)

Wir haben den symbolischen, den mythischen Aspekt als das
wesentliche Element der personalen ,,Rationalität" aufgedeckt.

Damit ist aber noch nicht viel getan, damit stehen wir erst an einem – allerdings weiterführenden – Anfang.

Wir stehen vor der großen Aufgabe, den konkreten Gehalt und die konkreten Strukturen des persönlichen Mythos aufzudecken. Wir brauchen nicht ab ovo anzufangen, sondern können zur Verfügung stehendes Material interpretieren. Wo finden wir dieses Material? Wir finden es natürlich in den in der Geschichte vorgegebenen Mythen, in der Psychoanalyse (Tiefenpsychologie), wir finden es aber auch in den Gesetzesbüchern, in denen so viel an persönlichem Leben enthalten ist, wenn auch kodifiziert, und wir finden es, wenn es wahr ist, daß der Mythos alldurchdringend ist, um uns herum in der Analyse des politischen und gesellschaftlichen Lebens.

Im folgenden können diese Analysen noch nicht durchgeführt werden. Die Aufgabe ist zu neu und zu umfassend, und sie kann in ihrer Vielfältigkeit nur von einer Gemeinschaft von Forschern aufgenommen werden. Alles, was wir hier tun können, ist, dieser Forschung einige Grundfragen stellen.

PERSÖNLICHER MYTHOS UND IN DER PRAXIS VORGEGEBENE VERSCHIEDENE ARTEN UND TYPEN VON MYTHEN

Wir haben den Mythos entdeckt als persönlichen Mythos. Indem wir dem nachgehen, werden wir sogleich vor eine sehr wichtige Unterscheidung geführt, die zwischen dem persönlichen Mythos und dem mir in der gemeinsamen personalen Praxis vorgegebenen Mythos oder Mythem. Vom persönlichen Mythos muß ich in der Tat denjenigen Mythos unterscheiden, der eine klare, die ganze Existenz umspannende Sinngebungsstruktur hat und beansprucht. Diese Struktur hat eben der persönliche Mythos nicht; er charakterisiert sich im Gegenteil dadurch, daß seine Sinngebungsstruktur verworren ist.

Welche Unterschiede müssen wir also treffen? Müssen wir nicht, parallel zur Unterscheidung zwischen dem persönlichen und dem in der Praxis vorgegebenen Mythos, oder zusätzlich dazu, zwischen latentem und patentem, zwischen offenem und geschlossenem Mythos unterscheiden? Offensichtlich ist der persönliche Mythos ein offener und kein geschlossener.

Inwieweit, das ist eine andere Frage, steht der persönliche Mythos unter der Leitung eines Mythems. Hier wäre auch der Zusammenhang herauszustellen zwischen der Bewältigung des Mangels und der Aufgabenstruktur des Weltlebens. Das wesentliche Mythem des persönlichen Mythos ist die konkrete Aufgabenstruktur und damit die konkrete Art und Weise der Mangelbewältigung. Diese kann nicht universal sein wie im artikulierten Mythos, sondern muß einen individuellen Aspekt annehmen. Beim persönlichen Mythos scheint das Grund-Mythem das zu bestimmen, was Sartre den „choix existentiel" nennt.

Eine entscheidende Fragestellung ist hier: in welcher Beziehung steht das konkret Allgemeine des sinnstiftenden Mythos zum konkret Besonderen des persönlichen Mythos?

Neben dem persönlichen Mythos finden wir vorgegeben in der Praxis drei verschiedene Arten von Mythen. Erstens haben wir den Mythos als schriftlich überlieferte Erzählung. Diesen können wir hier beiseite lassen, insofern er nur Erzählung ist, Tautegorie und Allegorie, und nur Grundmaterial für den Mythos allgemein bereitstellt. Zweitens finden wir uns vor dem absoluten Mythos als religiöse Heilsgeschichte. Drittens haben wir getarnte Heilsgeschichten, Camouflagen und Verfälschungen des absoluten Mythos.

Die Fragen, die sich hier nun stellen, sind folgende: Gibt es fundamentale und grundlegende Symbole, Mythen und Riten, und welche sind es? Welche Beziehungen bestehen zwischen den verschiedenen aufweisbaren Mythemen? Gibt es primäre und sekundäre Mytheme? Wäre zum Beispiel Sünde ein primäres Mythem, Versuchung ein sekundäres?

Wie können wir zunächst den Reichtum eines Symbols aufweisen? Welche Affinitäten bestehen zwischen verschiedenen Symbolen, wie wird ein Symbol durch ein anderes erhellt? Wie gehören Symbol, Ritus, Mythem und Mythos zusammen? Wie vereinigt das Symbol unsere Erfahrungen, d.h. die verschiedenen Ebenen unserer Erfahrungen? (Vgl. Paul Ricoeur: Le conflit des interprètations, Paris 1969, S. 289)

Ein Grund-Mythem oder mehrere Mytheme organisieren meine Geschichte der Mangelbewältigung als Prozeß. Weil Mythos Geschichte ist, verdient die Prozeßhaftigkeit besondere Beachtung. Welcher Art ist die Prozeßhaftigkeit? Da ich in meinem Selbst unselbständig bin, da ich meine Geschichte als Schicksal erlebe, sie er-leide als mein mir Zu-geschicktes, ist das erste Element der Prozeßhaftigkeit das Angegangensein meines Inneren von meinem Außen. Das Affiziertsein, das Erleiden ist mir von Außen zugeschickt. Im persönlichen Mythos erlebe ich mich als erleidend, das Äußere erleidend und mein Innerstes als ergriffen und als antwortend. Inwieweit ist nicht jeder Mythos ,,Prozeß" und ,,Kampf", und was heißt das, wie kann das entfaltet werden?

Ricoeur hat gezeigt, daß es für den eigentlichen Mythos als Heilsgeschichte, die oben genannte zweite Art, zwei grundlegende Typen gibt, die dem Prozeß seinen Grundcharakter gibt, je nach dem, ob der Ursprung des Mangels und dessen Bewältigung im Menschen oder außerhalb des Menschen gesehen wird. ,,Die Welt der Mythen findet sich so polarisiert zwischen zwei Tendenzen, derjenigen, die das Übel jenseits der Menschen hinausträgt und derjenigen, die es in einer schlechten Wahl konzentriert, von der ab der Schmerz, Mensch zu sein, beginnt... Diese Dynamik ist bewegt von einem fundamentalen Gegensatz. Auf der einen Seite die Mythen, die den Ursprung des Übels einer Katastrophe oder einem Ur-Konflikt zuschreiben, der den Menschen vorhergeht, und auf der anderen Seite die Mythen, die den Ursprung des Übels den Menschen zuschreiben." (Ricoeur, Conflit, S. 290)

Eine weitere wichtige Frage, aus der wir wahrscheinlich eine weitere Grundunterscheidung entdecken können, ist hier die nach dem Zusammenhang zwischen dem Bösen, dem Schlechten, dem Übel und dem Mangel als ,,Zu-wenig." Ist das eine die Symbolisierung der anderen? Der Mythos ist, wie wir sahen, durchdrungen von der Sehnsucht nach der Befreiung vom Mangel. Diese Befreiung symbolisiert sich in ihm sowohl als eine ferne, ursprüngliche und unwiderruflich verlorene Situation wie auch als eine Situation, die ,,am Ende" erreicht werden kann. Aber es gibt doch einen Unterschied zwischen dem in der Welt uns begegnenden Mangel als Zuwenig und dem eigentlichen Bösen. ,,Erklärt" das Böse den Mangel oder umgekehrt? Liegt in dieser Fragestellung nicht ein Schlüssel für das Verständnis moderner Mytheme, die glauben, der Mangel könnte aufgehoben werden und die mit der Aufhebung des Mangels das Böse beseitigen wollen?

Damit werden wir vor eine entscheidende Frage geführt, die

implizit schon auftaucht mit der Unterscheidung zwischen persönlichen und sinnstiftendem Mythos. Gibt es einen Ur-Mythos, einen
,,wahren'' oder ,,absoluten'' Mythos, von dem alle anderen Varianten sind? Gibt es einen ,,Archetyp'' von Mythos, und ist dieser
Archetyp absolut? Gibt es falsche Mythen? Ist die Frage die
gleiche wie die folgende: Wiederholt sich auf der Ebene des Mythos
das, was wir schon allgemein für die Lebenswelt gesehen hatten,
nämlich, daß sich ein Aspekt vor alle anderen stellen kann? Die
Frage also wäre: kann ein Mythem oder ein Mythos so beherr-
schend werden, daß er alle anderen unterdrückt und damit ver-
fälscht, daß er zu einem verzerrten Mythos wird?

VORGÄNGIGE ERHELLUNG DER VERSTEHENSSTRUKTUR ZUR BEWÄLTIGUNG DER GESTELLTEN PROBLEME: ALS-OB, SYMBOL

Um diese Fragen überhaupt beantworten zu können, müssen
wir einen Schritt zurückgehen, müssen wir die Verstehensstruktur
erhellen, die sich vom Als ausbreitet über das Als-ob bis zum
Symbol.

Wir haben angedeutet und an anderer Stelle ausdrücklich dar-
gelegt, wie das Verstehen in der Auslegung das Als strukturiert.
Dabei wird deutlich, daß diese Auslegung immer schon ,,grund-
sätzliche Metaphorik'' ist. In der personalen Einstellung, in der
Komprehension der Anderen breitet das Als sich aus zu einem
Als-ob. Damit ist kein verwechselndes ,,Als ob'' oder ein heuri-
stisches Als ob, wie zum Beispiel das Vaihingers gemeint. (Vgl.
Hans Vaihinger: Philosophie des ,,Als ob,'' Berlin 1911, S. 591,
S. 255).

Dem Als-ob kommt eine ganz eigenartige Bedeutung zu, die
bisher nicht erkannt zu sein scheint. Es wird nämlich zumeist,
wenn nicht immer, verwechselt mit einem Als, welches an die Stelle
eines anderen Als tritt oder gesetzt wird. Wir haben schon die
Bedeutung gesehen, die dem Als zukommt, und seiner Ausdrück-
lichmachung in der Hinsicht und der Bedeutung. Das Als-ob ist
nicht ein anderes Als, sondern in Wirklichkeit ein Als, das als
Hinsicht nicht ganz hinsichtlich, das als Bedeutung nicht ganz
ausdrücklich gemacht werden kann, kurzum, das als Verständnis nicht ganz durchartikuliert werden kann. Es ist ein Verständ-

nis, das sich nicht schließen läßt, das auf eine eigentümliche Art offen bleibt. Das Als, welches das Als-ob ersetzen soll, bleibt nämlich bestehen und bleibt in engster Beziehung zu dem Als-ob; beide gleiten ständig übereinander, beide halten sich in einer ständigen nicht zu vollziehenden Differenz.

Das Als-ob bleibt in seiner Bestimmtheit immer offen und verwischt, Elemente des Als in sich tragend, das es doch nicht ist. Hierin liegt der Grund, warum alles, das Als-ob-Charakter hat, letzten Endes unbestimmbar ist und nicht stimmt, wenn ich es als Als fassen will.

Wir können aber nun auch erkennen, daß wir im Als-ob eine grundsätzliche Erweiterung der grundsätzlichen Metaphorik finden. So wie in der Metapher, in der „Familienähnlichkeit" eine unmittelbare und konkrete Vermittlung des Singularen und des Universalen liegt, so finden wir in der erweiterten Metapher des Als-ob eine Überlagerung von „ähnlichen und doch unähnlichen" Familienähnlichkeiten.

Wir müssen auch noch bemerken, daß das Als-ob nicht nur in einer Überhöhung des Personalen liegt, sondern auch in einer Beseelung des Naturalen. Dies finden wir im allgemeinen im „epischen Simile" der Dichtung. Dort finden wir zum Beispiel ein Als-ob zwischen dem weißen Schnee und der Haut, zwischen dem Wasser, das fließt und den Tränen, zwischen dem wechselnden Wind und den Launen oder Stimmungen. Eine gegenseitige Beseelung, eine Beseelung zwischen Entgegengesetztem, ist hier am Werk. „Penelopes Tränen beseelen das Schmelzen des Schnees, der unbelebt (inanimate) ist. Aber der unbelebte schmelzende Schnee seinerseits belebt, beseelt (animates) die Frau, die wieder zum Leben kommt." (Fred Kersten: Phenomenology, History, Myth. In: Phenomenology and Social Reality, Den Haag 1970, S. 250).

Die letzte Ausweitung finden wir dann im Symbol, die nun nicht einmal mehr ein Als-ob-Verstehen, sondern ein verstehendes Ergriffensein sui generis darstellt.

MYTHOS UND VERNUNFT
UND DIE AUFGABE DER MYTHO-ANALYSE

Wir haben, um die Frage einer Mytho-Analyse stellen, lösen und beherrschen zu können, verschiedene unterscheidbare Ver-

stehensstrukturen grob skizziert. Darum müßten wir auch noch
den Unterschied und den Zusammenhang andeuten zwischen dem,
was wir Mythos und dem, was wir Vernunft nennen.

Die Vernunft, die Struktur der einsichtigen und zusammen-
hängenden Rede, ist nie ganz Vernunft; sie braucht, um sich zu
sagen, das Als-ob-, dessen unmittelbares Affizieren sich sowieso
nicht sagen läßt und sie braucht das Symbol. Dieses wiederum
entfaltet sich in einer einsichtigen, einsichtig-machenden Rede.
Der Mythos umfaßt die Vernunft und diese den Mythos.

Das Sich-nicht-aussagen-Können der Sprache, die mir das umfassende Zwischen von Rede und Gegen-Rede bedeutet, in welchem allein ich Ich bin und die Anderen die Anderen sind, ist ineins das eine und das andere, Mythos und Vernunft, in gegen-
seitiger und gradueller Vermittlung. Dies ist die vernünftige Einsicht in den Mythos als Einheit des Mythos selbst, als seine Ver-
nünftigkeit. In dieser Einsicht bin ich aus auf immer mehr Einsicht und Eins-Sicht. (Vgl. Lebenswelt, S. 633 u. 634) Wichtig ist
jedoch zu sehen, daß bei aller Vermittlung Vernunft und Mythos
unterschieden sind. So hat Vernunft den Mythos sein zu lassen,
sonst entwickelt sich der Mythos zur Gnosis.

Die Aufdeckung dieser verschiedenen Zusammenhänge zeigt
uns nun die weitere, offensichtlich wichtigste Aufgabe, die aus der
Entdeckung der grundlegenden Rationalität der Praxis folgt. Wir
müssen die Beziehungen erhellen zwischen dem Quasi (Magie),
dem Als, dem Als-ob, dem Symbol, d.h. dem absoluten Mythos
und seinen Abarten. Die verschiedenen Fragen, die wir gestellt
haben, werden gewiß und wenigstens teilweise in und durch diese
Erhellung gelöst werden.

Wir haben gesehen, daß das Als-ob als Als angesehen werden
kann und damit groteske Verzerrungen hervorruft. Ebenso kann
aber auch das Quasi-Personale, das Magische als Als angesehen
werden. Das ist nicht nur grotesk, sondern gefährlich.

Die Magie ist ein Als-ob-Mythos. Zum größten Teil sind politische Ideologien de facto zur Magie abgerutscht. Es lassen sich
zum Beispiel Parallelen aufzeigen zwischen magischen Inkanta-
tionen und Riten und aus politischen ,,Ideologien'' stammendes
Gebaren. Insbesondere finden wir hier das Phänomen der ver-
suchten Personalisierung und der darauf folgenden, damit zu-
sammenhängenden falschen Identifizierung.

In der Magie entdecken wir ein Absacken vom Persönlichen und überpersönlichen zum quasi Persönlichen, vom Geist zu den Geistern. Darum muß es auch einen Verlust des Symbols geben. Das Symbol wird reduziert auf die Allegorie. Wenn man in eine Wachspuppe Nadeln sticht, dann ist das nicht mehr symbolisch, es ist entweder allegorisch oder magisch. Ein Gleiches ist, wenn man sich im politischen Kampf einen personalisierten und dann falsch identifizierten Sündenbock schafft. In der Magie könnten wir eine Korruption der Mythologie durch die instrumentale Kausalität sehen. Denn in der und durch die Magie wird versucht, sich den magischen Bereich, den Bereich des Quasi-Personalen, den Bereich des Verpersönlichten, dienbar zu machen.

Aufdeckend und erleuchtend ist hier die Frage nach den Riten. Was sind Riten und was ist Ritualismus? Wir haben schon gesagt, der Ritus ist ein agiertes Symbol. Gibt es aber nicht einen Unterschied zwischen magischen Riten und echten „sakralen" Riten? Mary Douglas definiert Ritualismus als „erhöhte Wahrnehmung (appreciation) symbolischer Aktionen. Diese wird sich in zweierlei Weise bekunden: Glaube in die Wirksamkeit intuierter Zeichen, Empfindsamkeit (sensitivity) für kondensierte Symbole." (Mary Douglas, Natural Symbols, S. 8.) Das magische Verfahren, der magische Ritus ist offensichtlich daran gebunden, die richtigen Worte in der richtigen Ordnung zu gebrauchen, beim echten Ritus kommt es im wesentlichen auf die innere Einstellung an. Mythische, sakramentale Wirklichkeit ist innerlich, magische Wirksamkeit ist äußerlich. Die Frage hier ist: Wie kann der Ritus sich entleeren, wie kann der mythische, der sakrale Ritus zur magischen Handlung herabsinken?

Umgekehrt haben wir im absoluten, im sinnstiftenden Mythos, eine Aufhebung der Quasi-Personalisierung, die in der Magie stattfindet. Die Gegenstände sind nicht mehr unmittelbare Träger von Quasi-Absichten, sie sind nicht mehr selbst begeistet, sondern verkörpern über-irdische Mächte, die nicht der Magie, sondern dem religiösen Verhalten zugänglich sind. „Diese Gegenstände können von nun an erfahren werden als Inkarnationen *außergewöhnlicher* Mächte, als Repräsentationen einer transzendenten Region in der alltägliche Welt. Es besteht auch eine enge Beziehung zwischen der Ent-sozialisierung ((Ent-Personalisierung))

der Welt und der Artikulation eines religiösen symbolischen Universums. Die Ent-Sozialisierung ((Ent-Personalisierung)) von
Teilen der Lebenswelt kann jedoch parallel gesehen werden zu
einer Ent-Seelung." (Thomas Luckmann, On the Boundaries of
the Social World. In: Social Reality, S. 95.)

Hier finden wir das Sakrale, das Heilige im Gegensatz zum
Magischen. Doch müssen wir herausstellen, daß das Heilige nicht
das Magische als Gegenpol hat. Vielmehr ist sein Gegenpol das
Profane, das Alltägliche.

MITTE DER PRAXIS

Das welterfahrende Leben, die Praxis, hält sich in der Spannung zwischen Magie und absolutem Mythos. In der Mitte dieser
Spannung liegt die Alltäglichkeit, das „Reich der physischen und
psychischen Notwendigkeit." Diese ist gekennzeichnet durch das
Bedürfnis nach Sicherung von Nahrung und Wohnung, von Anerkennung und der Möglichkeit geschlechtlicher Liebe in Freiheit.
Die Alltäglichkeit als Reich der Notwendigkeit selbst öffnet sich
auf das Spiel und das Drama, das Fest und das Drama. Die Öff-
nung ist selbst eine Notwendigkeit. Wenn sie nicht unmittelbar erfüllt wird, dann geschieht das „in Vertretung." Dies zeigen uns zum
Beispiel die Phänomene des Fernsehens, des Sports, der Illustrier-
ten, der „Krimis" usw. Panem et circences sind die Elemente der
Alltäglichkeit. Das Alltägliche als das Durchschnittliche vermittelt
sich in das Außergewöhnliche. Auf der einen Seite in das Magische,
auf der anderen in das Drama, das Epos, und schließlich in das
Sakrale, das Mythische. Das Sakrale hat das Alltäglich-Durch-
schnittliche sich gegenüber als das Profane. Das Sakrale bekundet
sich in der Öffentlichkeit als heiliger Raum und als heilige Handlung. Die Öffentlichkeit selbst z.B. ist durch ihre „Vertretung,"
durch die „Regierenden" vermittelt in das Sakrale. Deswegen
besitzt das Regieren, auch bei Verlust aller Religiosität, noch
immer den Schimmer des Sakralen. In diesem umfassenden
Spannungshorizont finden wir als derivierte Phänomene, welche
die Mitte einnehmen können und damit das Gesamt verzerren,
die Magie und den falschen, wildgewordenen Mythos.

Die Analyse der Alltäglichkeit und ihrer Öffnungen und der
Zusammenhänge zwischen Mythemen, symbolischen Verhalten

und Riten erlaubt völlig neue Erkenntnisse über gesellschaftliche Zustände, Strukturen und Prozesse. Ansätze solcher Analysen finden wir zum Beispiel bei Kenneth Burke und Mary Douglas. Mehr und mehr wendet sich die Aufmerksamkeit der Sozialwissenschaften der Erfassung gesamtgesellschaftlicher Zusammenhänge zu. Ein Beispiel dafür ist der Versuch, soziale Indikatorenzu schaffen. Die Sozialwissenschaft findet sich hier mehr und mehr vor dem Dilemma einer irrelevanten Empirie und einer überdeterminierten Sozialphilosophie, die nichts anderes ist als Ideologie im Gewande der Wissenschaft, d.h. verzerrter Mythos. Das Soziale aber besteht nicht aus unzusammenhängenden Fakten, die nur deswegen einen größeren Zusammenhang erhielten, weil man sie in ,,cluster'' zusammenbringt. Das Soziale ist sinnvoll. Darum wendet sich gegenwärtig die Wissenschaft vom menschlichen Verhalten mehr und mehr der Phänomenologie zu, die bereits Versuche befruchtet hat, wie den symbolischen Interaktionismus, die Ethnomethodologie oder die Ethnopsychiatrie. Diese Wissenschaften können nur dann wirklich zu voller Entfaltung gelangen, wenn sie mehr und mehr eine Phänomenologie der Lebenswelt als Grundlage benutzen. Diese Wissenschaften, das meinen wir hier bewiesen zu haben, müssen sich fortsetzen in einer Mytho-Analyse, deren erste Fragestellungen, so meinen wir weiter, wir aufgezeigt haben.

Das natürliche Komplement der Mytho-Analyse ist die Magie- und Mythologie-Kritik. Wahrscheinlich ist diese sogar vorrangig, wahrscheinlich entsteht erst aus ihr die Mytho-Analyse. Mit welchen dieser Ansätze man aber auch anfängt, er führt jeweils zum anderen.

So müssen also alle Zweckgebilde, ob sie Wissenschaft, Kunst oder Ideologie sind, die den personalen Bereich betreffen, kritisch untersucht werden, inwieweit sie getarnte Magie und inwieweit sie getarnte Mythologie sind. Dies läßt sich durch hermeneutische und phänomenologische Auslegung bewerkstelligen.

ANALYSE DER PRAXIS UND DEREN ANSÄTZE:
MYTHO-ANALYSE, MAGIE- UND MYTHOLOGIE-KRITIK

Drei Ansätze bieten sich an für die Magie und Mythologie-Kritik. Erstens, offen zutage liegende mythologische Strukturen des Gesellschaftlichen, Politischen oder Ideologischen; zweitens, die hermeneutisch-phänomenologische Auslegung des magischen oder mythologischen Verständnisses, das in konkreten Anwendungen implizit ist; drittens, die Entdeckung von Magie und Mythologie innerhalb von ,,rational" sich darstellenden wissenschaftlichen oder sonstigen Zweckgebilden in der Gestalt von operativen Begriffen. Dies ist die schlimmste, weil am meisten verschleierte Verzerrung, welche Magie und falscher Mythos hervorrufen können. Wir gebrauchen die ,,operativen Begriffe," wie Fink dies versteht. ,,In der Bildung der thematischen Begriffe gebrauchen die schöpferischen Denker andere Begriffe und Denkmodelle, sie operieren mit intellektuellen Schemata, die sie gar nicht zu einer gegenständlichen Fixierung bringen. Sie denken durch bestimmte Denkvorstellungen hindurch auf die für sie wesentlichen thematischen Grundbegriffe hin. Ihr begriffliches Verstehen bewegt sich in einem Begriffsfeld in einem Begriffsmedium, das sie selber gar nicht in den Blick zu nehmen vermögen." (Eugen Fink: Operative Begriffe in Husserls Phänomenologie. In: Zeitschrift für philosophische Forschung, S. 324f., XI/3.)

Entdecken wir operative Begrifflichkeit als Magie, Mytheme oder Mythen, dann haben wir natürlich keinen echten Mythos, sondern falschen Mythos in der Gestalt von Vernunft, d.h. Unvernunft. In der gegenwärtigen Situation erscheint deshalb als oberste Notwendigkeit die Mythologie-Kritik. Sie würde uns einerseits erlauben, gesellschaftliche, politische und geschichtliche Zusammenhänge ganz anders zu verstehen, als wir es heute noch tun. Andererseits wird sie echte Aufklärung sein und unheilvolle Verzerrungen der Aufhebung durch die Vernunft, d.h. auch durch den echten Mythos, zugänglich machen.

Diese Mythologie-Kritik kann erarbeitet und konkret angewandt und damit gleichzeitig zu einer fundierten und fundierenden Mytho-Analyse werden in der Weiterverfolgung der hier angeschnittenen Fragen.

DAS PROBLEM DER GESCHICHTE
BEI HUSSERL, HEGEL UND MARX[1]

ANTE PAŽANIN (ZAGREB)

Die Phänomenologie und der Marxismus zeigen sich uns als die zwei bedeutendsten Richtungen des gegenwärtigen philosophischen Denkens, und die Philosophie Hegels ist das Medium, das ihre Begegnung ermöglicht und ihr „Gespräch produktiv" macht. Das versuchen wir am Problem der Auffassung der Geschichte und der Geschichtlichkeit zu zeigen. Dabei wird sich herausstellen – um kurz das Ergebnis der Untersuchung vorwegzunehmen –, daß sowohl Husserl und Hegel als auch Marx von der Gegenwart ausgehen, aber nicht ohne den Sinn für Vergangenheit und Zukunft, also für das Ganze der Zeit und der Geschichte. Bei ihrer Thematisierung der Geschichte verfahren alle drei Denker wissenschaftlich. Darin unterscheiden sie sich sowohl von der Romantik und der Dichtung als auch von der traditionellen Ausschließung des geschichtlichen Handelns des Menschen aus der Sphäre der Wissenschaft – insbesondere aber von der objektivistischen und mathematizistischen Behandlung des praktischen Menschenlebens und dessen Erfassung nach dem Vorbild der exakten Naturwissenschaft. Trotz aller Unterschiede, die Husserls Phänomenologie von Hegels Philosophie überhaupt und von dessen Philosophie der Geschichte im besonderen trennen, sind einige wesentliche Gedanken in der Auffassung der Geschichte und in der Bestimmung ihrer Epochen Husserl und Hegel gemeinsam: in Analogie zu den drei wesentlichen Arten des bisherigen Lebens und Denkens (der naiv-mythischen, wissenschaftlich-philosophischen und „absoluten," bzw. „phänomenologischen" Art) unterscheiden die beiden Denker drei Stufen der Geschichtlichkeit (die

[1] Dieser Aufsatz geht auf einen bis jetzt unveröffentlichten Vortrag zurück, den der Verfasser auf dem 1967 in Sarajevo stattgefundenen Internationalen Symposion „Phänomenologie und Marxismus" gehalten hat.

natürliche, bzw. generative Geschichtlichkeit oder die Historizität, die wissenschaftlich-philosophische und die absolute, bzw. phänomenologische Geschichtlichkeit) und drei ihnen entsprechende Phasen der Weltgeschichte. Für Marx hat sich die ganze bisherige Geschichte als ,,Vorgeschichte" gezeigt, und die Arten ihrer Auffassung als vorgeschichtlich. Die Marxsche Auffassung der Geschichte soll im zweiten Teil dieses Aufsatzes dargestellt werden.

I

Bei der Frage nach der Geschichte fangen wir mit dem Bekanntesten an – mit Hegels Auffassung der Geschichte der Philosophie. In seinen berühmten Vorlesungen über die Geschichte der Philosophie zeigt Hegel, daß ,,die Geschichte der Philosophie" da anfängt, ,,wo der Gedanke in seiner Freiheit zur Existenz kommt," d.h. dort, ,,wo er sich losreißt von seinem Versenktsein in die Natur, von seiner Einheit mit ihr, sich für sich konstituiert," also ,,wo das Denken in sich geht und bei sich ist" (Hegel, *Vorlesungen über die Geschichte der Philosophie*, Leipzig 1944, Bd. I, S. 224). Allerdings stellt Hegel die ursprüngliche Einheit des Geistes mit der Natur damit ebensowenig in Abrede, wie Husserl die natürliche Einstellung. Was die beiden Denker zu bestreiten suchen, ist die Auffassung jener, ,,welche die Einheit des Geistes mit der Natur für die vortrefflichste Weise des Bewußtseins annehmen." Denn, ,,diese Stufe ist vielmehr die niederste, unwahrste; sie ist nicht durch den Geist selbst hervorgebracht" (a.a.O., S. 227). Daher stellt bei Hegel die ,,Phänomenologie des Geistes" die Voraussetzung für eine wahre Erkenntnis dar, wie die ,,phänomenologische Epoché" bei Husserl erst die Durchschauung des wahren Seins ermöglicht. Die Einheit des Geistes mit der Natur betrachtet Hegel als ,,das orientalische Wesen überhaupt. Hingegen die erste Gestalt des freien, geistigen Selbstbewußtseins und damit der Anfang der Philosophie ist in dem griechischen Volke zu finden" (a.a.O.). Diesen Anfang der Philosophie erklärt Hegel durch den ,,allgemeinen Zusammenhang der politischen Freiheit mit dem Hervortreten der Freiheit des Gedankens" oder der Philosophie: ,,In der Geschichte tritt die Philosophie also da auf, wo freie Verfassungen existieren" (a.a.O., S. 226, 227). Und was bedeutet hier die politische Freiheit? Hegel sagt: ,,Die politische Freiheit im Staate hat da ihren Beginn, wo das Individuum sich als Individuum fühlt, wo das Subjekt sich als solches in der Allgemeinheit weiß'' (a.a.O., S. 255), d.h. wo es sich als solches denkt. Denn, ,,sich denken,'' fährt Hegel fort, ,,heißt, sich die Bestimmung des Allgemeinen geben, sich als ein Allgemeines wissen – wissen, daß ich ein Allgemeines, Unendliches sei, – oder sich als ein sich auf sich beziehendes, freies Wesen denken. Darin ist eben das Moment der praktischen, politischen Freiheit enthalten'' (a.a.O.). Der Zusammenhang von Politik und Philosophie zeigt also nicht nur das ,,Hervortreten'' der Philosophie durch die politische Freiheit, sondern auch die Bedingtheit dieser durch das Wissen des Allgemeinen. Vielmehr wird dadurch die Philosophie schon ,,praktisch.'' Hegel findet, daß dieses allgemeine Prinzip als ,,Zusammenhang von Freiheit und Denken'' (a.a.O., S. 234) zum ersten Mal ,,zugleich eine geschichtliche, – eine konkrete Gestalt'' (a.a.O., S. 226) des Lebens in der griechischen Polis annimmt, und daß dieses Prinzip hier den ,,Begriff der Freiheit'' ausmacht. Aber auch in Griechenland ist ,,die reale Freiheit noch mit einer Einschränkung behaftet, denn, wie wir wissen, gab es in Griechenland noch Sklaverei,'' hebt Hegel hervor (a.a.O., S. 235). Die ,,reale Freiheit'' ist also bei den Griechen noch relativ, sie ist eingeschränkt; die Sklaverei ist der Mangel der griechischen Freiheit. Erst das Christentum entwickelt nach Hegel die Freiheit einiger zur Freiheit aller – zwar nur als innere Freiheit der Subjektivität, denn Hegel wußte wohl, daß die gesellschaftliche Freiheit auch mit dem Christentum nicht unmittelbar Wirklichkeit geworden ist. Daher Hegels Begeisterung für die französische Revolution (hierzu vgl. J. Ritter ,,Hegel und die französische Revolution'' und andere Studien in: *Metaphysik und Politik*, Frankfurt a.M. 1969). Bis zu welchem Maße Hegel die Philosophie von der Freiheit und deren Geschichte von der Geschichte der politischen Freiheit abhängig macht, sieht man aus seiner Einteilung der Geschichte des menschlichen Gedankens und der Philosophie. Nach seiner Konzeption der Geschichte ist das Denken des Orients – Hegel sagt ,,das Orientalische'' – aus ,,der Geschichte der Philosophie auszuschließen'' (a.a.O., S. 232), weil es ,,der ganz allgemeine, abstrakte Gedanke'' (a.a.O., S. 236) ist. Es ist vielmehr ,,die leere innere Anschauung'' oder das ,,reine,

ganz abstrakte Vorstellen," das der „Willkür" und dem „Despo-
tismus" der orientalischen Welt entspricht, wo „die Furcht ...
überhaupt die regierende Kategorie" ist und nicht das Gesetz und
die Freiheit. Hier „kann ... von eigentlicher Philosophie nicht
die Rede sein," weil die Philosophie nur dort möglich ist, „wo
freie Verfassungen existieren," wo „das Volk," d.h. die Bürger
das „Gesetz" und das „Allgemeine" wollen und denken, und nach
ihm „frei" handeln. In diesem Sinne sagt Hegel: „Will der Wille
Allgemeines, so fängt er an, frei zu sein; ... Wer das Gesetz will,
will Freiheit haben." Das ist zum ersten Mal der Fall bei den
Griechen, wo die Philosophie „der sich selbst bestimmende Gedanke" ist. Dem Christentum und der Französischen Revolution
entspricht dann „die Philosophie der modernen, europäischen
Welt," deren Vollkommenheit und Absolutheit Hegel in seiner
„letzten Philosophie" sieht (vgl. a.a.O., 127, 227, 229, 230, 232,
236).

Obwohl Husserl die Philosophie nicht in einem so engen Zusammenhang mit der „politischen Freiheit" betrachtet, wie es
Hegel getan hat, unter anderem auch deshalb, weil er in der
Epoche des späten Bürgertums lebt, und nicht nach den „Ursachen," sondern nur nach dem „Sinn" der geschichtlichen
Phänomene und der Art ihrer Erscheinung fragt, so scheint uns
doch, daß auch er, trotz wesentlicher Unterschiede in der Art
und Weise, wie er an die Geschichte herangeht und sie betrachtet,
zu den gleichen oder ähnlichen Ergebnissen kommt wie Hegel. In
der Art, wie sie die wesentlichen Stufen der Geschichtlichkeit
gedanklich erfassen, kommt die Genialität der beiden Denker
vollauf zum Ausdruck. Daß sie dabei die Geschichtlichkeit sowohl
im Sinne des Verstehens und des philosophischen Begreifens der
Geschichte als auch in ihrer Bedeutung für die Erhellung und
Rechtfertigung der eigenen philosophischen Position gesehen
haben, braucht man kaum zu erwähnen.

----

² Dabei denke ich vor allem an sein Spätwerk, in welchem Husserl u.a. eine Philosophie der Geschichte entwickelt hat. Heute wird die Philosophie der Geschichte vielfach in Frage gestellt. In bezug auf das Problem und die Möglichkeit einer Philosophie
der Geschichte heute sagt Ludwig Landgrebe im Vorwort seiner *Phänomenologie und
Geschichte*, Gütersloh 1967: „Ob und in welchem Sinne eine Philosophie der Geschichte
noch möglich ist, ob nicht bereits alle ihre möglichen Positionen durchgespielt und als
unhaltbar erwiesen sind, ist heute freilich umstritten. Sollte dies vielleicht daran liegen, daß die Aufgabe, Geschichte als phänomenologisches Problem zu entfalten, noch
ängst nicht in ihrem vollen Umfang begriffen ist? So sind weder Husserls noch Hei-

Husserl unterscheidet drei Stufen der Geschichtlichkeit.[2] Die erste Stufe ist die Historizität des natürlichen Lebens. Husserl bestimmt sie als „ursprüngliche Historizität." Diese Historizität stellt zwar ein „Ganzes" und eine „Einheit des Geisteslebens" dar, aber das ist eine solche Einheit, „die nicht als ein Zwecksinn von den Menschen im voraus entworfen ist." Die Menschen sind hier noch „nicht Funktionäre einer Zweckidee, die dieses totale Menschentum bzw. diese Umwelt gewollt und verwirklicht haben" (VI, 502).

Auf die Frage, was „die wesensmäßige ursprüngliche Einstellung" des Menschen charakterisiert, d.h. was „die historische Grundweise des menschlichen Daseins" charakterisiert, antwortet Husserl: „Menschen leben selbstverständlich aus generativen Gründen immer in Gemeinschaften, in Familie, Stamm, Nation, diese wieder in sich selbst reicher oder ärmer gegliedert in Sondersozialitäten. Das natürliche Leben charakterisiert sich nun als naiv geradehin in die Welt Hineinleben, in die Welt, die als universaler Horizont immerfort in gewisser Weise bewußt da ist, aber dabei nicht thematisch ist. Thematisch ist, worauf man gerichtet ist. Waches Leben ist immer auf dies oder jenes Gerichtetsein, ... auf Privates oder Öffentliches, auf das alltäglich Erforderliche oder auf ein einbrechendes Neues. Das alles liegt im Welthorizont, es bedarf aber besonderer Motive, damit der im solchem Weltleben Begriffene sich umstellt und dazu kommt, sie selbst irgendwie zum Thema zu machen, für sie ein bleibendes Interesse zu fassen" (VI, 327). Das ursprüngliche Leben des Menschen ist also nicht thematisiert, d.h. es ist „in Familie, Stamm, Nation" und deren „Sondersozialitäten" verschlossen. Da kommt der Mensch als Mensch nicht zum Ausdruck. Auf dieser Stufe charakterisiert ihn, sagt Husserl im Manuskript K III 9, das „Gleich-

deggers Analysen der Zeit bisher aufgenommen worden, um die Frage nach der Zeit der Geschichte neu zu stellen, noch auch ist der Zusammenhang gesehen, der zwischen der Frage nach den bewegenden Kräften der Geschichte und der phänomenologischen Analyse menschlichen In-der-Welt-seins als eines leiblichen besteht" (a.a.O., S. 7). Mit diesen schwierigen Problemen der Zeitlichkeit und Leiblichkeit des menschlichen Daseins in der gegenwärtigen Philosophie konnte ich mich hier nicht auseinandersetzen. Neben den Arbeiten von Heidegger, Landgrebe, Fink, Merleau-Ponty und Gadamer, ist hierzu *Edmund Husserls Theorie der Raumkonstitution* von U. Claesges, *Lebendige Gegenwart* von K. Held, *Metaphysische Voraussetzungen in Husserls Zeitanalysen* von G. Eigler, *Lebenswelt und Geschichte* von H. Hohl, *Vom Gesichtspunkt der Phänomenologie* von R. Boehm und *Geschichte und Lebenswelt* von P. Janssen zu empfehlen.

gewicht von Furcht und Hoffnung," also gerade das, was nach Hegel zu einem Teil die orientalische Welt charakterisiert. Und tatsächlich wird nach Husserl die Historizität des natürlichen Lebens des menschlichen Daseins durch die Epoche des Mythos und der Kosmogonie in der griechischen Welt charakterisiert, und diesem sieht der „anthropologische Typus" der Chinesen und der Inder ähnlich (VI, 14, 325). Trotz aller Unterschiede stimmen Husserl und Hegel grundsatzlich darin überein, daß das „natürliche Leben" als „naiv geradehin in die Welt Hineinleben" oder, wie Hegel sagte, als „Einheit des Geistes mit der Natur" in der Tat „das orientalische Wesen überhaupt" ist. Die Unterscheidung von Natur und Geist ist ein spätes Produkt der Geschichte, die mit den Griechen anfängt. Hier spielt sich das Leben nicht im „Gleichgewicht von Furcht und Hoffnung," d.h. in der „Einheit von Natur und Geist" ab, sondern im bewußten „Gerichtetsein" auf das Menschsein als „den sich selbst bestimmenden Gedanken." Dieser macht im Unterschied zum „ganz allgemeinen, abstrakten Gedanken" des Orients und seinem passiven, in der „vollkommenen Leerheit," wie Hegel sagt, „dasitzenden," „natürlichen" Leben die zweite Stufe des menschlichen Lebens und Denkens aus.

Die zweite Stufe der Geschichtlichkeit des menschlichen Daseins ist also auch nach Husserl die griechische Wissenschaft und Philosophie oder, wie Husserl sagt, „der Einbruch der theoretischen Einstellung" (VI, 331) als absolutes Thematisieren des Menschen mit allen seinen Motiven, Normen und Idealitäten. „Wissenschaftliche Kultur unter Ideen der Unendlichkeit," und gerade das charakterisiert die europäische Geschichte seit der griechischen Philosophie, bedeutet nach Husserl „eine Revolutionierung in der ganzen Weise des Menschentums als kulturschaffenden. Sie bedeutet auch eine Revolutionierung der Geschichtlichkeit, die nun Geschichte des Entwerdens des endlichen Menschentums im Werden zum Menschentum unendlicher Aufgaben ist" (VI, 325).

Interessant ist die Erklärung, die Husserl für diesen Übergang aus der natürlichen, endlichen zur philosophischen, wissenschaftlichen Einstellung des „Menschentums unendlicher Aufgaben" gibt. Während sich bei der ersten Stufe der Geschichtlichkeit, d.h. bei der Historizität der sog. natürlichen Einstellung der Einzelmensch in historische Formen und Gruppen einordnet, wobei er in den vorhandenen „Teppich der Kultur" nur „einen neuen Faden" hineinwebt, und das Ganze und das gesamte Geschehen sich nicht überblicken und deshalb von den Menschen nicht steuern läßt, handelt es sich bei der zweiten philosophischen Stufe der Geschichtlichkeit um „eine Umbildung des gesamten Menschentums, des Totalverbandes der Generativität (der historischen Einheit)" in „ein neues Menschentum" (VI, 503). Dabei spricht Husserl von der Schöpfung eines neuen Menschentums „mit dem Korrelat einer neuartigen Kultur, die nicht nur organisch ist, sondern aus der schöpferischen Tat her der Einzelnen einen neuartigen Totalsinn erhalten hat" (VI, 503). Diese zweite Stufe der Geschichtlichkeit entspricht auf der Ebene der Weltgeschichte der „zweiten Stufe des Menschentums" (503), die mit dem griechischen VI. Jahrhundert beginnt und sich in approximativem Fortschreiten bis in unsere Tage entwickelt – nach Husserl bis zum Beginn der Phänomenologie.

In der ganzen europäischen Geschichte sieht Husserl die Teleologie der universalen menschlichen Vernunft, d.h. die „*Offenbarung der universalen, dem Menschentum als solchem eingeborenen Vernunft*" (VI, 13–14). In dieser Offenbarung sieht er die geistige Einheit des Menschentums, die „im geschichtlichen Geschehen ... durch Stufen der Unklarheit ... zur vollkommenen Einsichtigkeit" kommen will. Geschichtphilosophisch gesehen reicht die Tragweite dieser Aufgabe bis zu den Anfängen der Neuzeit, ja noch weiter bis in das antike Griechenland zurück. Sie bleibt aber nicht nur bei der sachlichen Einsichtigkeit der „Anfänge" und „Uranfänge" der „geistigen Einheit," sondern sie zeigt sie als unsere eigene, „als uns, den heutigen Philosophen, *aufgegebene*"; denn „wir sind eben, was wir sind, als Funktionäre der neuzeitlichen philosophischen Menschheit, als Erben und Mitträger der durch sie *hindurchgehenden* Willensrichtung, und sind das aus einer Urstiftung, die aber zugleich Nachstiftung und Abwandlung der griechischen Urstiftung ist. In dieser liegt der *teleologische Anfang*, die wahre Geburt des europäischen Geistes überhaupt" (VI, 72).

Auf diese Weise ist Geschichtlichkeit die Reflexion über die innere Teleologie der europäischen Geschichte, die mit der griechischen Philosophie und Wissenschaft beginnt und mit der neuzeitlichen Entwicklung ihren Gipfel erreicht. „Solche Art der

Aufklärung der Geschichte in Rückfrage auf die Urstiftung der Ziele, welche die Kette der künftigen Generationen verbinden, sofern sie in ihnen in sedimentierten Formen fortleben," und die „in neuer Lebendigkeit kritisierbar sind," so daß sie sich ändern und bessern lassen, nennt Husserl „die echte Selbstbesinnung des Philosophen." Eine solche Art der Geschichtlichkeit ist nicht nur die Reflexion über die bisherige Geschichte des menschlichen Geistes, sondern auch die wahre Selbstbesinnung des Philosophen und des zeitgenössischen Menschen, und war seine Selbstbesinnung „auf das, worauf er *eigentlich hinauswill*, was in ihm Wille ist *aus* dem Willen und *als* Wille der geistigen Vorväter" (VI, 72–73). Dieser „Wille der geistigen Vorväter" ist jener Wille, der nach Hegel das Allgemeine, „das Gesetz" und dadurch „Freiheit haben" will. Wie die wahre Geschichte das mundan-natürliche Leben und die historischen, d.h. generativen Daseinsformen überhaupt übersteigt, so stellt die Geschichtlichkeit nach Husserl die Reflexion über bzw. die Erinnerung an die Zeit der Geschichte dar, d.h. die „Reaktivierung der Uranfänge" (VI, 376) und deren Einordnung in die Ganzheit der geschichtlichen Horizonte. In diesem Sinne ist „Geschichte von vornherein nichts anderes als lebendige Bewegung des Miteinander und Ineinander von ursprünglicher Sinnbildung und Sinnsedimentierung" (VI, 380). Daher ist „eine echte Geschichte der Philosophie, eine echte Geschichte der Sonderwissenschaften nichts anderes als die Zurückleitung der in der Gegenwart gegebenen historischen Sinngebilde resp. ihrer Evidenzen" auf „die verschlossene Dimension der ihnen zugrundeliegenden Urevidenz," d.h. auf jenes sinnvolle Ganze, dem zufolge sie überhaupt möglich sind. Die geschichtliche Reflexion oder die Rückkehr zu den „Uranfängen," d.h. zur „verschlossenen Dimension ... der Urevidenzen" schließt indessen in sich die „ganze dokumentierte Kette historischer Rückverweisungen" (VI, 381), die wir als Dokumente von Versuchen vorfinden, „Uranfänge" und „Urevidenzen" im Laufe der bisherigen Geschichte in den Griff zu bekommen, als Dokumente, die uns dazu verhelfen können, sich der Geschichte zu „erinnern."

Anknüpfend an Diltheys Wort „Geschichte ist Erinnerung" beschreibt Landgrebe „die Struktur der Zeit der Geschichte" auf Grund der „Struktur der Erinnerung" folgenderweise: „Die Erinnerung vergegenwärtigt nicht alles und jedes, das einmal gewesen ist, sondern in erster Linie das, was als von Bedeutung im gegenwärtigen Leben gilt und das heißt, als der Sinnerfüllung dienend, nach der es strebt. Die Erinnerung macht also sozusagen Sprünge. Was hilft ihr auf die Sprünge? Eben dieses Absuchen der jeweils gegebenen Situation, die aus Bedingungen so geworden ist, die im Gewesenen angelegt sind. Sie wird abgesucht daraufhin, wie uns dieses schon Daseiende Möglichkeiten gegenwärtigen Handelns gibt oder verschließt, was für die Führung unseres Lebens jetzt und hier bedeutet. Dieses Denkwürdige ist es, was zu behalten und in der Erinnerung zu vergegenwärtigen gesucht wird. Wenn aber in dieser Weise Geschichte sich in Erinnerung konstituiert und wenn die Erinnerung Sprünge macht, so folgt daraus für die *Zeit der Geschichte*, daß sie *nicht die Form kontinuierlichen Geschehens als eines Nacheinander des Erfolgens in lückenloser Kausalität ist.*" (L. Landgrebe, *Phänomenologie und Geschichte*, Gütersloh 1967, S. 198). Obgleich es also keine Kontinuität der Geschichte als ,,lückenlose Kausalität" gibt, kennt unsere Erfahrung der Geschichte wohl die Kontinuität des freien menschlichen Handelns in der Geschichte und dadurch eine eigenartige Kontinuität und Einheit der Geschichte selbst. Nur deshalb ist in der Geschichte nichts Wesentliches vergeblich gemacht worden, weil eine Fortsetzung und Kontinuität im geschichtlichen Geschehen besteht. Was für eine Kontinuität aber? Landgrebe sagt darüber: ,,Die Kontinuität der Geschichte, so wie wir sie *als* Geschichte erfahren, beruht also nicht in der Kontinuität eines lückenlosen Kausalgeschehens, einer ,,Universalzeit" (Schaeffler), der die Geschichtszeit eingeordnet wäre, sondern sie beruht in ihrer *Finalität*, die aber nicht die Finalität einer göttlichen Vorsehung ist, sondern über die in der Freiheit des Handelns entschieden wird" (a.a.O., S. 199). Gerade deshalb nämlich, weil sich der Mensch in seinem Handeln teleologisch verhält, d.h. zwischen verschiedenen Möglichkeiten und Zwecken wählt und sich ,,in der Freiheit des Handelns" entscheidet, ist der Mensch ein geschichtlicher Mensch.

In diesem Sinne ist für Husserl ,,Menschsein ein Teleologischsein" (VI, 275), d.h. auf den Zweck hin, auf das Telos gerichtet sein. Der Mensch ist nur sofern Mensch, ,,sofern seine ganze Menschheit Vernunftmenschheit ist," d.h. sofern sie ,,latent auf Vernunft ausgerichtet oder offen ausgerichtet auf die zu sich

selbst gekommene, für sich selbst offenbar gewordene und nunmehr in Wesensnotwendigkeit das menschheitliche Werden *bewußt leitende* Entelechie" (VI, 13) ist.

Die eigentümliche Menschengeschichte beginnt im Unterschied
zur bloßen Historie, demzufolge nach Husserl dann, wenn das
,,menschliche Werden" durch Vernunft ,,bewußt geleitet" ist, d.h.
durch jenes Wesentliche und Allgemeine, wodurch der Mensch
Mensch ist. Mit anderen Worten dann, wenn die ,,Vernunft-
menschheit" im menschlichen Dasein zu sich selbst gelangt ist.
Die Epochen der Menschengeschichte wird Husserl nun eben nach
dem Grad bestimmen, in dem die menschliche ,,Vernunftmensch-
heit" ,,für sich selbst offenbar geworden" ist, d.h. nach dem Grad
der Geschichtlichkeit.

In der dargestellten Auffassung der Geschichte kommen gewisse
wesentliche, Husserl und Hegel gemeinsame Gedanken zum Ausdruck. Und nicht nur ihnen beiden, sondern allen jenen, die be-
strebt sind, durch die ,,Anstrengung des Begriffs" in die Weltgeschichte Einsicht zu gewinnen und mit dessen Hilfe die ,,Kno-
tenpunkte" ihrer Entwicklung zu bestimmen.

Auf der zweiten Stufe der Geschichtlichkeit, die mit den Griechen anfängt, entwickelt sich nach Husserl das ,,Leben in der
Form der relativen Freiheit" (K III 9, S. 64), so daß auch dieses
Urteil Husserls mit der Hegelschen Beurteilung der griechischen
Freiheit als einer eingeschränkten, d.h. relativen Freiheit über-
einstimmt. Auf der anderen Seite aber mißt Husserl in philoso-
phisch-geschichtlicher Hinsicht dem Christentum keine große
Bedeutung bei, wie dies Hegel gemacht hat. Vielleicht ist Hegel
in der Tat nicht nur der letzte Grieche, sondern auch der letzte
Christ. Das Christentum aber wie das Judentum, das als universale Ausgerichtetheit auf die Welt dem Christentum vorangeht,
gehören in die Sphäre der Positivität der natürlichen Einstellung,
die nach der phänomenologischen Methode der Reduktion unterworfen und so mit allen ihren Formen in Klammern gesetzt, d.i.
ausgeschlossen werden muß. Denn die höchste, dritte Form der
Geschichtlichkeit ist nach Husserl erst aufgrund der vollendeten
phänomenologischen Epoché möglich. Die phänomenologische
Epoché aber bezeichnet bekanntlich nicht die Epoche im Sinne
eines bestimmten Zeitalters des historischen Geschehens. Sie bedeutet vielmehr die Abwendung des Blickes von allem Histori-

schen und dessen Einklammerung wie die aller anderen Arten der natürlichen Einstellung; sie soll ermöglichen, daß das natürliche Leben und die Geschichte gesehen, thematisiert und erkannt werden. Die Epoché bedeutet Zurückhaltung von Unwesentlichem und Beharren auf dem Wesentlichen selbst, d.h. auf dem, was ein Zeitalter zum Zeitalter, was eine Epoche zur Epoche und einen geschichtlichen Horizont zum Horizont macht. Die Epoché hat also doch mit der Epoche im Sinne von Zeitalter gemeinsam, daß die erste ermöglicht, die zweite in ihrem Wesen und in ihrem Grund zu durchschauen, und das bedeutet das zu durchschauen, was ver-schiedene Epochen, trotz der Sprünge in unserer Erfahrung der Zeit der Geschichte, zusammenhält und zur Weltgeschichte verbindet.

Als Reflexion über die Geschichte des Menschentums und als Selbstbesinnung des zeitgenössischen Menschen auf seine Lebensaufgaben und -ziele verlangt die phänomenologische Geschichtlichkeit nach Husserl, daß „die sedimentierte Begrifflichkeit, die als Selbstverständlichkeit der Boden seiner privaten und unhistorischen Arbeit ist, wieder lebendig" gemacht wird „in seinem verborgenen geschichtlichen Sinn. Es heißt, in seiner Selbstbesinnung zugleich die Selbstbesinnung der Altvordern weiterführen, und so nicht nur die Kette der Denker, ihre Denksozialität, ihre gedankliche Vergemeinschaftung wieder aufwecken und in eine lebendige Gegenwart für uns verwandeln, sondern aufgrund dieser vergegenwärtigten *Gesamteinheit* eine *verantwortliche Kritik* üben, eine Kritik eigener Art, die ihren Boden in diesen historischen personalen Zwecksetzungen, relativen Erfüllungen und Wechselkritiken hat, und nicht in den privaten Selbstverständlichkeiten des gegenwärtigen Philosophen" (VI, 73).

Die Aufgabe der phänomenologischen Geschichtlichkeit besteht also darin, die „sedimentierte Begrifflichkeit" in ihrem „verborgenen historischen Sinn" wieder lebendig zu machen und auf diese Weise „die *Teleologie* in dem geschichtlichen Werden der Philosophie" aufzudecken und „verständlich zu machen" (VI, 71) als „anonyme" Zweckmäßigkeit und ständig fungierende Finalität der geschichtlichen Ereignisse, ihrer Horizonte und ihrer letzten Reichweiten. Dadurch ist sie die Selbstbesinnung des gegenwärtigen Menschentums und die Art seiner Verwandlung. Husserl

sagt selbst, daß die dritte Stufe der Geschichtlichkeit „Umwandlung der Philosophie in Phänomenologie" ist, d.h. Umwandlung
der Menschheit in der „Historizität" (der ersten Stufe der Geschichtlichkeit) und der „Funktion" mit dem wissenschaftlichen
Bewußtsein (der zweiten Stufe der Geschichtlichkeit) in eine
Menschheit, die sich auf der dritten Stufe der Geschichtlichkeit
„bewußt von der Philosophie als Phänomenologie leiten läßt"
(VI, 503). Diese entspricht der Hegelschen „letzten Philosophie."
„Philosophie als Phänomenologie" stellt nach Husserl den Höhepunkt des europäischen Gedankens und der europäischen Geschichte dar, und als solche ermöglicht sie, ohne jede Metaphysik
und Theologie, das Ganze der menschlichen Geschichte und die
Verwirklichung der transzendentalen Subjektivität als „Menschentum unendlicher Aufgaben" zu durchschauen.

In der Phänomenologie Husserls bleibt aber das Sein der transzendentalen Subjektivität unklar und unbestimmt. Die Subjektivität als transzendentale ist nicht In-der-Welt-sein, sondern sie
geht ihm apriori voraus und läßt die Welt nur als konstituiertes
Phänomen sehen. Die phänomenologische Zeitigung kann daher
nicht die konkrete geschichtliche Welt, sondern nur ein solches
Phänomen konstituieren. Mit Recht wird deshalb der Vorwurf
eines „geschichtslosen Apriorismus" gemacht (vgl. L. Landgrebe,
„Husserls Abschied vom Cartesianismus," in: *Der Weg der Phänomenologie*, Gütersloh 1963).

Wie die Geschichte nach Hegel in der Geistesgeschichte gipfelt,
so ist die Geschichte des Wissens, d.h. die Geschichte des Denkens
– noch mehr die Geschichte der Wissenschaft oder die wissenschaftliche Geschichte – nach Husserl Grundgeschichte. Die
Geschichte des Bewußtseins nimmt bei Husserl diese Bedeutung
deshalb an, weil sie die „letzte und tiefste Bewährungsquelle"
jeder „Wahrheit des vor- und außerwissenschaftlichen Lebens"
des Menschen ist (VI, 127). Daher wird die Geschichtlichkeit bei
Husserl nur ein neuer Ausdruck für Wissenschaftlichkeit sein: „In
der Reduktion wird die bisherige Geschichte des Menschen durch-
schaut als eine historische Befangenheit, die nunmehr zu Ende gekommen ist. Der ‚Objektivismus' der mathematischen neuzeitlichen Wissenschaft ist für Husserl sozusagen das Modell einer
Selbstentfremdung des absoluten subjektiven Geistes, der in der
Reduktion seiner selbst gewiß wird. Die geheimere Teleologie der

Wissenschaftsgeschichte, wie sie Husserl ansetzt, besteht darin, daß das konstituierende Leben in der objektivistisch-wissenschaftlichen Außenwendung sich am weitesten verloren haben muß, um sich selbst zu gewinnen. Die Reduktion bedeutet so eine Rückkehr in den Ursprung, eine Heimkehr aus der äußersten Selbstentfremdung. Dieses geschichtsphilosophische Schema ist nicht neu," betont Fink und fügt hinzu: ,,Es ist eine ,Phänomenologie des Geistes' mit den analytischen Mitteln einer intentionalen Bewußtseinsexegese" (E. Fink, ,,Welt und Geschichte," in: *Phaenomenologica* 2, Haag 1959, S. 152).

In bezug auf die Geschichtsauffassung Husserls bemerkt Fink kritisch, daß sie sich nicht viel unterscheidet von den Versuchen der großen ,,Idealisten" der klassischen deutschen Philosophie, die ,,den Welt-Bezug als ein Unendlichsein des Subjektes interpretiert, das sich selbst dann verendlicht." Denn, wie Fink mit Recht bemerkt, ,,das absolute Subjekt, solange es seiner selbst noch nicht gewiß geworden ist, hält sich für endlich, hält sich für ein begrenztes Geschöpf unter anderen Naturgeschöpfen. Wenn es aber seiner schöpferischen Leistung innegeworden ist in der Reduktion, streift es die Endlichkeit ab wie ein schäbiges Kleid. Aber ist das überhaupt möglich? Wird hier die Endlichkeit nicht zu kurz gedacht?" Denn es ist ,,die *crux* aller solcher idealistischen Träume, daß sie kein Motiv einsichtig machen können, warum das Unendliche sich selber in die Maske der Endlichkeit vermummt . . ., warum der beisichseiende Geist überhaupt außer sich geht. Auch Husserl hat keine phänomenologischen Gründe für die Selbstkonstitution der menschlichen Endlichkeit beigebracht.

Zeit-Welt-Endlichkeit sind unaufgearbeitete und unbewältigte Probleme seiner gewiß großartigen Vision einer Wissensgeschichte, welche im Umschlag der mathematischen, objektivistischen Wissenschaftsidee in ein transzendentales Selbstverständnis des konstituierenden Lebens ihren dramatischen Höhepunkt hat. Aber mit diesem Höhepunkt kommt auch diese Geschichte an ihr absolutes Ende" (*ibidem*, S. 152, 153).

Auf diese Art und Weise haben wir bei Husserl, trotz aller Neuigkeiten der Husserlschen Phänomenologie, etwas Ähnliches, was wir zum ersten Male im klassischen deutschen Idealismus, vor allem bei Hegel in Form des absoluten Wissens finden. Sowohl bei dem einen als auch bei dem anderen gipfelt Geschichte in der Geschichte der Philosophie; vielmehr kommt Philosophie selbst zu ihrem absoluten Begreifen, d.h. zu ihrem absoluten Selbstbewußtsein, was bedeutet, zum Ende ihrer selbst als Philosophie. Bei Hegel wird daher die Verwirklichung der Philosophie als Philosophie absolute Wissenschaft und bei Husserl Phänomenologie bzw. „phänomenologische Philosophie" genannt. In beiden Fällen bemüht sich das Selbstbewußtsein nur noch darum, sich selbst nicht wieder zu verlieren und zu vergessen, nicht wieder der Naivität zu verfallen, um seine „Transzendentalität" bzw. „Absolutheit" behaupten zu können.

Was bedeutet aber das absolute bzw. transzendentale Selbstverständnis als die „letzte" Form der Geschichtlichkeit? Sind denn mit der transzendentalen Phänomenologie bzw. mit der absoluten Philosophie auch das menschliche Leben und Denken zu ihrem Ende gekommen? Keines von beiden. In ihnen sind nur ein bestimmtes Menschentum und ein bestimmtes Denken, d.i. das neuzeitliche Menschentum und sein Denken zu ihrem Ende gekommen – noch genauer: das traditionelle, metaphysische Denken des europäischen Menschentums.

Es ist nicht uninteressant zu erwähnen, daß sowohl Hegel als auch Husserl dabei die Philosophiegeschichte von der eigenen Philosophie aus, und die Zeit und die Weltgeschichte von der Gegenwart her verstanden haben. In diesem Sinne sagt Husserl: *„Die Weltgeschichte* – ihr zeitmodales konkretes Sein als strömend gegenwärtige mit je ihrer Vergangenheit und Zukunft – kann verstanden werden als die Geschichte der uns, von mir aus, geltenden Welt, unserer Weltvorstellung in der subjektiven Zeitlichkeit, in welcher unsere Weltvorstellungen nach Geltung und Inhalt für uns auftreten" (VI, 501). Denn die Welt ist „ein unaufhörlich strömend Geltendes, in unserem Bewußtsein Inhalt und Sinn habend" (a.a.O.). Bei der Auslegung „einer jeweilig als gegenwärtig geltenden Welt" gelangen wir nach Husserl „zu einer apriorischen Wesensform einer möglichen Welt als Welt in einer konkreten endlosen Geschichtlichkeit" (VI, 500). Also, die Geschichtlichkeit sowohl „unserer Weltvorstellung" als auch der „Weltgeschichte" und überhaupt „einer möglichen Welt" wird von „der subjektiven Zeitlichkeit" der Gegenwart verstanden. In diesem Sinne formuliert Husserl kurz: „Alle möglichen Welten

sind Varianten der uns geltenden" (VI, 500) Welt. Die Geschichtlichkeit erfaßt aber auch bei Husserl alle drei Zeitdimensionen,
denn die gegenwärtig geltende Welt hat „je ihre Vergangenheit
und Zukunft."

In einer als Beilage zur *Krisis* herausgegebenen Handschrift aus
dem Jahr 1935 geht Husserl davon aus: „Jede Art von Kultur-
gebilden hat ihre Geschichtlichkeit, hat ihren Charakter der
Gewordenheit und ihre Beziehung auf Zukunft, und zwar in Bezug
auf ihre geschichtlich lebende, erzeugende und benützende
Menschheit" (VI, 504). Gerade deshalb, weil die Kultur „teils
Kulturgut für die Gegenwart" ist, weil sie, wie Husserl sagt,
„adressiert an gegenwärtige Menschengruppen und ihr gegenwär-
tiges Zweckleben" ist, das als zweckmäßig indessen die bloße
Gegenwart transzendiert und nach der Zukunft strebt – aber nach
einer Zukunft, die aus der Gegenwart herauswächst oder, wie
Husserl sagt, das Leben, das nach jenen Zwecken und Interessen
strebt, „die man jetzt hat, in denen man gegenwärtiger Mensch
ist" – und weil die Kultur „teils Kulturgut ist, rückverweisend auf
die vergangenen Menschen und ihre Zwecke" (VI, 504), ist so
etwas wie Geschichte möglich. In der Geschichte sind nämlich alle
drei Zeitdimensionen – Gegenwart, Vergangenheit und Zukunft –
immer am Werke. Daher ist die Geschichte weder mit der Vergangenheit und der Tradition identisch noch mit deren historischem Tradieren in der gegenwärtigen Wirkung, sondern sie
übersteigt sie und bildet mit der Zukunft ein einheitliches Ganzes.

Dabei wäre nun zu fragen: nicht nur wie sich Vergangenheit,
Gegenwart und Zukunft grundsätzlich zueinander verhalten,
sondern auch wie sich die drei wesentlichen Weisen des menschlichen Daseins und drei wesentliche Arten des bisherigen Welt-
verständnisses, die wir bei Hegel und Husserl kennengelernt
haben (die naiv-mythische, die wissenschaftlich-philosophische
und die absolute oder die phänomenologische Art und Weise),
zueinander verhalten und was sie für den gegenwärtigen Menschen
überhaupt bedeuten. Sind die bisherigen Geschichtlichkeits-
stufen und -gestalten des menschlichen Lebens nur die vergangenen Formen und das neue Denken und Leben nur die zukünftig-
transzendenten Utopien, oder stellen sie die simultanen Möglichkeiten des gegenwärtigen geschichtlichen Daseins dar? Welchen
Sinn hat in der Tat die Rede vom Ende der Geschichte?

„Die Frage nach dem Ende der Geschichte ist," sagt Landgrebe in seiner Abhandlung „Das philosophische Problem des Endes der Geschichte," „keine andere als die Frage nach dem *Sinn*, der Bedeutung, die dieses Geschehen für die Erwartungen hat, von denen unser Handeln geleitet ist, und das immer ein Erwarten in Furcht oder Hoffnung ist" (L. Landgrebe, *Phänomenologie und Geschichte*, Gütersloh 1967, S. 183). Es ist interessant zu bemerken, daß es „immer ein Erwarten in Furcht oder Hoffnung ist" – daß Landgrebe also eben jene zwei Ausdrücke (Furcht und Hoffnung) für Erwartungen im geschichtlichen Leben schlechthin verwendet, die sowohl nach Hegel als auch nach Husserl naive Weltleben charakterisieren. Vielmehr macht Landgrebe die Möglichkeit „einer Philosophie der Geschichte als denkender Betrachtung ihres Geschehens" von der „Unabweislichkeit dieser Frage" nach der Bedeutung des in „Furcht oder Hoffnung" stehenden Erwartens abhängig. In welchem Sinne aber spricht Landgrebe von „Furcht" und „Hoffnung"?

Anknüpfend an Kants Idee des „Endzwecks aller Dinge" als ein regulatives Prinzip der menschlichen Vernunft erklärt Landgrebe, in welchem Sinne das menschliche Handeln „immer ein Erwarten in Furcht oder Hoffnung" ist: „Denn sofern Geschichte dasjenige Geschehen ist, das durch Handlungen der Menschen bewirkt und in Gang gehalten wird, und sofern das Handeln mit seinen Wirkungen in der Weltgeschichte unter dem Gericht eines höchsten Gebotes steht, ist es klar, daß das, was als Folge des Handelns als bevorstehend in Furcht und Hoffnung erwartet wird, sehr wohl seine Bedeutung für das Handeln des Menschen mit seinen Wirkungen in der Geschichte haben muß. Das sagt, daß ein Verstehen von Geschichte als Geschichte nur möglich ist, wenn ihm ein teleologisches Prinzip zugrunde liegt, das zwischen Enderwartung und faktisch eintretenden Wirkungen des Handelns vermittelt" (a.a.O., S. 190). Jenes Gericht, unter dem das Handeln steht, ist natürlich kein jüngstes Gericht, sondern die menschliche Vernunft selbst. Und dieses teleologische Prinzip ist weder etwas „gegenwärtig Wirkliches" noch ein metaphysisches Eschaton oder Prinzip, nach welchem sich das Geschehen im ganzen Kosmos abspielt und zum Ewigen strömt, sondern es ist vielmehr das Prinzip der zeitlichen Struktur des menschlichen Daseins und seines Handelns: „Das Verhalten des Menschen als ein Handeln ist von Absichten geleitet und ist nur als solches ein Handeln, als Aussein auf Verwirklichung von als Ziel vorgestelltem noch nicht gegenwärtig Wirklichem'' (a.a.O., S. 197). So verstanden, ist ,,ein teleologisches Prinzip schon in der untersten Bedingung'' der Möglichkeit von Werden und Erfahren der Geschichte als eines aus dem menschlichen Handeln hervorgehenden Geschehens angelegt. Es ist ein ,,Hinausgerichtetsein auf das künftig zu Erwartende und zu Verwirklichende: Die Zeit zeitigt sich aus der Zukunft'' (a.a.O., S. 196).

Was besagt das aber für Husserls und Hegels Auffassung der Zeit – ja, für die ganze traditionelle Auffassung der Zeit von Aristoteles über Kant und Hegel bis Husserl? Gegenüber dieser Tradition hebt Landgrebe kritisch hervor: ,,Zeit ist nicht nur die Form der Anschauung und als solche konstitutiv für die Möglichkeit der theoretischen Erkenntnis von Gegenständen, sondern *daß es für uns Zeit als diese Form ,gibt,' ist daraus abzuleiten, daß das vernünftige, erkennende Wesen ineins immer praktisch tätiges, handelndes Wesen ist*'' (a.a.O., S. 196–97). Und weiter: ,,Was Zeit ist, erschließt sich primär nicht im denkend-vorstellenden Verhalten, sondern nur sofern dieses das Denken eines handelnden Wesens ist. Nur in bezug darauf ist zeitliche Form und Zeitbestimmung möglich und nicht dadurch, daß das durch die Sinne Gegebene sich einer gegebenen apriorischen Form des Nacheinander einfügt'' (a.a.O., S. 200).

Diese Zeitbestimmung hat große Bedeutung für unsere Auffassung der Geschichte, denn sie ist eine Bestimmung der ,,Zeit der Geschichte.'' Diese geht nämlich nicht darin auf, ,,Form der Vorstellung eines kontinuierlichen Nacheinander gemäß der Kategorie der Kausalität zu sein,'' weil die Geschichte aus dem menschlichen Handeln hervorgeht, das ,,immer ein Erwarten in Furcht oder Hoffnung ist,'' bzw. ein ,,Hinausgerichtetsein auf das künftig zu Erwartende und zu Verwirklichende'' ist.

Auf die Frage, wo ereignet sich dann das Ende der Geschichte, antwortet Landgrebe gemäß dieser Geschichtsauffassung und Zeitbestimmung: ,,*So wie die Geschichte ihre Kontinuität und Einheit nicht in sich hat, weil es Geschichte nur durch das Handeln der Menschen gibt, und weil ihre Kontinuität jeweils immer neu hergestellt wird, dort wo das Handeln das Vergangene auf das künftig zu Verwirklichende bezieht, kann über das Ende als Sinn und Ziel des*

*Geschehens nur jeweils im Ereignis des Handelns entschieden
werden"* (a.a.O.). Und *„jedes Ereignis ist Anfang und Ende ineins"*
eben deshalb, weil in ihm entschieden wird, „ob das Handeln dem
Anspruch genügt, der ihm gestellt ist, oder vor ihm versagt"
(a.a.O.). Also die Geschichte, die aus dem menschlichen Handeln
hervorgeht, bedeutet „ein Erwarten in Furcht oder Hoffnung"
deshalb, weil ihre Kontinuität und Einheit durch das Handeln
und durch die Erfüllung des Sinnes des geschichtlichen Geschehens immer wieder neu hergestellt wird. Insofern handelt es sich
hier nicht um das „Gleichgewicht von Furcht und Hoffnung" im
Sinne einer passiven Erwartung und der Zufälligkeit, wie es im
alten Orient der Fall war, aber auch nicht im Sinne einer „Gleich-
gültigkeit" des technischen Planens, sondern um die Selbstbesinnung des menschlichen Verhaltens und Handelns, d.h. um die
Erfahrung, mit Kant gesprochen, des höchsten Vernunftgesetzes,
dem alles Handeln immer aufs neue folgen muß, um ein sittliches
und freies Handeln zu sein. Diesem Sittengesetz, das sich die
menschliche Vernunft selbst gibt, „zu genügen ist das Wagnis,"
sagt Landgrebe, „aus dem allein geschichtliches Ereignis entspringt" (a.a.O., S. 201). In bezug auf die Frage von Ende und
Endlosigkeit der Geschichte bedeutet es: „Wenn es für den
Menschen überhaupt Geschichte geben soll als ein Geschehen, in
dem das Neue nicht unmöglich ist, ist hier sein Geburtsort zu
suchen, in dem das entspringt, was wir die Ereignisse der Geschichte nennen" (a.a.O., S. 200).

II

Und Marx zeigt sich als Denker der neuen Welt. Schon in seiner
Doktordissertation bewürwortet er, nach dem Vorbild des The-
mistokles, „das neue Athen," das sich später in die Idee des
Kommunismus als einer neuen wirklich und nicht nur „politisch"
freien Gemeinschaft und der wahren Geschichte der Menschheit
weiterentwickelt hat. Zu seinem Gedanken von der neuen Welt
kommt Marx auf Grund seiner Geschichtskonzeption, wie er sie in
der Form des ursprünglichen historischen Materialismus, des realen Humanismus oder der materialistischen Dialektik entwickelt
hat. Alle drei erwähnten Ausdrücke bedeuten für Marx dasselbe.[3]

[3] Im Aufsatz „Marx und der dialektische Materialismus," in: „Praxis" 1/1966,
S. 115-130, habe ich die Marxsche und Engelssche Auffassung der Natur, der Ge-

Seinen eigenen Worten nach hat Marx den materialistischen Grund seiner Methode – die sich, wie er im *Kapital* betont, in formeller Hinsicht von der Hegelschen überhaupt nicht unterscheidet, die aber ihrer ,,Grundlage nach von der Hegelschen nicht nur verschieden, sondern ihr direktes Gegenteil" ist (K. Marx, *Werke*, Cotta-Verlag 1962, Bd. IV, S. XXXI) – konzis und umfassend im Jahre 1859 in dem berühmten Vorwort zu seiner Schrift *Zur Kritik der politischen Ökonomie* dargelegt. Besonders präzis ist die Marxsche geschichts-materialistische Auffassung in der bekannten Formulierung aus dem erwähnten Vorwort zum Ausdruck gekommen: ,,Die Produktionsweise des materiellen Lebens bedingt den sozialen, politischen und geistigen Lebensprozeß überhaupt. Es ist nicht das Bewußtsein der Menschen, das ihr Sein, sondern umgekehrt ihr gesellschaftliches Sein, das ihr Bewußtsein bestimmt." Diese allgemeine Auffassung ,,diente zum Leitfaden" den Marxschen ,,Studien" und Untersuchungen der menschlichen Geschichte als des Horizontes des menschlichen Herstellens und Handelns. In Übereinstimmung mit dieser allgemeinen historisch-materialistischen Auffassung setzt Marx fort: ,,In großen Umrissen könnten asiatische, antike, feudale und modern bürgerliche Produktionsweisen als progressive Epochen der ökonomischen Gesellschaftsformation bezeichnet werden. Die bürgerlichen Produktionsverhältnisse sind die letzte antagonistische Form des gesellschaftlichen Produktionsprozesses, antagonistisch nicht im Sinn von individuellen Antagonismus, sondern eines aus den gesellschaftlichen Lebensbedingungen der Individuen hervorwachsenden Antagonismus, aber die im Schoß der bürgerlichen Gesellschaft sich entwickelnden Produktivkräfte schaffen zugleich die materiellen Bedingungen zur Lösung dieses Antagonismus. Mit dieser Gesellschaftsformation schließt daher die Vorgeschichte der menschlichen Gesellschaft ab" (K. Marx, ,,Zur Kritik der politischen Ökonomie," in: *Marx-Engels, Werke*, Dietz Verlag 1961, Bd. 13, S. 8–9).

Die ganze bisherige Geschichte stellt also ,,die Vorgeschichte der menschlichen Gesellschaft" deshalb dar, weil ,,die Produk-

schichte und der Dialektik ausgelegt und gezeigt, daß sich aus der Engelsschen Ausdehnung der Dialektik auch auf die Natur an sich, d.h. aus dem Verlassen des Bodens der Geschichte, im 20. Jahrhundert der dialektische Materialismus als eine neue Metaphysik entwickelt hat, was prinzipiell dem Marxschen ursprünglichen geschichts-materialistischen Gedanken widerspricht.

tionsweise des materiellen Lebens" in ihrer ganzen Entwicklung
„den Lebensprozeß überhaupt" bestimmt hat.

Dieselbe Bedeutung hat auch die Marxsche Äußerung im
Kapital, wo er sagt, daß die ökonomischen Gesetze in der bürgerlichen Gesellschaft den Charakter von Naturgesetzen haben. Die
bisherige Geschichte ist „die Vorgeschichte" der Menschheit, weil
ihre Epochen nicht *menschliche,* sondern *ökonomische* Gesellschaftsformationen sind.

Auf weltgeschichtlicher Ebene unterscheidet Marx vier Epochen „der ökonomischen Gesellschaftsformation," d.h. vier „Produktionsweisen," die in der bisherigen Geschichte sowohl die Art
und Weise des gesellschaftlichen Lebens als auch des menschlichen
Verstehens dieses Lebens bedingt haben. Wenn man die erste und
dritte Weise in ihrer generativen Bestimmung versteht, dann hat
man auch bei Marx drei Stufen der „Geschichtlichkeit," die wir
früher bei Husserl und Hegel gesehen haben: die „asiatische" und
die „feudale Produktionsweise" entsprächen, in einer groben
Analogie, dem naiv-mythischen Denken, die „antike" dem wissenschaftlich-philosophischen und die „modern bürgerliche Produktionsweise" dem absoluten oder phänomenologischen Denken
bei Hegel und Husserl.

Allen drei Denkern – Hegel, Husserl und Marx – ist der Gedanke
des Fortschritts in der Weltgeschichte gemeinsam, denn ihre verschiedenen Phasen zeigen sich ihnen als „progressive Epochen der
ökonomischen Gesellschaftsformation," wie Marx sagt, als „Fortschreiten in Verwirklichung der Idee der Freiheit," wie Hegel sagt,
und als „für sich selbst offenbar" Werden der „Vernunftmenschheit," wie Husserl sagt. Auf der anderen Seite unterscheidet sich
Marx aber sowohl von Husserl als auch von Hegel dadurch, daß
er keine Gestalt der bisherigen Geschichte – auch nicht die Gegenwart, von der auch er ausgeht – und keine Art ihres Weltverständnisses verabsolutiert, sondern sie alle der Kritik unterzieht
und nur als „Vorgeschichte" des wahren menschlichen Lebens
und Denkens betrachtet – als Vorgeschichte des Kommunismus
als der „menschlichen Gesellschaft," d.h. der menschlichen und
nicht ökonomischen Gesellschaftsformation.[4]

---

[4] Über menschliche Gesellschaft und gesellschaftliches, d.h. menschliches Menschentum bei Marx vgl. meine Studie „Praxis als Experiment der menschlichen Freiheit – ein Beitrag zur Philosophie der Politik und zur Philosophie der Praxis als Philosophie der Freiheit," in: „Politička misao, Zagreb 2/1964, S. 55–119.

In diesem Sinne ist „der Standpunkt des neuen Materialismus" von Marx weder die unpolitische „bürgerliche Gesellschaft" noch der abstrakte „politische" Staat, sondern „die menschliche Gesellschaft," d.h. „das neue Menschentum," das sich selbst bewußt produziert und sich im Sinne der „Selbstverwaltung" selbst leitet. Dieses neue Menschentum entwickelt sich aber aus den schon „im Schoß der bürgerlichen Gesellschaft sich entwickelnden Produktivkräften." Denn eben diese Produktivkräfte „schaffen zugleich die materiellen Bedingungen zur Lösung" des „aus den Lebensbedingungen der Individuen hervorwachsenden Antagonismus." Die Produktivkräfte stellen also die materiellen Bedingungen zur Verwirklichung des Kommunismus als des vollendeten Naturalismus-Humanismus dar. Indessen, nur insofern man das Bewußtsein auch als „Produktivkraft" betrachtet, ist der Kommunismus für Marx „die wahrhafte Auflösung des Widerstreits zwischen dem Menschen mit der Natur, und mit dem Menschen, die wahre Auflösung des Streits zwischen Existenz und Wesen, zwischen Vergegenständlichung und Selbstbestätigung, zwischen Freiheit und Notwendigkeit, zwischen Individuum und Gattung" (K. Marx, *Die Frühschriften*, Stuttgart 1953, S. 235), d.h. jene Lösung, die nicht durch „ökonomische Gesellschaftsformationen" zustande gekommen ist. Die bürgerliche Gesellschaft ist daher die letzte ökonomische Formation, weil mit ihr „die Vorgeschichte der menschlichen Gesellschaft" zum Ende kommt. Der Kommunismus „ist das aufgelöste Rätsel der Geschichte." Noch mehr, der Kommunismus *ist* nach Marx „die wahre Auflösung" des Verhältnisses von Essenz und Existenz und „*weiß* sich als diese Lösung" (*ibidem*). Das bedeutet, daß die wahre Seinsgeschichte für Marx zugleich immer schon auch die Wissensgeschichte, d.i. die Geschichte des Bewußtseins als des bewußten Seins ist.

Wie die zitierten Texte bereits zeigen, ist Marx sehr früh zu seiner Kommunismusauffassung gekommen und hat sie zusammen mit seiner geschichts-materialistischen Auffassung in seinem ganzen Werk beibehalten. Das muß deshalb hervorgehoben werden, weil es noch heute verschiedene Versuche gibt, die Frühschriften und die späteren Werke von Marx zu trennen. Marx selbst aber betont, daß er zum historisch-materialistischen Verstehen der Welt des Menschen schon im Jahre 1844 durch „eine kritische Revision der Hegelschen Rechtsphilosophie" gekommen sei. Schon damals „mündete" seine Untersuchung „in dem Ergebnis, daß Rechtsverhältnisse wie Staatsformen weder aus sich selbst zu begreifen sind noch aus der sogenannten allgemeinen Entwicklung des menschlichen Geistes, sondern vielmehr in den materiellen Lebensverhältnissen wurzeln" (K. Marx, „Zur Kritik der politischen Ökonomie," in: *Marx-Engels, Werke*, Dietz Verlag 1961, Bd. 13, S. 8). Dieses „allgemeine Resultat," „einmal gewonnen," diente, betont Marx, „meinen Studien zum Leitfaden" (*ibidem*). Wie wir wissen, beziehen sich seine Studien vor allem auf die Produktion der „modernen bürgerlichen Gesellschaft," denn diese liefert den Schlüssel zum Verständnis sowohl der ganzen bisherigen Geschichte als auch zur Offenbarung der neuen Welt der Zukunft.

Warum nimmt aber die Aufklärung der Produktion des Lebens so eine zentrale Stelle in der Marxschen Geschichts- und Menschenauffassung ein? Marx selbst sagt: Die erste wirkliche Voraussetzung aller Menschengeschichte ist natürlich die Existenz lebendiger menschlicher Individuen," und „der erste *geschichtliche* Akt dieser Individuen, wodurch sie sich von den Tieren unterscheiden, ist nicht, daß sie denken, sondern daß sie anfangen, *ihre Lebensmittel zu produzieren* (in: K. Marx-Fr. Engels: *Deutsche Ideologie, Feuerbach*, S. 2 nach der Marxschen Handpaginierung – weiterhin nur Feuerbach und die Seitenzahl). Also, das Produzieren der Lebensmittel, d.h. das Produzieren des gesellschaftlichen Lebens selbst ist das, wodurch sich die Menschen von den Tieren und die menschliche Geschichte von der bloßen Naturgeschichte unterscheiden. Nicht das Denken, sondern das Produzieren – wohl bemerkt: das Produzieren, das nicht nur das Denken, sondern vielmehr das ganze Bewußtsein in sich schließt – ist im Unterschied zum Tier die eigentliche Seinsweise des Menschen und seiner Geschichte. Deshalb nimmt die Produktion bei Marx die zentrale Stelle ein.

„Die bürgerliche Gesellschaft" ist zu Marx' Zeiten „die entwickeltste und mannigfaltigste historische Organisation der Produktion. Die Kategorien, die ihre Verhältnisse ausdrücken, das Verständnis ihrer Gliederung, gewähren daher zugleich Einsicht in die Gliederung und die Produktionsverhältnisse aller der untergegangenen Gesellschaftsformen, mit deren Trümmern und Elementen sie sich aufgebaut, von denen teils noch unüberwundene

Reste sich in ihr fortschleppen, bloße Andeutungen sich zu aus-
gebildeten Bedeutungen entwickelt haben etc. In der Anatomie
des Menschen ist ein Schlüssel zur Anatomie des Affen. Die Andeutungen auf Höheres in den untergeordneten Tierarten können
dagegen nur verstanden werden, wenn das Höhere selbst schon
bekannt ist. Die bürgerliche Ökonomie liefert so den Schlüssel zur
antiken etc. Keineswegs aber in der Art der Ökonomen, die alle
historischen Unterschiede verwischen und in allen Gesellschaftsformen die bürgerlichen sehen" (K. Marx, *Grundrisse*, S. 25–26).

Uns interessiert hier aber nicht die politisch-ökonomische Seite
der menschlichen Welt, sondern die prinzipielle Möglichkeit und
die Art, diese Welt wissenschaftlich und der Geschichte angemessen zu verstehen und zu deuten. Den oben zitierten Text
halten wir gerade in dieser Hinsicht für grundsätzlich bedeutungs-
voll. Die politische Ökonomie dient Marx als Beispiel einer ,,his-
torischen, sozialen Wissenschaft,'' die zu Marx' Zeiten die einzige
aufgebaute Wissenschaft der bürgerlichen Gesellschaft war. Was
daher grundsätzlich für ihre Kategorien gilt, gilt auch für die
Kategorien der anderen Wissenschaften. Darüber schreibt er:
,,... bei dem Gang der ökonomischen Kategorien" ist ,,immer
festzuhalten, daß, wie in der Wirklichkeit, so im Kopf, das Subjekt, hier die moderne bürgerliche Gesellschaft, gegeben ist, und
daß die Kategorien daher Daseinsformen, Existenzbestimmungen,
oft nur einzelne Seiten dieser bestimmten Gesellschaft, dieses
Subjekts ausdrücken, und daß sie daher *auch wissenschaftlich*
keineswegs da erst anfängt, wo nun von ihr *als solcher* die Rede
ist. Dies ist festzuhalten, weil es gleich über die Einteilung Ent-
scheidendes zur Hand gibt" (*ibidem*, S. 26–27). Diese Einteilung
aber, obwohl gegen Hegel gedacht, ist keine solche Einteilung, wie
sie der historische Materialismus in der Redaktion des Diamats
auffaßt als Übertragung metaphysischer Grundprinzipien und
Thesen auf die menschliche Gesellschaft, oder aber als Mechanismus des sog. Unterbaus und Überbaus. Sie ist überhaupt nicht so,
daß sie auf fertige wissenschaftliche Formeln und Schemata zurückgeführt werden darf, weil sie den ganzen Reichtum der
menschlichen Praxis als einer konkreten geschichtlichen Wirkung
umfassen und der Geschichte angemessen ausdrücken muß.

Die Produktion der Lebensmittel ist nach den schon zitierten
Worten von Marx ,,der erste geschichtliche Akt,'' d.h. der Anfang

und die Grundlage jeder Geschichte. Und „die Weise, in der die
Menschen ihre Lebensmittel produzieren, hängt zunächst von der
Beschaffenheit der vorgefundenen und zu reproduzierenden Lebensmittel selbst ab . . . Wie die Individuen ihr Leben äußern, so
sind sie. Was sie sind, fällt also zusammen mit ihrer Produktion,
sowohl damit, *was* sie produzieren, als auch damit, *wie* sie produzieren. Was die Individuen also sind, das hängt ab von den materiellen Bedingungen ihrer Produktion" (*ibidem*). Also sowohl das
Sein als auch die *Art* des menschlichen Lebens sind durch die
Produktion der Lebensmittel bedingt, d.h. durch die Produktion
des Lebens selbst, wozu natürlich auch das Bewußtsein als Produktivkraft gehört. „Die Menschen haben Geschichte, weil sie ihr
Leben produzieren müssen, und zwar müssen auf *bestimmte* Weise:
dies ist durch ihre physische Organisation gegeben; ebenso wie ihr
Bewußtsein" (*ibidem*, S. 13).

Ihre ursprüngliche materialistische Geschichtsauffassung gründen Marx und Engels also darauf, „den wirklichen Produktionsprozeß, und zwar von der materiellen Produktion des unmittelbaren Lebens ausgehend, zu entwickeln und die mit dieser Produktionsweise zusammenhängende und von ihr erzeugte Ver-
kehrsform, also die bürgerliche Gesellschaft in ihren verschiedenen
Stufen, als Grundlage der ganzen Geschichte aufzufassen und sie
sowohl in ihrer Aktion als Staat darzustellen, wie die sämtlichen
verschiedenen theoretischen Erzeugnisse und Formen des Bewußtseins, Religion, Philosophie, Moral etc. etc. aus ihr zu erklären." Obwohl aber die „Formen und Produkte des Bewußtseins," wie schon angedeutet, aus der „bürgerlichen Gesellschaft"
erklärt werden, ist ihr „Entstehungsprozeß," nach der ursprünglichen „historisch-materialistischen Weltauffassung," „aus ihnen
zu verfolgen," d.h. aus diesen „Formen und Produkten des Bewußtseins" selbst zu verstehen, um „die Sache in ihrer Totalität"
(*ibidem*, 23) begreifen und darstellen zu können. Demzufolge wird
die materialistische Geschichtsauffassung, obwohl sie „von der
materiellen Produktion des unmittelbaren Lebens" ausgeht, nicht
auf Ökonomie zurückgeführt, weil Geschichte und Produktion in
ihrer Totalität als „wirklicher Produktionsprozeß" dargestellt
werden müssen, wo das Bewußtsein als „Produktivkraft," als
Bestandteil eines „materiellen Resultats" fungiert. In diesem
Sinne müssen Marx und Engels verstanden werden, wenn sie

sagen, daß ihre Geschichtsauffassung „zeigt, daß die Geschichte
nicht damit endigt, sich ins ‚Selbstbewußtsein' als ‚Geist vom
Geist" aufzulösen, sondern daß in ihr auf jeder Stufe ein materiel-
les Resultat, eine Summe von Produktionskräften, ein historisch
geschaffenes Verhältnis zur Natur und der Individuen zueinander
sich vorfindet" (*ibidem*). „Diese Summe von Produktionskräften,
Kapitalien und sozialen Verkehrsformen, die jedes Individuum
und jede Generation als etwas Gegebenes vorfindet, ist der reale
Grund dessen, was sich die Philosophen als ‚Substanz' und
‚Wesen des Menschen' vorgestellt ... haben" (*ibidem*, 25).

Es ist ein alter materialistischer Gedanke, daß der Mensch ein
Produkt der Umstände und des gesellschaftlichen Zustandes ist.
Der revolutionäre geschichtlich-materialistische Gedanke unterscheidet sich aber auch darin von der materialistischen Tradition,
weil ihm zufolge „die Umstände ebensosehr die Menschen, wie die
Menschen die Umstände machen" (*ibidem* 23–25). Auch hier ist
der Marxsche Gedanke der konkret-geschichtlichen Totalität anwesend, der nicht nur die Ideologie der Junghegelianer übersteigt,
sondern auch jede isolierte Form des Bewußtseins, ja selbst die
Philosophie als Philosophie. Der bekannte Ausspruch: „Nicht das
Bewußtsein bestimmt das Leben, sondern das Leben bestimmt
das Bewußtsein" (*ibidem* 5), der sich in verschiedenen Varianten
bei allen Materialisten finden läßt, hat eine ganz andere Bedeutung in der materialistischen Konzeption der konkreten geschichtlichen Totalität, wo Bewußtsein und Leben, Geschichte und
Natur, Subjekt und Objekt, Denken und Sein, Theorie und Praxis
immer schon zusammen genommen werden, weil sie für den
Menschen immer gemeinsam am Werke sind, als im Materialismus
der philosophischen Tradition, der sie als metaphysische Entitäten
betrachtet.

Die Geschichte in ihren drei Dimensionen ist nicht nur das zentrale, sondern auch das einzige echte Thema des Marxschen Denkens. In dieser Hinsicht unterscheidet er sich nicht nur von den
dialektischen Materialisten des 20. Jahrhunderts, sondern auch
vom späten Engels. Engels hat nämlich, ohne sich dessen völlig
bewußt zu sein, durch seine Dialektik der Natur als „Ergänzung"
des ursprünglichen historischen Materialismus die historisch-
materialistische Auffassung grundsätzlich gesprengt, die er gemeinsam mit Marx in den vierziger Jahren des vorigen Jahr -

hunderts nicht nur entdeckt, sondern auch weiterentwickelt hat. Marx hat aber den Gedanken von „*einer* Wissenschaft" aus den Frühschriften nie verworfen, einen Gedanken, den er in der *Deutschen Ideologie* folgendermaßen formuliert hat: „Wir kennen nur eine einzige Wissenschaft, die Wissenschaft der Geschichte. Die Geschichte kann von zwei Seiten aus betrachtet in die Geschichte der Natur und die Geschichte der Menschen abgeteilt werden. Beide Seiten sind indes von der Zeit nicht zu trennen; solange Menschen existieren, bedingen sich Geschichte der Natur und Geschichte der Menschen gegenseitig" (K. Marx, *Die Frühschriften*, Stuttgart 1953, S. 346). Diese „eine einzige Wissenschaft" ist jene Wissenschaft, die Marx in allen seinen Werken entwickelt hat, und die aus dem Marxismus im 20. Jahrhundert verschwunden ist, weil an ihre Stelle der dialektische Materialismus mit seiner Einteilung getreten ist. Anstelle des historischen Materialismus als einer kritischen Wissenschaft von der Geschichte, d.h. einer Wissenschaft, welche die Welt des Menschen nach ihren verschiedenen Seiten angemessen untersucht und als die konkrete geschichtliche Totalität begreift, ist die Einteilung der menschlichen Welt und der menschlichen Erkenntnis getreten in das Gebiet der Natur an sich und das der menschlichen Gesellschaft, in dialektischen und historischen Materialismus, in Ontologie – Gnoseologie – Logik auf der einen und Philosophie der Gesellschaft auf der anderen Seite, in Naturwissenschaften und Gesellschaftswissenschaften usw. – ohne dabei das Eigentliche sowohl der Natur als auch der Geschichte im Blick zu bestimmen. Auf diese Weise hebt der dialektische Materialismus die Dialektik des Konkreten auf, sei es im Hegelschen, sei es im Marxschen Sinne, und verleiht der Dialektik die Bedeutung einer empiristisch-metaphysischen Theorie und eines naturwissenschaftlichen Evolutionismus (vgl. L. Landgrebe, „Das Problem der Dialektik," in: *Marxismusstudien*, Dritte Folge, Tübingen 1960, S. 56ff; neuerdings auch in: *Phänomenologie und Geschichte*, S. 8ff.)

Dem Diamat gegenüber soll betont werden, daß innerhalb des Marxismus auch die wahre Dialektik ihren Platz und ihre Bedeutung nur im Bereiche dessen hat, was bei Marx historischer Materialismus im ursprünglichen Sinne genannt wird. Von der Spekulation des absoluten Geistes befreit, hat die Dialektik bei Marx eine konkret-geschichtliche Form angenommen. Für Marx kann

man in Verbindung damit mit Recht sagen, daß er in seiner gedanklichen Entwicklung durch Gründe motiviert wird, die wir im
wesentlichen bereits in den Gedanken des jungen Hegel finden von
der Belebung alles Verknöcherten und Toten, von der Überwindung der Entfremdung und der Positivität mit Hilfe der Ursprünglichkeit und Spontaneität der befreiten menschlichen Tätigkeit, wie sie Hegels Vorläufer Kant, Schelling und besonders Fichte interpretiert haben (vgl. meinen Aufsatz über Fichte, ,,Praxis''
3/1965, S. 449–467). Diese Ursprünglichkeit und diese Spontaneität ist für Marx natürlich keine Spontaneität des reinen Denkens,
sondern Ursprünglichkeit und Spontaneität der menschlichen geschichtlichen praktischen Tätigkeit. In dieser Hinsicht ist die
Marxsche Geschichtsauffassung mehr Frucht und Fortsetzung des
Grundgedankens der praktischen Philosophie des deutschen klassischen Idealismus als irgendeiner anderen geistigen Bewegung der
Vergangenheit, und das heißt, daß in ihr mehr als in irgendeiner
anderen Philosophie nach Hegel die wesentlichen Ergebnisse der
deutschen klassischen Philosophie übernommen und weiterentwickelt worden sind. Einen besonderen Platz nimmt darin Hegels
dialektische Theorie der Gesellschaft ein, auf deren Spuren der
Marxismus nocht tiefer in die Analyse gesellschaftlicher Phänomene, und die marxistische Philosophie in die Dimension der gesellschaftlichen Praxis eindringt. Bei Hegel ist die Dialektik bekanntlich mit der Ontologie und Metaphysik identisch, während
sich nach Marx die ontologischen Kategorien als gesellschaftliche,
d.h. geschichtliche Bestimmungen zeigen müssen. In diesem Sinne
unterschdeiet sich der authentische Marxismus sowohl vom traditionellen Idealismus als auch vom traditionellen Materialismus.
Der Marxsche ,,reale Humanismus'' ist weder der absolute Geist
der Hegelschen Logik noch der Naturalismus und das Menschen-
geschlecht Feuerbachs, noch das Fichtesche, und beileibe nicht
das Husserlsche transzendentale Ich, sondern die Verwirklichung
des Menschen als des gesellschaftlichen, d.h. geschichtlich-natür-
lichen Menschen. Seine Forderung nach dem totalen Menschen ist
eine Forderung nach der Verwirklichung der menschlichen, wesentlichen, dem geschichtlichen Sein angemessenen, d.h. den Produktivkräften angemessenen Möglichkeiten. Die wahre Dialektik
ist nach Marx vor allem in Produktionsverhältnissen am Werke,
die aus der Bewegung des Seins, d.h. aus der Dialektik der

Produktivkräfte und dem Stand der Gesellschaft resultieren.[5] Die
geschichtliche Tätigkeit des Menschen oder die menschliche
Praxis nehmen bei Marx die Stelle der selbstbewußten Auto-
produktion des absoluten Geistes oder des transzendentalen Ich
ein, ohne sich dabei in die ,,Idee'' oder das reine ,,Phänomen'' aufzulösen. Es scheint nämlich, daß sowohl Hegel als auch Husserl in
ihren Betrachtungen der Geschichte unter einem zu starken Einfluß der riesigen Tradition der theoretischen philosophischen Einstellung gestanden haben, als daß sie eine eigentümlich geschichtliche Wissenschaftlichkeit hätten entwickeln können, d.h. eine
Wissenschaftlichkeit, die dem eigentümlichen geschichtlichen
,,Gegenstand'' angemessen gewesen wäre und nicht die Geschichte
in der Geistesgeschichte aufgelöst hätten. Marx hat aber der
Gleichsetzung von Theorie und Wissenschaft, und zwar sowohl
dem Primat der strengen, als auch der exakten ,,Theorie,'' entschieden ein Ende gemacht. Die Eigentümlichkeit des Marxschen
Weltverständnisses besteht in seiner Forderung, immer und überall die geschichtliche ,,Logik'' zu entwickeln, oder, wie er selbst
sagt, ,,die eigentümliche Logik des eigentümlichen Gegenstandes

---

[5] So ist die Dialektik bei Marx sowohl zum Gesetz der gesellschaftlichen Praxis als
auch zur Methode ihrer wissenschaftlichen Untersuchung, ihres Verstehens und ihrer
Darstellung geworden. Mit der Sprache der metaphysischen Tradition von Platon bis
Hegel gesagt, ist die Dialektik sowohl das Prinzip des Seins, d.h. das Wesen der
Sache selbst, als auch die Methode der Erkenntnis bzw. der Wissenschaft und des
Wissens. Der Primat der ersten ist auch für Marx klar. Worin besteht aber die Aufgabe der Wissenschaft? Die Wahrheit des historischen Materialismus ist eng verbunden mit der Marxschen Auffassung der Wissenschaft als Reproduktion des Konkreten mit Hilfe des Denkens (über die Husserlsche Auffassung der Wissenschaft
siehe meine schon erwähnte Arbeit über Husserl). In der Auffassung der Wissenschaft
stimmt Marx im Grunde mit Hegel überein, wenn dieser sagt, daß die Aufgabe der
Wissenschaft ist, die bestehende Welt zu erforschen und die ,,eigene Arbeit der Vernunft der Sache zum Bewußtsein zu bringen'' (Hegel, *Grundlinien der Philosophie des
Rechts*, § 31). Und wenn die Sachen zum Bewußtsein gebracht werden, dann sprechen
sie von selbst. Darin stimmen unsere drei Denker, was sich auch am Text zeigen lassen könnte, überein, so daß dadurch zwischen ihnen ein ,,produktives Gespräch''
möglich ist. Die ,,Sachen selbst'' verweisen vielmehr das Gespräch auf eine neue Dimension, auf eine neue Welt und neue Wege ihrer Verwirklichung. Die Wege der
Verwirklichung der neuen Welt und die Arten ihres Denkens zeichnen sich nämlich
bereits im Horizont der bestehenden Welt und deren Formen des Denkens ab, so daß
ihre Erhellung und ihr Verstehen mit diesen verbunden ist. Die Frage, welche der
drei dargestellten Konzeptionen der Geschichte – die Husserlsche, Hegelsche oder
Marxsche – die meisten Elemente des neuen menschlichen Denkens enthält, übersteigt nicht nur den Rahmen einer solchen Erörterung und verlangt nicht nur eine
besondere Untersuchung, sondern setzt die bejahende Antwort auf die Frage nach der
Verwirklichung der neuen ,,menschlichen Gesellschaft'' voraus, von der auch die
Entwicklung eines neuen menschlichen Denkens, ja auch die Antwort auf die gestellte
Frage abhängt.

zu fassen" (K. Marx, *Werke* I, Cotta Verlag, Stuttgart 1962, S. 337).

Daß Philosophie und Wissenschaft mit der Erfassung „der eigentümlichen Logik des eigentümlichen Gegenstandes," d.h. mit der Erfassung der geschichtlichen Logik des geschichtlichen Gegenstandes zu tun haben, und daß sie dadurch die „Rechenschaft" vom gegenwärtig Anwesenden ablegen und nicht „Systeme ausdenken und nach einer regenerierenden Wissenschaft suchen" sollen, hebt Marx besonders in seiner Schrift *Das Elend der Philosophie* hervor: „Solange die Produktivkräfte noch im Schoße der Bourgeoisie selbst nicht genügend entwickelt sind, um die materiellen Bedingungen durchscheinen zu lassen, die notwendig sind zur Befreiung des Proletariats und zur Bildung einer neuen Gesellschaft, so lange sind diese Theoretiker (die Theoretiker der Klasse des Proletariats) nur Utopisten, die, um den Bedürfnissen der unterdrückten Klasse abzuhelfen, Systeme ausdenken und nach einer regenerierenden Wissenschaft suchen. Aber in dem Maße, wie die Geschichte fortschreitet und mit ihr der Kampf des Proletariats sich deutlicher abzeichnet, haben sie nicht mehr nötig, die Wissenschaft in ihrem Kopf zu suchen; sie haben nur die Rechenschaft abzulegen von dem, was sich vor ihren Augen abspielt und sich zum Organ desselben zu machen. Solange sie die Wissenschaft suchen und nur Systeme machen, solange sie im Beginn des Kampfes sind, sehen sie im Elend nur das Elend, ohne die revolutionäre umstürzende Seite darin zu erblicken, welche die alte Gesellschaft über den Haufen werfen wird. Von diesem Augenblick an wird die Wissenschaft bewußtes Erzeugnis der historischen Bewegung, und sie hat aufgehört, doktrinär zu sein, sie ist revolutionär geworden" (K. Marx, *Die Frühschriften*, Stuttgart 1953, S. 513–514).

Im Sinne des ursprünglichen historischen Materialismus wird die Wissenschaft also „bewußtes Erzeugnis der historischen Bewegung," d.h. „revolutionär" und hört auf, „doktrinär," d.h. „utopistisch" und überhaupt metaphysisch zu sein, in dem Maße, in welchem das Sein oder, wie Marx sagt, „die Produktivkräfte" „die materiellen Bedingungen durchscheinen" lassen, die „zur Bildung einer neuen Gesellschaft" notwendig sind. Diese neue Gesellschaft hängt aber nicht nur von den „materiellen Bedingungen," sondern auch von dem neuen Seins- und Weltverständnis, d.h. von der „revolutionären" Wissenschaft selbst ab. Diese Wissenschaft denkt indessen keine metaphysischen und utopischen Systeme aus, sie sucht sie nicht im Kopfe der Theoretiker, sondern legt die Rechenschaft davon ab, „was sich vor ihren Augen abspielt" und wird somit „zum Organ desselben." Die „revolutionäre" Wissenschaft denkt also die „neue Gesellschaft" nicht aus, sondern als „bewußtes Erzeugnis der historischen Bewegung" erblickt sie schon im Gegenwärtigen jene „revolutionäre umstürzende Seite" der Produktivkräfte, „welche die alte Gesellschaft," d.h. die alten Produktionsverhältnisse und das überlieferte, metaphysische und utopische Weltverständnis „über den Haufen werfen wird." Die „revolutionäre umstürzende Seite" der modernen Produktion ist aber nicht nur destruktiv. Sie ermöglicht die „Bildung einer neuen Gesellschaft," d.h. Bildung eines neuen menschlichen Lebens und Denkens – vielmehr die Wandlung des Seinsverständnisses selbst.

In bezug auf den Wandel des Seinsverständnisses, der sich in der technischen und politischen Produktion des modernen Menschentums ereignet, sagt Fink treffend: „In der modernen Produktion ereignet sich eine fundamentale Wandlung des Seinsverständnisses, ein Bruch mit der gesamten metaphysischen Tradition, auch wenn die Politiker und Techniker davon nichts wissen. Die Lage des Menschen enthüllt sich als eine ins Äußerste vorgeschobene Lage: er ist Vorposten. Er begreift das *Sein* selber als „unvollendet," als „imperfekt," als im Wesen zeithaft" (E. Fink, „Traktat über die Gewalt des Menschen," in: *Philosophische Perspektiven* II, Frankfurt 1970, S. 133). „Wenn die Politiker und Techniker" aber „davon nichts Wissen," wer sollte es dann wissen – könnte man vielleicht fragen. Wer ist überhaupt dieser „Vorposten," dem sich die Lage des modernen Menschen enthüllt? Im letzten der zitierten Sätze antwortet Fink selbst, daß es derjenige ist, der das Sein selbst als „im Wesen zeithaft" begreift, d.h. der Philosoph als Denker des Verhältnisses zwischen dem endlichen Menschentum und dem zeithaften Sein.

Im Zusammenhang mit der Frage nach der Zeit und nach dem Ende der Geschichte wird jetzt insbesondere ersichtlich, daß im Ereignis der modernen Welt und im Denken dieses Ereignisses als Verhältnis vom endlichen Menschen und zeithaften Sein sowohl die Endlichkeit des menschlichen Daseins als auch die Zeitlichkeit des Seins zum Vorschein kommt. Und gerade deshalb, weil ,,die Politiker und Techniker davon nichts wissen" – und vielmehr, weil sie *als* Politiker und Techniker davon nichts wissen können –, gilt es als die vorzügliche Aufgabe der Philosophie, jene ,,fundamentale Wandlung des Seinsverständnisses," das sich in der modernen Welt ereignet und vor allem in der technischen und politischen Produktion der Gegenwart zeigt, als ,,einen Bruch mit der gesamten metaphysischen Tradition" aufzuklären und als ein ,,Zusammengehören" von Zeit und Sein ereignen zu lassen, d.h. als Ereignis der Welt aufzunehmen, als ein neues geschichtliches Seins- und Weltverständnis zu entfalten und somit wirksam werden zu lassen.

PHÄNOMENOLOGIE UND PÄDAGOGIK

HANS-HERMANN GROOTHOFF (KÖLN)

In nahezu allen neueren Einführungen in die Erziehungswissen-schaft, in ihre Fragestellungen, ihre Methoden, ihre Untergliede-rungen, ihr Theorie-Praxis-Verhältnis findet sich zumindest ein Hinweis auf Möglichkeit und Aufgabe einer Phänomenologischen Pädagogik – gelegentlich auch Deskriptive Pädagogik genannt – oder auch der phänomenologischen Methode in der Pädagogik oder auch eines erziehungsphänomenologischen Beitrags zur Pädagogik als einer Disziplin, die sich aus mehreren solchen Stücken zusammensetzt.[1]

Alle diese Hinweise leiten sich direkt oder indirekt von Dilthey her. Später haben sich freilich auch Husserl, Scheler und Heidegger auf diese Entwicklung ausgewirkt, ersterer hauptsächlich durch seine Logischen Untersuchungen, die beiden letzteren durch ihre ausdrücklichen oder vermeintlichen Arbeiten zur Anthropologie.[2]

Für Dilthey setzt sich die wissenschaftliche Pädagogik aus drei Stücken zusammen. Sie beginnt mit einer ,,Deskription,'' die im Zentrum ,,Deskription des Erziehers in seinem Verhältnis zum Zögling'' sein soll. An diese schließt sich eine doppelte Analyse an, eine empirisch-anthropologische Analyse, deren Aufgabe es sein soll, Grundregeln für die Erziehung, hauptsächlich für den Unter-richt, sofern dieser sich auf einsichtiges Lernen bezieht, zu er-arbeiten, welche im wesentlichen formale Analyse – und Theorie der Erziehung – eine historisch-systematische Analyse und damit durch eine inhaltlich bestimmte Theorie der geschichtlichen Bildung und des geschichtlichen Bildungswesens ergänzt werden

---

[1] s. hierzu u.a. Hermann Röhrs, *Forschungsmethoden in der Erziehungswissenschaft*, 1968.
[2] s. Schelers Theorie der Gefühle, s. auch seine Theorie von den drei Arten des Wis-sens, insbesondre des durch paradigmatische ,,Ideation'' gewonnenen Wesens-und Bildungswissens; s. Heideggers Bemerkungen zur Phänomenologie in *Sein und Zeit*.

muß. Obwohl Dilthey sich mit diesem Entwurf kritisch gegen die in Deutschland vorherrschende, für das spätere 19. Jahrhundert aber „rückständige" Herbartsche Pädagogik wendet, wiederholt er mit seinem Versuch zu einer Deskription der Erziehung eigentlich nur Herbarts „Allgemeine Pädagogik" von 1806. Diese läßt sich nämlich, worauf spätere Erziehungsphänomenologen, wie z.B. der Niederländer Stephan Strasser,[3] dann auch hingewiesen haben, wie aber auch ausführlich durch die neuere Interpretation von Wolfdietrich Schmied-Kowarzik unter dem Titel „Herbarts Begründung einer Erziehungsphänomenologie" erörtert worden ist, als eine deskriptiv-analytische Grundlegung der wissenschaftlichen Pädagogik verstehen, die aufweisen soll, was eigentlich Erziehung ist und in welchem Sinne man sich mit ihr auseinanderzusetzen hat. Allein durch einen solchen Aufweis kann sichergestellt werden, daß sie „Mittelpunkt eines eigenen Forschungskreises" wird, in den dann Fragen der Praktischen Philosophie sowie Fragen der Psychologie oder auch Anthropologie hineinspielen, wobei Herbart sich aber darüber klar gewesen ist, daß eine solche „Allgemeine Pädagogik" nur der Bildung des „Gedankenkreises" der Erzieher dient und noch keine „Kunstlehre" der Erziehung ist. Mag auch der Stellenwert der Allgemeinen Pädagogik bei Herbart ein anderer sein, als der der Deskription bei Dilthey, so handelt es sich doch auch bei Herbart darum, daß die deskriptiv-analytische Pädagogik ein Teilstück der Pädagogik ist. Eben dieses Teilstück soll sicherstellen, daß der Sinn von Erziehung nicht mißverstanden wird, soll also als Leitfaden für pädagogische Forschung wie auch für das Verständnis der praktischen Aufgaben selbst dienen.

Diltheys „Deskription des Erziehers in seinem Verhältnis zum Zögling" zeigt sich bei näherem Zusehen als paradigmatische Deskription und Analyse der Pestalozzischen Praxis, doch ist dieser Versuch Skizze geblieben. Hiermit hängt denn wohl auch zusammen, daß die sogenannte Dilthey-Schule der deutschen Pädagogik zwar weiterhin das Verhältnis des Erziehers zum Zögling und dieses zu jenem als Kernstück einer eigenständigen wissenschaftlichen Pädagogik erörtert, auch weitaus differenzierter dargestellt hat, als Dilthey selbst, dieses Stück der Pädagogik

[3] s. Stephan Strasser, *Erziehungswissenschaft – Erziehungsweisheit*, 1965.

aber nicht mehr als Deskription identifiziert und dementsprechend methodisch gesichert, ausgebaut und eingeordnet hat.[4] Allerdings spielt in diesem Zusammenhang auch eine Rolle, daß die Dilthey-Schule in der deutschen Pädagogik im wesentlichen nur die historisch-systematische Analyse Diltheys aufgenommen und sich in ihrem Sinne als geisteswissenschaftliche oder doch hermeneutisch-pragmatische Disziplin verstanden hat. Sie hat ihre zentrale wissenschaftliche Aufgabe darin gesehen, den in der deutschen Pädagogik von ihrem Ursprung bei Herder, Pestalozzi, Herbart, Schleiermacher usw. vorherrschenden Consensus auszuarbeiten, zu überprüfen und weiter zu entwickeln, in welcher Arbeit sie dann die Diltheysche Deskription des Erziehers in seinem Verhältnis zum Zögling als Interpretation Pestalozzis einordnen konnte. Es ist ihr verborgen geblieben, daß sich dabei der Sinn dieses Teilstückes verändert hat.

Zu einer der Problematik angemessenen Erneuerung der Deskription in der Pädagogik ist es aber bereits in der auf Dilthey folgenden Generation gekommen, doch hat dabei nicht Dilthey, sondern Husserl Pate gestanden. Erst sein methodisches Instrumentarium hat ein genaueres Verständnis der Deskription, wie Dilthey sie versucht hatte, erlaubt. 1914 hat Aloys Fischer einen Aufsatz mit dem Titel „Deskriptive Pädagogik" veröffentlicht, in dem er sich ausdrücklich auf Husserl bezogen und die Deskriptive Pädagogik als eine Art Fundamentalpädagogik (Strasser) gekennzeichnet hat. Mit eben diesem Aufsatz hat Aloys Fischer eine neue Entwicklung in der Pädagogik eingeleitet. Von der nächsten Generation an gibt es eine Deskriptive oder auch Phänomenologische Pädagogik, die teils die Allgemeine Pädagogik selbst, teils ein Beitrag zu dieser sein soll und sich einerseits mehr mit der hermeneutischen Pädagogik, andererseits mehr mit der empirischen Pädagogik verbindet und sich teils als Beitrag zur pädagogischen Anthropologie, teils aber auch als Beitrag zu einer szientifischen Pädagogik versteht.

Bemerkenswerterweise ist diese Entwicklung außer im deutschem Sprachraum, auch in den Niederlanden aufgenommen worden. Nach dem zweiten Weltkrieg ist von dorther eine Phäno-

---

[4] s. hierzu insbesondre die differenzierte Darstellung in Wilhelm Flitner, *Allgemeine Pädagogik*, die Stephan Strasser am a.O. als einen Beitrag zur phänomenologischen Pädagogik bezeichnet.

menologische Pädagogik, die sich zugleich als Beitrag zur pädagogischen Anthropologie verstanden hat, zu uns zurückgekommen.[5]

Mit dezidierten Beiträgen zu einer deskriptiven oder auch phänomenologischen Pädagogik sind deutscherseits Rudolf Lochner,
Fritz Kanning und Otto Friedrich Bollnow nebst einigen ihrer
Schüler hervorgetreten. Kannings Schrift über ,,Die Bedeutung
der phänomenologischen Methode für die Bewußtseinsbildung im
pädagogischen Bereich" von 1953 ist rasch in Vergessenheit geraten, Lochners Ansatz ist von ihm selbst, wie aber auch von den
Verfechtern einer szientifischen Pädagogik als Überleitung zu
einer – wertfreien – analytisch-technologischen Pädagogik verstanden worden, einzig Bollnows Arbeiten sind als Beiträge zu
einer phänomenologischen Pädagogik aufgefaßt und in die Pädagogik der verschiedenen Hochschulen aufgenommen worden. Es
hängt dies sicherlich damit zusammen, daß sie in den Umkreis der
an allen Hochschulen bekannten, wenn auch zumeist nur bedingt
verstandenen Diltheyschen Pädagogik gehören, außerdem nicht
nur ein Programm, sondern ausgeführte Deskriptionen enthalten.
Als verhängnisvoll hat sich allerdings erwiesen, daß Bollnow
allenfalls am Rande über seine Methode und den Stellenwert seiner
Beiträge reflektiert und Auskunft gegeben hat. So hat er selbst
dazu beigetragen, daß man diese Pädagogik als seine Allgemeine
Pädagogik aufgefaßt hat. Daher richtet sich denn auch die spezifisch wissenschaftstheoretische wie auch die spezifisch erziehungs-
praktische Kritik an der Diltheyschen, insbesondere aber an der
phänomenologischen Pädagogik nicht zuletzt gegen Bollnow.
Doch ist inzwischen Sinn und Wert auch seiner Arbeiten wieder
entdeckt worden.[6] Alles in allem genommen hat Aloys Fischer ein
klareres Bewußtsein von der Aufgabe und der Rolle der Deskription in der Pädagogik gehabt als die Dilthey-Schule. Er stellt fest,
daß die pädagogische Praxis der pädagogischen Theorie vorauf-
geht, ferner, daß die pädagogische Praxis der jüngsten Zeit immer
komplizierter wird, so daß vor aller wissenschaftlichen Bearbei-
tung dieser Praxis in Kritik und Revision eine ,,deskriptive Pädagogik" entwickelt werden muß, damit man deutlich vor Augen

[5] s. außer Stephan Strasser Martinus Langeveld, insbesondre dessen *Einführung in
die theoretische Pädagogik*, 1965[5]; *Studien zur Anthropologie des Kindes*, 1956; *Die
Schule als Weg des Kindes*, 1960.

[6] s.a.u. Helmut Seiffert, *Einführung in die Wissenschaftstheorie*, 2 Bde, 1971[2],
Bd. 2, S. 43 ff.

hat und weiß, womit man sich in der einen oder anderen Weise auseinandersetzt. Aber, so setzt er hinzu, erst die „phänomenologische Philosophie" hat das Wesen der Beschreibung aufgezeigt. Es gilt eine Einstellung zu gewinnen, dank deren man der Phänomene und ihrer Struktur ansichtig wird. Entscheidend soll dabei sein, daß zunächst einmal alle Interessen und alle Theorien eliminiert werden. Es geht um eine interesselose sowie theoriefreie Deskription des Phänomens – hier der Erziehung – selbst. Diese Intention schließt aber nicht aus, daß das Wesen der Erziehung und nicht etwa alle möglichen Erscheinungsweisen der Erziehung ans Licht gehoben werden. Eben hierzu soll man sich der Husserlschen Methode der paradigmatischen Ideation bedienen.

„Eben diese grundlegende Aufgabe, die Tatsachen eines Gebietes festzustellen, und zwar in solcher Weise, daß sie die Voraussetzung für das Verständnis der Problemstellungen bilden wie die letzte Instanz, auf die bei der Lösung der Probleme zu rekurrieren ist, will die Beschreibung in ihrer phänomenologischen Durchbildung leisten."

Genau dieses hier freilich noch recht undifferenziert entwickelte Programm hat die spätere phänomenologische Pädagogik vor allem in ihrer niederländischen Entwicklung durchzuführen versucht. Aber eben diese Entwicklung ist in den letzten Jahren auf das heftigste kritisiert worden. Kaum ein Angehöriger der jüngsten Generation der Erziehungswissenschaftler in Deutschland hat sich noch mit einem solchen Programm auseinandersetzen wollen. Man ist teils zur „Kritischen Pädagogik" oder auch „Kritischen Theorie der Erziehung," teils zur szientifischen strikt „Empirischen Pädagogik" übergegangen. Der gegenwärtige Streit über Möglichkeit und Aufgabe der Wissenschaften von der geschichtlichen und gesellschaftlichen Welt drückt sich auch und nicht zuletzt in einem Streit über die Möglichkeit und Aufgabe der wissenschaftlichen Politik und der wissenschaftlichen Pädagogik aus. Doch ist schon nach kurzer Zeit deutlich geworden, daß beide Versuche je für sich genommen und absolut gesetzt, die Erziehung in ihrer Gesamtstruktur und Gesamtproblematik aus den Augen verlieren, man also – noch einmal – zum Phänomen selbst zurückkehren muß. Es stellt sich dabei allerdings die Frage, ob die ursprüngliche Entwicklung nicht vielleicht doch hinter ihrer Intention zurückgeblieben ist, so daß sie nicht einfach wieder aufgenommen werden kann, vielmehr revidiert werden muß, welche Frage sich mit der nach der weiteren Entwicklung der philosophischen Phänomenologie und deren Bedeutung für die weitere Entwicklung der pädagogischen Phänomenologie verbindet.

Jede Pädagogik muß sich zunächst damit auseinandersetzen, daß es Erziehung und in gewissem Sinne auch so etwas wie eine Pädagogik immer schon gibt. Menschliches bzw. gesellschaftliches Dasein setzt Erziehung voraus. Diese zeigt sich als ein Handeln der älteren an der jüngeren Generation, dessen Zweck sich als Enkulturation im Sinne der jeweiligen Kultur oder auch als Sozialisation im Sinne der jeweiligen Gesellschaft umschreiben läßt. Des näheren betrachtet zeigt zich, daß es dabei erstens um eine Praxis im dezidierten Sinne und damit – in der Sprache der modernen Sozialwissenschaft ausgedrückt – um eine Interaktion und zweitens zwar nicht nur, aber doch entscheidend um eine institutionalisierte Praxis geht. Wesentlich ist dabei, daß die ältere die jüngere Generation in ihr Leben einführt, welche Führung notwendigerweise einen erheblichen Formwandel von der Erziehung der Kinder bis zu der der jungen Erwachsenen durchmacht und sich schließlich und endlich selbst aufheben soll. Nicht minder wesentlich ist dabei ferner, daß es zwar immer auch um die jüngere Generation im ganzen geht, daß die Erziehung es schließlich und endlich aber dann doch mit dem einzelnen Kind, Jugendlichen und jungen Erwachsenen zu tun hat. Jeder junge Mensch stellt eine eigene Aufgabe dar. Die erzieherische Praxis ist ungeachtet ihres institutionellen Charakters immer auch individuelle Interaktion, mehr oder weniger freier, zu Zwecken der Erziehung ,,modifizierter Umgang'' (Herbart) des einen mit dem andern.

Daß diesem freien Umgang dort eine entscheidende Bedeutung zukommt, wo die Erziehung auch auf eine Personalisation und damit auf Mündigkeit hin ausgelegt wird, dürfte sich von selbst verstehen.

Aus diesem Wesen der Erziehung ergibt sich, daß sie durch Reflexionen erschlossen werden kann und auch immer schon erschlossen wird. Diese Reflexion kann ebenso Reflexion auf die Erziehung der Jugend überhaupt wie Reflexion auf die eigene Erziehung der eigenen Zöglinge sein. Wird die Reflexion auf die

Erziehung der Jugend überhaupt planmäßig und mit begrifflicher
Strenge entwickelt, entsteht Pädagogik. Sinn solcher Reflexion
ist es, was vorgeht, bewußt zu machen, einer Kritik zu unter-
ziehen, und zu revidieren, was auch heißen kann, zu differenzieren
oder zu komplettieren, kurzum zu „perfektionieren" (Kant). Pädagogik ist notwendigerweise – generelle – Reflexion, Kritik und
Revision bzw. „Perfektionierung" der Erziehung. Ihre Aufgabe
ist es – in der Sprache der modernen Sozialwissenschaft ausgedrückt – die Strategie des erzieherischen Handelns zu verbessern.
Daß solche Strategien Zweck-Mittel-Theorien sind, dürfte sich
von selbst verstehen, doch wird hierauf zurückgegriffen werden
müssen.

Zunächst ist darauf hinzuweisen, daß die generelle Reflexion
auf die Praxis insbesondere der institutionalisierten Erziehung
notwendigerweise die Gestalt einer historisch-systematischen und
damit einer hermeneutischen Pädagogik annimmt. Man hat es
mit geschichtlichen Vorgängen zu tun, die als solche verdeutlicht
werden müssen, damit man sich mit ihnen auseinandersetzen
kann.

Die Erziehung ist ein Teil unserer geschichtlich-gesellschaftlichen Lebenspraxis, wie sie uns in unserer Lebenshermeneutik
immer schon erschlossen ist. Jeder von uns hat Erziehung erfahren und versteht sich immer schon auf Erziehung. Es ist daher
unabdingbar, dieses Verständnis zunächst einmal aufzuarbeiten.

Freilich muß eben dieses Verständnis wie auch die in ihr begründete aktuelle Praxis einer durchgehenden Kritik unterzogen
werden, wozu eine Theorie der obersten Zwecke des gesellschaftlichen Handelns und damit der Selbstverwirklichung des Menschen
überhaupt, eine „Praktische Philosophie" oder auch eine „Kritische Theorie" (nämlich des Ganges der Geschichte einschließlich
der Kriterien, unter denen dieser Gang zu beurteilen ist) gehört.

Natürlich kann es nicht nur darum gehen, die Zwecksetzungen
zu revidieren, so sehr die Erwachsenen-gesellschaft auch an eben
diesem Problem interessiert ist, es muß auch untersucht werden,
wie es um die Mittel zur Realisierung dieser Zwecke steht.

Nun sind aber die Vorgänge, die von der Erziehung beeinflußt
werden sollen, einerseits gesellschaftliche, andererseits seelische
Vorgänge, was bedeutet, daß nach der realen Möglichkeit dieser
oder jener Erziehung im gesellschaftlichen wie im seelischen Sinne

gefragt werden muß, wobei – zusätzlich zur Praktischen Philosophie (Kritische Theorie) – Soziologie und Psychologie ins Spiel kommen. Die Pädagogik tendiert nicht nur zu moralisch-politischen, „kritischen" Reflexionen, sondern auch zu einer empirischen Pädagogik, die sich zumindest streckenweise mit empirischer Soziologie bzw. empirischer Psychologie deckt.

Notwendigerweise besteht die Pädagogik aus mehreren verschiedenartigen Stücken, denen ein verschiedener Stellenwert zuerkannt werden kann, die aber auch weitgehend verselbständigt werden können, wobei sich die Pädagogik auflösen kann; sie verschwindet möglicherweise in der Kritischen Theorie oder in der empirischen Sozialwissenschaft oder auch in der Psychologie des kommunikativen Lehrens und Lernens!

Für die gegenwärtige Situation der wissenschaftlichen Pädagogik in Deutschland ist bestimmend, daß man sich einerseits an einer Kritischen Pädagogik und andererseits an einer dezidiert szientifischen Empirischen Pädagogik versucht, wobei es im ersten Fall um eine neue Zielsetzung einschließlich entsprechender Verfahren und im zweiten Fall um eine erste Technologie der Erziehung als einer auf Optimierung angelegten Organisation von Lernprozessen geht.

Beide Entwicklungen sind mit einer mehr oder weniger globalen und aggressiven Kritik der überlieferten Pädagogik, namentlich der hermeneutischen und der phänomenologischen (an der Philosophie orientierten) Pädagogik verbunden. Genau genommen handelt es sich allerdings um verschiedenartige Vorwürfe:

Seitens der Kritischen Pädagogik wird der Vorwurf des Traditionalismus und damit zugleich des „autoritären" Verhaltens in Theorie und Praxis erhoben, an welchen Vorwurf sich zumeist der des „privatistischen" oder auch „formalistischen" Individualismus anschließt. Die Pädagogik müsse wie die Politik in den Dienst der Emanzipation und der Demokratisierung gestellt werden. Alle Pädagogiken, die sich hiergegen sträubten, stünden unter Ideologieverdacht. Überhaupt spitzt sich die Kritik der Kritischen Pädagogik zur Ideologiekritik zu.

Die Frage, ob und inwiefern die überlieferte Pädagogik dabei richtig verstanden wird, muß hier außer acht bleiben, nicht aber die Frage, was insbesondere der phänomenologischen Pädagogik vorgeworfen wird und inwiefern dieser Vorwurf zu Recht besteht.

Auch und gerade die phänomenologische Pädagogik sei am
status quo orientiert und wolle diesen festhalten. Außerdem soll
Adorno angemerkt haben, Ideation gehöre in die Nähe von
Ideologie.[7]

Interessanter sind eigentlich die Vorwürfe, die seitens der
szientifischen Pädagogik erhoben werden. Sie spitzen sich statt
auf eine Ideologiekritik auf eine technische Kritik zu. Man be-
diene sich einer vagen, nicht eigentlich wissenschaftlichen Begrifflichkeit, weswegen keine Theorien im strengeren Sinne und damit
auch keine Thesen formuliert würden, die intersubjektiv verifi-
ziert oder doch falsifiziert werden könnten. Überhaupt würden
– namentlich von der phänomenologischen Pädagogik – nur
Tautologien in die Welt gesetzt, aus denen man nichts lerne. Es
käme aber doch auf den Wissenszuwachs an, insbesondere auf
einen Zuwachs von solchem Wissen, das praktisch-technisch
relevant sei. Aus der hermeneutischen, erst recht aus der phänomenologischen Pädagogik, ergäben sich keine Strategien und
schon gar keine Technologien. Alle diese Pädagogiken enthielten
nicht zugleich auch den Aufweis der realen Möglichkeit ihrer
Realisierung. Die Erziehung müsse operational definiert und
streng empirisch untersucht werden, wenn präzise Handlungs-
anweisungen erarbeitet werden sollen. Auf diese Weise und nur
auf diese Weise könnten Lernprozesse organisiert werden und
könnte die erzieherische Führung der Jugend die Form einer
Steuerung von Enkulturation- bzw. Sozialisationsprozessen gewinnen.

Daß solche und ähnliche Vorwürfe ernst zu nehmen sind und
geprüft werden müssen, versteht sich von selbst, zumal sie eviden-
ter Weise gewisse Züge der überlieferten Pädagogik treffen. Als
fraglich muß allerdings von vornherein bezeichnet werden, ob die
Intention u.a. auch der phänomenologischen Pädagogik, die ja
doch nicht die ganze Pädagogik, sondern nur Teilstück der Pädagogik sein soll, überhaupt getroffen wird.

Zweierlei tut not, erstens die Kritische und die Empirische
Pädagogik auf ihre mögliche Leistung hin zu befragen, zweitens
die phänomenologische Pädagogik auf ihre bisherige Leistung und

---

[7] Der Verfasser erinnert sich daran, ein solches Zitat gelesen zu haben, er erinnert
sich aber nicht mehr daran, wo er es gefunden hat, doch spricht die Zusammenstel-
lung: Adorno – Ideation – Ideologie für sich.

ihre weiteren Möglichkeiten hin zu befragen. Beide Fragen werden in der gegenwärtigen Diskussion über Erziehung und Pädagogik denn auch von mehreren Seiten gestellt.

Nachdem er die Tendenz der szientifischen „analytischen Sichtweise" auf „Alleinherrschaft" vornehmlich in den Wissenschaften von den Systemen der Kultur und der Gesellschaft, darunter auch und nicht zuletzt in der Erziehungswissenschaft, angesprochen hat, schreibt Helmut Seiffert:[8]

„Erst in allerletzter Zeit scheint dieser Siegeslauf durch eine Renaissance der nicht-analytischen Sichtweisen gehemmt zu werden. Es lassen sich drei Tendenzen voneinander trennen und doch in einen Gesamtzusammenhang einordnen: Die Phänomenologie zeigt, daß man in den Sozialwissenschaften mit der Analyse schematisierter „operationalisierbarer" Sachverhalte nicht viel weiterkommt, weil sie das eigentlich Interessante, die Feinheiten „subjektiven Vermeinens" nämlich, aus ... den ... Sozialwissenschaften heraustheoretisiert: die Sprachkritik in Gestalt der „logischen Propädeutik" weist nach, daß die wissenschaftliche Begriffsbildung im Alltagsleben, ja, noch mehr: im alltäglichen Handeln des Menschen verankert ist und daher nicht nur logisch, sondern auch hermeneutisch begründet werden muß; und last not least hat die studentische Bewegung ihre Zeitgenossen drastisch darüber belehrt, daß das von Hegel und Marx begründete dialektische Denken nicht bloß Angelegenheit esoterischer wissenschaftlicher Sekten ist, sondern unüberhörbare Ansprüche an die kritische Selbstreflexion jedweden wissenschaftlichen Denkens überhaupt stellt."

Wie bereits angedeutet, orientiert sich die dezidiert Kritische Pädagogik an der Kritischen Theorie Frankfurter Observanz, die ja ihrerseits auch selbst Beiträge zur Pädagogik geleistet hat.[9] Sie unterzieht die herrschende Lehrmeinung der Pädagogik wie auch das faktische System der Erziehung einer grundsätzlichen Kritik, wobei sie allerdings in der Gefahr steht, sich in der Feststellung dessen, was herrscht oder praktiziert wird, zu täuschen. Andererseits kann auf solche Kritik nicht verzichtet werden. Es kommt aber in der Pädagogik wie in der Politik letzten Endes

---

[8] s. H. Seiffert, a.a.O., Bd. 1, S. 1 ff.

[9] s. hierzu vom Verf. „Über Adornos Beitrag zur Pädagogik" in der *Festschrift zum 70. Geburtstag von Ernst Lichtenstein* (zur Zeit im Druck).

nicht auf die Kritik, sondern auf die Revision an, auf neue Ent-
würfe also, die sich im übrigen zwar nicht in der Politik, wohl aber
in der Pädagogik auch und nicht zuletzt auf die Behandlung der
einzelnen Individualitäten beziehen müssen.

So gesehen hat die Kritische Pädagogik aber wenig mehr entwickelt als einige Vorschläge zu einer „antiautoritären" kommunikativen Erziehung und zu einer „demokratischen" institutionalisierten Erziehung,[10] Hiervon verspricht man sich einerseits einen
glücklicheren Menschen, andererseits eine emanzipatorische „Veränderung" der Gesellschaft, wenn schon nicht durch die ältere,
dann doch durch die jüngere Generation. Es wird nicht erörtert,
ob solche Maßnahmen den Kindern und Jugendlichen überhaupt
konvenieren, ob sie die Personalisation nicht auch behindern statt
fördern, und ob nicht statt politischer Bildung ein bloßer Aktio-
nismus kultiviert wird, der dann seinerseits die Gesellschaft eher
destruiert als revidiert. Überhaupt besteht hier die Gefahr, daß
Politik und Pädagogik verwechselt werden und die Pädagogik
nicht reformiert, sondern reduziert wird.

Was diese Beiträge, deren Bedeutsamkeit hier aber nicht ge-
leugnet, sondern anerkannt werden soll, wirklich wert sind, kann
nur ausgemacht werden, wenn sie auf die Gesamtproblematik der
Erziehung bezogen werden. Das setzt aber voraus, daß zuvor geklärt wird, was es eigentlich und im Grunde mit der Erziehung
überhaupt und in unserer Gesellschaft und Welt auf sich hat. Man
muß zunächst auf die Sache selbst zurückkommen und sich ihres
Wesens vergewissern, bevor man in solche Ausarbeitungen ein-
treten kann.

Ähnlich, aber auch wieder anders verhält es sich mit der Empirischen Pädagogik. Auch ihr geht es um eine Revision, doch
kommt es ihr weniger auf die Korrektur der Intentionen, als
vielmehr auf die Korrektur der Praxis selbst an. Sie soll an
Effektivität gewinnen, indem sie zur Steuerung der Genese als
eines Lernprozesses mit meßbarem Erfolg oder eben Mißerfolg
um- und ausgeformt wird.

Voraussetzung für eine solche Revision der Erziehung ist, daß
die Prozesse, um die es jeweils geht, operationalisiert werden.
Hierzu wieder ist nötig, eine Theorie zu entwerfen, die ihrerseits

---

[10] s. hierzu u.a. Hans-Joachim Gamm, *Kritische Schule, Eine Streitschrift für die
Emanzipation von Lehrern und Schülern*, 1970.

operationale Definitionen erlaubt. Diese erlauben dann, die entsprechenden Prozesse daraufhin zu untersuchen, ob und inwiefern sie durch eine bestimmte Veränderung eines bestimmten Faktors in bestimmter Weise verändert werden könne. Läßt sich eine solche Veränderung präzisieren, wird eine kontrollierbare Steuerung möglich. Die Problematik dieses Verfahrens liegt in der Eigenart der Theorien und Definitionen, die hier im Ansatz gebracht werden. Was das im Rahmen der Erziehungswissenschaft bedeutet, mag ein Beispiel verdeutlichen.

Eines der zentralen Themen einer jeden Erziehungswissenschaft ist die institutionalisierte Erziehung, im wesentlichen identisch mit dem Unterricht in der Schule. So erklärt sich denn auch, daß eben diesem Gegenstand eine schon kaum noch zu übersehende Fülle von empirische Untersuchungen gewidmet ist.

Im Unterricht geht es darum, daß ein Lehrer das Lernen von Schülern anleitet, wobei er Aufgaben stellt, Hilfen zu deren Lösung gibt, die Lösungen überprüft usw. Dieser Vorgang kann unter gewissen Voraussetzungen effektuiert werden. Entscheidend ist, daß die Zwecke dieser Erziehung, die sog. ,,Lernziele,'' so bestimmt werden, daß eindeutig festgestellt werden kann, ob sie erreicht werden oder nicht. Das bedeutet, daß die Lernziele die Form beobachtbaren Verhaltensmöglichkeiten – verfügbarer ,,Kenntnisse und Fertigkeiten'' – annehmen müssen. Dem müssen Theorie und Definitionen entsprechen. Es ist evident, daß auf diese Weise der Unterricht in der Schule ,,verbessert'' werden kann, es ist aber auch evident, daß die Zielsetzungen des Unterrichts in der Schule nicht auf solche operationalen Ziele eingeschränkt werden dürfen, wenn nicht eine erhebliche Verarmung der ,,Bildung'' in Kauf genommen werden soll. Bildung kann nicht operationalisiert werden, doch ist eine – ,,emanzipatorische'' – Humanisierung unseres Lebens und unserer Welt ohne Bildung nicht denkbar! Was unter Bildung zu verstehen ist, kann man sich aber nur verdeutlichen, wenn man einerseits auf erfundene Biographien wie Rousseaus ,,Emile,'' Goethes ,,Wilhelm Meister'' usw. zurückgreift, andererseits faktische Bildungsprozesse deskribiert. Im übrigen sind auch Herder, Humboldt, Nietzsche und Adorno, wenn auch unausdrücklich, so vorgegangen.

Angesichts der unbezweifelbaren Bedeutung der szientifischen

Pädagogik, empfiehlt es sich, die hier angesprochene Problematik noch etwas zu verdeutlichen: In der Perspektive der szientifischen Pädagogik zerlegt sich der Unterricht in der Schule in zwei Komponenten, gewissermaßen zwei Prozesse, die je für sich zu untersuchen sind. – Ein Lehrer stellt seinen Schülern Aufgaben und gibt Hilfen zu ihrer Lösung. Diese Hilfen haben den Charakter von Informationen. Um einen fremdsprachlichen Text mit höheren Schwierigkeitsgrad, als man bisher in seine Muttersprache übersetzt hat, übersetzen zu können, braucht man zusätzliche lexikalische und/oder grammatikalische Informationen. So gesehen läßt sich der Unterricht als Information bestimmen – und operationalisieren, wobei sich freilich die Frage stellt, ob nicht zugunsten handfester Ergebnisse auf recht grobe Vereinfachungen des Lernprozesses, statt auf geistige – kreative oder auch kritische – Leistungen zurückgegangen werden muß. – Auf der anderen Seite tritt der Lehrer, wenn er kommt und seinen Schülern Aufgaben stellt, in Kommunikation mit seinen Schülern. Er muß sich so verhalten, daß seine Schüler sich willig an die Lösung der ihnen gestellten Aufgaben machen er muss eine für den Lernprozeß günstige Interaktion aufbauen. Für die empirische Pädagogik bedeutet dies, daß sie versuchen muß, die Wechselwirkung von Lehrer- und Schülerverhalten operational zu definieren. So und nur so springt eine Technologie – besser: Strategie – des Lehrerverhaltens im Interaktions-Zusammenhang heraus. Es handelt sich hier aber – in deutlichem Gegensatz zur Informationskomponente des Unterrichts – um diejenige Problematik des Unterrichts, die sich nicht auf Sachzusammenhänge, sondern auf Personen bezieht. Es geht um Erziehung im engeren Sinne. Damit geht es um eine hochdifferenzierte Problematik. Operational definieren kann man eher das Lehrerverhalten nur im Rückgang auf ebensowohl beobachtbares als auch eindeutig zu indentifizierendes Verhalten, so vor allem auf die sprachliche Führung der gemeinsamen Arbeit, wobei aber nur zwischen gewissen sprachlichen Grundverhaltensweisen unterschieden werden kann, so z.B. ob der Lehrer durch Aufforderungen order durch Anregungen führt. Im Ergebnis solcher Untersuchungen finden sich dann Thesen der Art, daß ein anregendes Verhalten selbständiges Lernen fördert.[11] Nicht, daß dies falsch wäre, oder daß es un-

---

[11] s. Horst Nickel, "Stile und Dimensionen des Lehrerverhaltens," in: *Der Lehrer in Schule und Gesellschaft*, hrsg. von Klaus Betzen und Karl Ernst Nipkow, 1971.

wichtig wäre, so etwas öffentlich festzustellen, es ist aber bei weitem zu wenig. Damit stellt sich die Frage, ob auf einem solchen – für die Pädagogik zentralem – Feld wesentlich mehr gewonnen werden kann und ob, wenn nicht, dieses Verfahren nicht doch mit anderen verbunden werden kann.

Auch hier zeigt sich, daß der Gesamtzusammenhang der Erziehung verloren zu gehen droht, man also versuchen muß, sich seiner zu vergewissern. Eben dies ist aber nur über eine Phänomenologie der Erziehung möglich.

Nicht zu Unrecht hat Helmut Seiffert den Ansatz der Empirischen Pädagogik, auf die auch seiner Meinung nach unter keinen Umständen verzichtet werden kann, als eine inkonsequente und partikulare Phänomenologie bezeichnet, die mit zu globalen Begriffen arbeitet und daher auf eben diejenige Differenzierung verzichtet, auf die es insbesondere in der Pädagogik ankommt, und die zudem aus dem Gesamtzusammenhang der Erziehung das Stück herausschneidet, das sich auf ihre Weise bearbeiten läßt, und damit den Gesamtzusammenhang aus den Augen verliert. Hiermit hängt denn auch zusammen, warum die außerordentlich scharfsinnigen und sehr mühevollen Untersuchungen der Empirischen Pädagogik, obwohl auf Fortschritt im Wissen über Erziehung und Lernen und auf Effektuierung der Erziehung bzw. Optimierung des Lernens angelegt, bisher, so paradox das auch klingen mag, relativ wenig Neues und Nützliches erbracht haben.

Damit soll aber nicht gesagt sein, daß den Ergebnissen einer solchen Forschung in Zusammenhang mit einer Phänomenologie der Erziehung sowie mit einer historisch-systematischen (hermeneutischen) Behandlung insbesondere der institutionalisierten Erziehung nicht doch eine entscheidende Bedeutung zukommen kann. Es wird dies aber nur dann möglich sein, wenn man mit einer konsequenten Deskription einsetzt und sich Klarheit über die Gesamtproblematik verschafft.

Im Hinblick auf den Lehrer und seinen Unterricht in der Schule, in dem es ebensowohl um die Vermittlung von „Kenntnissen oder Fertigkeiten" wie um Hilfen an der „Bildung" geht, muß man doch damit anfangen, daß man sich die Situation der Lehrer wie auch der Schüler verdeutlicht.

Jedermann weiß, daß für den Schüler der Besuch der Schule Pflicht ist. Er muß sich mit Dingen befassen, die für ihn zu einem erheblichen Teil nur indirekt von Interesse sind, so lernt er z.B. mathematisch zu denken, zwar nicht nur, aber doch weitgehend, um später einmal Gebrauch davon zu machen oder auch nicht. Der Besuch der Schule ist für ihn ein Weg, aber auch ein Umweg ins Leben. So ist er denn auch zwiespältig gestimmt. Und so gestimmt sieht er dem Lehrer entgegen. Der Lehrer weiß um diese Situation. Er weiß, daß jede Stunde ein Abenteuer mit ungewissem Ausgang ist. Er muß sich immer auch als Person einsetzen, – eben damit aber auch aufs Spiel setzen. Und durch keine Technologie kann aufgehoben werden, daß er zu einer Bezugsperson wird, die Leben, Denken, Handeln ermöglicht oder auch erschwert. So läßt er sich mehr oder weniger auf seine Schüler ein. – Diese aber verlassen ihn, sie wollen ihn hinter sich lassen und lassen ihn auch hinter sich. Er bleibt zurück, enttäuscht oder befriedigt ...

So oder so ähnlich würde sich die ,,Deskription des Erziehers in seinem Verhältnis zum Zögling" entfalten. Dabei würde u.a. verständlich werden, daß die einzelnen Verhaltensweisen doch schon im Gesamt seiner Lage, seines Selbstverständnisses und seines inneren wie äußeren Verhaltens im Unterricht, aber auch außerhalb des Unterrichts, eine verschiedene Wertigkeit haben; damit wird aber auch deutlich, daß das erkenntnisleitende Interesse der Pädagogik nur bedingt Standardverhaltensweisen gelten kann; es sind immer wieder die vielen individuellen Möglichkeiten, die interessieren.

Außerdem hat schon Herbart darauf hingewiesen, daß die ,,Methode" durch den ,,Takt," die discretio der christlich-humanistischen Überlieferung, ergänzt werden muß, wenn der werdenden Person und der sich entfaltenden Individualität in ihrer je eigenen Lebensmöglichkeit und zugleich Lebensproblematik nicht Gewalt angetan werden soll.

Man hat der Phänomenologie in Philosophie und Pädagogik vorgeworfen, sie bringe nichts als Tautologien hervor und sei nicht einmal darin intersubjektiv nachprüfbar. Dieser Vorwurf trifft und trifft auch wieder nicht: Es handelt sich in der Tat um Tautologien, aber doch nur insofern, als etwas, das ich nur bedingt ins Auge gefaßt und mehr nur benannt als beschrieben habe, vollständig vorgestellt und in dem, was es ist, beschrieben wird. Hierin steckt ein Fortschritt eigener Art.

Zwar bleibe ich in der Sphäre der alltäglichen Erfahrung und

Sprache, doch versuche ich, den gesamten Gehalt zur Sprache zu bringen und mich dabei so genau als möglich an den gemeinsamen Sprachgebrauch zu halten. Mit Hilfe der Sprache, in der wir uns über unser Leben verständigen und hinter die wir nicht zurückgreifen können, loten wir unsere Erfahrungen aus. Wissenschaft bedeutet im übrigen auch nur dann etwas für unser Leben, wenn sie in diesen Prozeß, aus dem sie stammt, zurückgeholt werden kann.

Damit ist zugleich auch etwas über die Intersubjektivität solcher Deskriptionen gesagt. Wenn wir uns nicht intersubjektiv über sie verständigen können, dann können wir uns auch über unser Leben miteinander in dieser Welt nicht verständigen. Es geschieht nicht mehr und nicht weniger, als daß ein selbstverständlich-alltägliches Verfahren bewußt gemacht und verfeinert wird. Im übrigen weiß jedermann, über welch feine Nuancen von Deskriptionen man diskutieren kann! So und nur so kann ein Lebensvorgang in hinreichend differenzierter Weise identifiziert werden.

Phänomenologie meint aber etwas anderes noch und geht darin über das, was man gemeinhin Deskription nennt, hinaus: Beschreiben kann man nur Einzelerfahrungen; es kommt daher darauf an, in der Beschreibung der Einzelerfahrung das Wesentliche der betreffenden Erfahrung, hier der Erziehung, zum Vorschein zu bringen. Es geht also um eine paradigmatische Wesensbestimmung, in der philosophischen Phänomenologie auch „Ideation'' genannt. Damit eine solche Beschreibung gelingt, ist es nötig, das alltägliche lebenspraktische Interesse zu sistieren und eine interessenlose Erkenntnis anzustreben, womit man sich in die Nähe des Kantischen „interessenlosen Wohlgefallens'' und der Herbartschen „ästhetischen'' Darstellung begibt.

Unser alltägliches Interesse an der Erziehung ist durch unsere direkte oder indirekte Teilnahme an der Erziehung der nachfolgenden Generation bestimmt. Wir setzen uns mit Erziehungsschwierigkeiten auseinander und suchen Hilfe. So aber sind wir mit einem Lebensvorgang verflochten, dessen wir dabei nur bedingt ansichtig sind. Erst wenn wir dieses spezifisch praktische Interesse sistieren und uns fragen, was da eigentlich vor sich geht, erkennen wir den Vorgang als solchen. Wir müssen eine reflexive und theoretische Einstellung gewinnen. Das bedeutet aber nicht

– gerade nicht! – daß wir uns auf Theorien einlassen. Was sie erschließen oder nicht erschließen, muß geprüft werden, kann aber nur geprüft werden, wenn der Vorgang selbst in differenzierter Weise identifiziert und als Lebensvorgang verstanden ist. Ist dies geschehen, werden Strukturanalysen der einen oder anderen Art möglich, kann die hermeneutische oder empirische Aufklärung dieses Vorgangs beginnen. Außerdem kann ich nur so prüfen, ob nicht auch Ideologien im Spiel sind.

Der These von der Interesselosigkeit der phänomenologischen Deskription ist aber nun gerade von solchen Autoren in der Pädagogik widersprochen worden, die die „Deskription des Erziehers in seinem Verhältnis zum Zögling" weiterzuführen versucht haben so auch von Wilhelm Flitner.[12] Er hat gemeint, die Aufgabe der Erziehung erschließe sich nur vom „Standort der Verantwortung" aus.

Greift man darauf zurück, daß es sich um eine paradigmatische Wesensbestimmung handelt, dann wird einem deutlich, daß sich ein geeignetes Paradigma doch nur dem zeigt, dem es vom Standort der Verantwortung aus um die Erziehung geht, daß deren Beschreibung und Auslotung es aber nötig macht, das praktische wie auch das theoretisch-praktische Interesse zunächst einmal zu sistieren.

An dieser Stelle könnte die Frage aufkommen, ob eigentlich Phänomenologie in der Philosophie und Phänomenologie in der Pädagogik dasselbe meinen. Geht man von Husserl aus, so gehört die Phänomenologie in der Pädagogik – historisch wie systematisch – zunächst einmal mit der Phänomenologie in der Philosophie in einen Zusammenhang. Es geht um einen Lebensvorgang in der Lebenswelt, um etwas, was erlebnismäßig gegeben und sprachlich immer schon erschlossen ist. Es ist daher auch kein Zufall, daß sich Aloys Fischer auf Husserlsche Untersuchungen aus dessen Göttinger Zeit bezogen hat. Doch geht es in der pädagogischen Phänomenologie nur bedingt um Konstitutionsprobleme im Sinne einer Transzendentalphilosophie. Die Erziehung steht im wesentlichen als ein praktisches und zugleich als ein geschichtliches und gesellschaftliches Problem in Frage. Es geht zwar auch darum, zu klären, wieso menschliches Dasein ohne

---

[12] s. Wilhelm Flitner, *Das Selbstverständnis der Erziehungswissenschaft in der Gegenwart*, 1957.

Erziehung nicht denkbar ist, welche Grundfunktionen und zugleich Grundstruktur Erziehung hat, doch geht es entscheidend darum, zu sehen und zu verstehen, was für eine Aufgabe die Erziehung in unserer Welt ist, wie es um das Generationenverhältnis bei uns steht und wie die ältere mit der jüngeren Generation umgehen, was sie dieser überliefern, erschließen und ermöglichen soll.

Ich gehe durch eine Stadt. Vor mir auf der Straße spielen zwei Jungen. Sie balgen sich. Sie versperren mir den Weg. Es kann sein, daß ich ihrem Spiel mit der Anteilnahme zusehe, die wir nur Kindern entgegenbringen. Es kann aber auch sein, daß ich mich belästigt fühle, wie man nur von Kindern belästigt werden kann. Kindern gegenüber verhalten wir uns anders als Erwachsenen gegenüber. Sie erfreuen uns ebenso wie sie ein Ärgernis für uns sein können.

Einer der beiden Jungen stolpert und fällt. Ich hebe ihn auf, untersuche ihn und rede ihm gut zu, ermahnend oder tröstend. Ich kann gar nichts anders. Wir alle sind für alle Kinder verantwortlich. Sie brauchen Hilfe, die ihrer Hilflosigkeit angemessen ist, die zugleich eine Hilfe für den Augenblick und für alle Zukunft ist, die das Vertrauen der Kinder in unsere Welt stärkt. Daher auch rede ich mit dem Jungen in einer anderen Sprache als mit Erwachsenen. Jeder tut das, ganz gleich, ob er ermahnt oder tröstet, – außer er verwünscht dieses Kind und alle anderen Kinder!

Bei Jugendlichen ist die Lage anders, doch darauf ist hier nicht einzugehen, angemerkt sei allerdings, daß unser Verhältnis zu Jugendlichen weit aus stärker als unser Verhältnis zu Kindern von den geschichtlich-gesellschaftlichen Umständen, in denen wir uns befinden, bestimmt ist.

Weil unser Verhältnis zu Kinder und Jugendlichen ein anderes ist als zu Erwachsenen, weil sie uns immer auch in Verlegenheit versetzen, darum befindet sich der berufsmäßige Erzieher und Lehrer in einer so ganz anderen Lage als alle anderen Berufe und kann er nur entweder als eine zentrale Gestalt unserer Gesellschaft oder als deren unverständlichste Randfigur eingeschätzt werden.

Es sieht so aus, als würden die Kinder und Jugendlichen in unsere Welt zu einer immer größeren Verlegenheit und als würde der Lehrer, obwohl – oder auch weil – es immer mehr Lehrer und doch immer noch zu wenig Lehrer gibt, immer entschiedener an den Rand dieser Gesellschaft gedrängt.

So oder so ähnlich wäre eine phänomenologische Deskription der Erziehung in der Pädagogik zu eröffnen. Es macht aber schon ein solcher Anfang deutlich, daß die phänomenologische Deskription in der Pädagogik ganz anders als in der Philosophie ins Historische und Empirische hinüberspielt. Daher auch ist dem Versuch Strassers, über eine Phänomenologie der Erziehung zu einer Fundamentalpädagogik zu kommen, wenig Erfolg beschieden gewesen, während die Versuche von Langeveld und Bollnow erheblich zur Differenzierung unseres Verständnisses von Erziehung – und Lernen – beigetragen haben.

Trotzdem muß abschließend festgestellt werden, daß das Programm zu einer ,,deskriptiven Pädagogik," wie Aloys Fischer es s.Zt. aufgestellt hat, nur bedingt realisiert worden ist. Das Terrain ist verdorben. Die Pädagogik hat sich auseinandergelegt in Kritische und Empirische Pädagogik. Die Auseinandersetzung über die Theorie der Pädagogik als einer Wissenschaft von Erziehung – und Lernen – beherrscht das Feld.

Was kann man in einer solchen Situation mit bloßen Vor-Studien, die noch dazu viel Zeit und Geduld erfordern, gewinnen? Oder sollte in eben dieser Situation ein ,,Fortschritt" nur durch einen Rückgang auf die Sache selbst, auf die Erziehung, wie wir sie wahrnehmen oder auch nicht wahrnehmen, möglich sein?